講談社選書メチエ

639

聖書入門

フィリップ・セリエ
支倉崇晴・支倉寿子［訳］

MÉTIER

LA BIBLE: Aux sources de la culture occidentale
by Philippe Sellier

Japanese translation rights arranged with Editions du Seuil
through Japan UNI Agency, Inc., Tokyo

目次

凡例

・本書は、Philippe Sellier, *La Bible expliquée à ceux qui ne l'ont pas encore lue*, Seuil, 2007 の索引を除く全訳である。
・聖書を構成する書の邦題は新共同訳に拠り、『 』を付した。
・聖書からの引用については、著者によるフランス語訳から直接訳出した。そのため、新共同訳などの邦訳とは字句や表現、章・節の区分に異同がある箇所がある。
・原文におけるイタリック体には傍点を付した。ただし、フランス語以外の言語であるためにイタリック体になっているものは、そのかぎりでない。また、原文で冒頭が大文字書きされた語のうち、特に強調の意味が込められているものには〈 〉を付した。
・［ ］は原文における補足や注記を、〔 〕は訳者による補足や注記を示す。
・書名、雑誌名、新聞名、戯曲や映画の表題には『 』を、音楽や絵画などの作品名には《 》を付して表示した。
・本訳書には、原書で紹介されている主要な絵画作品を選んで挿画として収録した。

日本の読者への序文

西洋が他と異なるところは、一七世紀以降の近代科学の発展と技術の飛躍のみにあるのではない。西洋は人類の多くに思考と行動の枠組みを広めたのである。その淵源は西洋の人間たち自身にも気づかれていないことが多い。彼らは次々と移り広がる現在に絡め取られ、最新の「ディスプレイ社会」(テレビ、携帯電話、iPad、コンピューターなど)に心を奪われているからである。

これら思考と行動の枠組みのいくつか、それもかなりのものがユダヤ・キリスト教の聖書から来ているし、芸術作品を満たしている光と動きに溢れた、たくさんの表象についても同様である。

したがって、今日、西洋人の多くがみずからの文明の最も豊かで最も堅固な基礎をまったく知らない、あるいはよく知らないで、かくも豊饒な源に立ち返るよう促されねばならない事態に陥っているのなら、聖書の伝統とは異質の非常に輝かしい文明の中で育った日本人読者については、どういうことになるだろうか。必要とされる作業は、もっと大変なことになるのだろうか。

逆説的だが、日本人読者には有利な点がある。すなわち、新鮮なまなざしを注ぐことができる、ということである。日本人読者に提示されるのはまったく新しい景色であり、その前に立てば、好奇心と興味が最大限に刺激されるだろう。日本人読者は、数々のあいまいな宗教的記憶にだまされたり飽き飽きしたりして、実際には読んだこともなく、思いをめぐらしたりしたこともないのに、聖書には何も期待できない、と思わされることはないはずである。

前記の思考と行動の枠組みの中では、人類の歴史は一つの頂点に向かって進むよう方向づけられ、線状に発展するものとして表現されている。聖書に書かれた天のエルサレムに向かう歩みが現実社会にあてはめられて、進歩の、栄枯盛衰の積極的な意味（ヘーゲルとマルクスによる）のテーマになったのである。もっと短い歴史の一部分についても、ヘブライ人がエジプトでの捕囚から解放されたことが、あらゆる類いの解放運動（北米の黒人解放、南米の被抑圧民族の解放）に大きな影響を与えた。ヘブライ人たちの「荒野の横断」と、約束された土地への歩みが、希望に背中を押されて合衆国西部に向かう哀れな人々を力づけたのである。また、これも時間の領域であるが、天地創造のあと、七日目に神が休息され、ユダヤ教のシャバット〔Schabbat（安息）〕が設けられたことが、週の枠組みを作ったのである。他方、日の区切り、月の区切り、年の区切りは、月や太陽による自然の区切りである。

聖書の二番目の貢献は、人間が神の似姿として造られた（『創世記』一・二七）ことである。したがって、人間は単なる生物学の世界ではなく、もう一つ別の世界に属している。それゆえ、わたしたちの一人一人が聖なる歴史を生きる。啓蒙主義時代の哲学者カントの言葉を借りれば、人間の卓越した「尊厳」は「尊敬」に値する。ここでもまた、聖書ならではの明言が現実社会に合わせられて、次第に「人権」が確立するきっかけとなったのである。フランス革命のスローガン「自由、平等、友愛」に入っている人類の「友愛」という理想も、明らかに直接聖書から出てきた。

ヘブライ人預言者たちの呼びかけがキリストによって増幅され、先鋭化されて（『マタイによる福音書』第二五章）、犠牲者たちへの気遣いが広まり、制度として四世紀にキリスト教によって病院が設立されることになる。「強者を弱者から守ら」なければならない、と主張したニーチェのような人とは反対に、キリスト教は恵まれない人々、「世の片隅に追いやられている人々」への思いやりに取りつかれている。そのような空気ゆえに、人間愛に満ちた団体が今日飛躍的に発展してきたのである。

取り残された人々に対するこのような気遣いは、どこから来ているのか。キリスト教福音書の核心そのものに源を発している。すなわち、真に人間として生きることの深い理由と理想は——一見したところでは違うように見えても——愛にある。福音書のこのライトモティーフは、今日実地に確認されている。現在の心理学では、愛を求める心は生につきものであること、しかも幼い時からそれが現れることが明示されている。

以上のような大きな枠組みのほかに、〔聖書由来の〕多数のシナリオ、多数の人間類型がわたしたちの現在に強烈な光を投げていることに気づかれるはずである。たとえば、スケープゴートの現象(『レビ記』第一六章)。ある集団が外からの脅威を感じると、懸念を別の集団にかぶせて排除しようとする社会心理的メカニズムは、スケープゴートと呼ばれる(反ユダヤの大衆蜂起やナチスが考え出したショアは、このメカニズムで説明される)。社会学は「預言活動」あるいは「メシア信仰」という概念を創り出したが、これはそれらの最も明白な例証であるイスラエルの預言者たち、ならびにユダヤ人たちのメシア待望、救世主待望に想を得たのである。聖書の末尾の書である『ヨハネの黙示録』は、その大異変の描写によって、核兵器が招く大惨事を形容するのに役立った。歴史上の最も混乱した時期、たとえば紀元一〇〇〇年の恐怖を描くのにも、すでに黙示録が援用されていたのである。

〔聖書の〕これらの大きな寄与はともかく、単なる一つのシーンなど、もっと小さな遺産に目を向けると、西洋の芸術の題材となったものが聖書には溢れているのに気づく。この場合は、西洋芸術史の主要な二つの鍵のうちの一つ(もう一つはギリシア・ローマ神話)を読者に提供することになる。アダムとエバの創造、燃える柴を前にしたモーセ、モーセと十戒の石板、ゴリアトに対するダビデ、ダビデとバト・シェバ、ユディトとホロフェルネスなどに想を得て、無数の絵画や彫刻が生まれた。これらに加えて、キリストの生涯のあらゆるエピソードも、限りなく多くの芸術作品を生む源となる。あるカテドラルを訪れたとしよう。そのカテドラルが何を表しているか、何を中にもっているかについて何も知らなければ、このカテドラルを理解することはできない。多くは十字架の形をしている建物、東方に向いている外陣、数々の立像、浮彫、ステンドグラス、絵画などについて知らなければならない。音楽、映画、テレビについても、上記の指摘は部分的にあてはまる。ここでも黙示録を引き合いに出せば、イングマール・ベルイマンの『第七の封印』（一九五七年）や、ヴィンセント・ミネリの『黙示録の四騎士』（一九六一年）に想を与え、後者は第二次世界大戦の残酷さを告発している。

ヨーロッパの主要言語のいずれかを話す読者たちは、彼らの言語の中に聖書起源のことわざや熟語、比喩がいかに多く入っているかに驚くだろう。本書は例をフランス語にとったが、四世紀以上にわたって、かの有名なジェイムズ一世の欽定訳聖書（一六一一年）の影響を受けている英語や、ルター訳聖書（一五三四年）にいわば烙印を捺されているドイツ語についても事態は同じである。

二〇〇〇年来、西洋の各世代を魅了し続けてきた聖書のエピソードから、〔日本の読者は〕いとも自然にユダヤ・キリスト教の中の最も優れたものを知ることになる。すなわち、アブラハムの信仰（ユダヤ教徒、キリスト教徒、イスラム教徒にとって非常に重要である）、モーセが見せた神の臨在への深い理解、預言者エリヤと神のホレブ山での出会い、イザヤおよび彼の弟子たちが残した明晰な預言、ダビデのキリストのような顔立ち、イエスの顔立ちの比類なき輝かしさ……。これらすべてのほかにも、『ヨブ記』や『コヘレトの言葉』、そしてとりわけ『雅歌』など、世界文学の中の花形とされる作品がある。最も優れたものだけを見ることによってのみ、ある宗教を判断すべきであるから、〔日本の〕読者は同時にキリスト教の真髄を発見するよう誘われている。

緒　言

本書の目的は、

―多様で豊かな内容の聖書の各部分

ならびに

―文筆家、思想家、画家、〔中世の〕装飾挿絵師、ステンドグラス職工、彫刻家、版画家、映画やテレビの監督などにインスピレーションを与えて、西洋文化を特徴づけている人物やエピソード

を読者がすぐ理解できるようにすることである。西洋と東洋の区別は文脈によって変わるものであるが、ここで言う「西洋」とは、インドや中国、あるいはイスラム世界などに対して、キリスト教化された地域全体を含むものとする。聖書の中の、エジプトでの虜囚からの解放とか、理想の土地への歩みといったエピソードは、歴史上たびたび人々を立ち上がらせ、動かしたし、アブラハムやモーセ、イエスのような偉大な登場人物は、年齢、状況、国を問わず、たくさんの人々の心に住みつき、彼らを強く生かし続けたのである。

聖書を構成している一つ一つの書は、まず最初に簡単に紹介される。次いで、各書の重要な人物やエピソードが、筋の通った簡潔な物語が展開する中に位置づけられて現れる。それは、読者が聖書の底に横たわる歴史的な骨組みを楽しみながら理解できるように、という配慮からである。聖書の記述は西洋文化の中で数えきれないほど反復されているので、その中の最も有名なもののいくつかだけに各シークエンスのあとで触れる。聖書の言葉で今日の言語の中に入っているものはフランス文化と関連づけて述べるが、ほかの西洋言語にとっても、フランス語にとってと同じくらい聖書の言葉は重要なものである。本書全体を読むと、聖書が残したものがあらゆるところにあることを正しく見て取れるはずである。この本は、キリスト教徒であると否とを問わず、大半がカトリックの伝統に連なる人たちのために書いているので、多くの場合、その見地に立って書くが、東方正教会や改革派プロテスタント、ユダヤ教、イスラムなどにも目を向けている。読者は、会話や読書、絵画、映画などの中で興味を惹かれた聖書の言葉がどんなシーンで言われたものか、理解できるだろう。

聖書は、西洋のまさに枕頭の書であった。

本書を完成するにあたって、アンドレ・ヴィラールの知識と、どんな過誤も見逃さない目の協力を得た。深く感謝する次第である。

プロローグ　書物の中の書物

「歌の中の歌〔Cantique des Cantiques〕」〔『雅歌』のこと〕、すなわち、とりわけ優れた歌という言い方に倣った「書物の中の書物」という表現は、地球上のあらゆる書物の中で、聖書が並外れた、最高のものであることを強調している。

聖書は、他を引き離して、世界中で最も読まれ、最も翻訳されている作品である。聖書全体、あるいは新約聖書だけに限っても、二三五五言語に翻訳されている。二〇〇六年末に『ニューヨーカー』は聖書が毎年ベストセラーになっていると指摘していた。二〇〇五年にはアメリカ合衆国で二五〇〇万冊の聖書が出版され、アメリカ人の四七パーセントが毎週聖書を読んでいる。英語版の聖書は五〇〇種類以上あるとされており、フランス語版聖書は第二次世界大戦以降、新訳が増えた。このように多くの聖書が出版される中で、二つの文学的成功が二つの文化的大言語に刻印を残した。すなわち、英語には有名なジェイムズ一世版（一六一一年）、ドイツ語にはこれも劣らず名高いルター訳聖書（一五三四年）である。

聖書は、ギリシアとユダヤという格調高い二つのテクスト・グループを土台として建っている西洋文化の基礎の一つである。その〔西洋文化をあらしめている〕系図は二つの都市の名前、すなわちエルサレムとアテネで代表されることが多いが、より正確に言えば、ユダヤの聖書という一神教征服者によってギリシア文化が批判的に受容されたのは、古代世界の知的主要都市の一つであるアレクサンドリアにおいてである。ギリシア語聖書は、アレクサンドリアに紀元前二五〇年から現れた。そして、驚くべき化学反応を起こしたのである。すなわち、神や世界、歴史、「神の似姿」としての人間などの聖書的なヴィジョンが、豊かなギリシア思想の一部になったのである。爾後、程度はさまざまながら、世界のあらゆるところで、このような素晴らしい合体が行われるようになった。

聖書は『イザヤ書』や他の預言者たちのたくさんの章句、『ヨブ記』、『コヘレトの言葉』あるいは『雅歌』など、特に輝かしい文書を世界の文学に供給したのである。聖書に書かれている世界の起源の物語はギリシア神話をしのぎ、何十という世代に象徴的な枠を提供した。エジプトでの奴隷状態からの解放、荒野の横断、約束の地への入植、そして何よりも、当初の苦難が最後には復活に行きつき、あらゆる生の手本となるキリストの受難という外見上の「悲劇」のような心打つシナリオによって、聖書は人々に夢を見させ、行動させてきた。そして、『詩編』は何十億という人々の祈りの糧《かて》となってきたし、『ヨハネの黙示録』は想像力をかき立て、比類なきイメージの宝庫を提供してきた。

聖書のエピソードや人物は、たくさんの文学作品、絵画や彫刻、音楽などのインスピレーションの源になってきた。このような作品に触れる人がその源を知らないと、その作品の中に閉じ込められたままで終わってしまう。レンブラントのように才能ある画家が、その六〇〇点の油絵のうちの一四五点、銅版画七〇点、デッサン五七五点を聖書から制作したのである。キリストの受難のすべての瞬間を描き、わたしたちに真の造形ルポルタージュを残してくれた。のみならず、聖書のテクストから来た大量の表現や格言が、西欧言語の中に残ってもいるのである。

聖書の影響はこのように文化の中に広がっているが、それ以前に、二〇億近い人々にとって、聖書は人間の歴史のざわめきの中に現れた、唯一神の最も明白で最も完全な啓示になっているのである。

だからこそ、聖書は、カトリック教徒が旧約と呼ぶものの大部分を形成している、ヘブライ語で書かれた書物を教え込まれたユダヤ教徒からも称揚されている。ユダヤ教の教えにキリストという人格を取り巻く証言を加えたものが、キリスト教の聖書を形作っている。そして、聖書はアブラハム、モーセ、マリア、イエスといった少数の高位の宗教的人物への崇敬という点で、イスラムと一致している。

聖書とは何か

「聖書」という名詞は、ギリシア語の複数名詞《biblia》から来た。この語は「本」〔複数形〕を意味する語で、アレクサンドリアのユダヤ人が紀元前二世紀からモーセ五書（『創世記』から『申命記』まで）を指すために用いた語である。のちに、この語は教会で、旧約（四六）と新約（二七）を構成する七三の書物または文書にもあてはめられるようになった。いささか驚くべき、この「約」という語はギリシア語の《diathékè》の訳であり、人がみずからの財産を処分したり（すなわち遺言書）、他人と協定や契約を結んだりするための証書ということになる。ギリシア語聖書の中では、この語は物事の進行を決める神の権威を強調し、神が人間と結ぶ契約を指す。翻訳者たちは、そうして神の超越性と心遣いを示そうとしたのである。最後の晩餐のとき、キリストは――彼の言葉をわたしたちに伝えてくれるギリシア語訳では――彼が定める「新しい契約」を表明するため、遺言を残す時に、この語を使っている。《Testamentum》というラテン語訳によって、この「約」というタイトルが正当なものとして流布されるようになったが、「契約」のほうが望ましかった。

これら七三の書物または文書は、ジャンルもさまざま、長さもさまざまだが、紀元前八五〇年から紀元一一〇年のあいだに書かれたものである。その元になったのは、多くの場合、それよりもはるかに古い昔の言い伝えである。使用された言語は、ヘブライ語、アラム語（シリア語の祖であるセム語で、イエスが話していた言語）とギリシア語である。新約全体は、地中海周辺全域の文化言語であったギリシア語で今日に伝わる。聖書は「書物」あるいは「聖なる書物」とも呼ばれる。

　ある一節をすばやく見つけるために、聖書の各巻はのちに章に分けられ、さらに節に分けられた。章分けは、一一世紀初頭に素案が作られ、一二〇三年にパリ大学でステファヌス・ラングトンによって決定され、そこからカトリック世界全体に広がった。節分けは、典礼に使用する必要から、きわめて古い時代に現れたが、印刷聖書に現れ始めたのは一六世紀初頭になってからである。大ユマニストであるルフェーヴル・デタープルの一五〇九年の詩編集には章分けがあるが、決定的な形になって聖書全体に広げられたのは、一五五三年、印刷業者ロベール・エティエンヌによってである。

ヘブライ語聖書とギリシア語聖書

　聖書を構成している諸巻は神から人間への真正な啓示であると認められたが、それはまずイスラエル人共同体によって、次いでキリスト教会によってである。この承認は、信仰と生活を規制するものとして一般に認められた公認リストという形で表された。紀元四世紀以降、共同体によって設定され、決定されたリストは――「規則」を意味するギリシア語から――カノン〔canon（正典）〕と呼ばれるようになった。

　ヘブライ語聖書のカノンは、一度にではなく、少しずつ決められた。紀元前三九八年からトーラー〔Torah〕あるいは律法の五書、少し遅れて預言者の書、次いで『詩編』が、捕囚から戻ったイスラエルの宗教生活の核心と認められた。他の多くの巻の状況は不確定だったが、紀元一世紀末、現在のテルアビブから遠くないヤムニア〔Jamnia〕に招集された会議において、カノンとそうでないものが分けられた。ラビたちが、ヘブライ語で直接書かれた古い巻のみをカノンと認める、と決めたのである。かくして、モーセの律法、預言者の書、その他の「文書」という三部分になった。除外された作品は、外典〔apocryphes〕「隠されたテクスト」、すなわち権威が疑われるものと名づけられた。

ユダヤ共同体が逡巡したのは、何よりもギリシア語に翻訳あるいは直接ギリシア語で書かれた聖書が存在していたからである。紀元前三〇〇年頃、アレクサンドロスが築いたばかりの都市にユダヤ人入植者が住み着いた。この都市は、まもなく古代世界の知的首都の一つであるアレクサンドリアになる。これらのユダヤ人たちは、すみやかにギリシア化し、彼らの聖なる書物をギリシア語訳する必要を感じたのである。言い伝えによれば、このギリシア語訳という野心的な企ては、紀元前二五〇年頃に七二人の賢者によって成し遂げられたという。そこから、この訳は「七十人訳聖書」と呼ばれ、ギリシア語ではLXXの数字が使われるのである。実際には、この訳業はそれほどあっというまに達成されたわけではなく、紀元前二五〇年頃から一一七年までかかった。七十人訳の訳者たちは、真の文化の転移を図り、さまざまな変更を行った。また、彼らは『ユディト記』と『トビト記』のようなパレスチナのユダヤ人たちが躊躇した数巻をカノンの一部と認め、訳したのである。最後に『マカバイ記』二や『知恵の書』のようなギリシア語で直接書かれた新しい巻も陽の目を見た。アレクサンドリア共同体は、これらギリシア語による全巻を、ヘブライ語テクストと同じように神の霊感を受けたものとみなしたのである。そういうわけで、パレスチナ・カノンであるヘブライ語聖書とアレクサンドリア・カノンであるギリシア語聖書が共存することになった。

カトリック聖書とプロテスタント聖書

初期キリスト教徒共同体は、使徒たちに関わるテクストにカノン文書のステイタスをすみやかに与えた。まず聖パウロの書簡集、次にマルコ、ルカ、マタイ、ヨハネの四福音書である。最後に残った黙示録および『ヘブライ人への手紙』を入れるか否かという逡巡は、四世紀には消えた。

この「新約」は有機的に旧約に結びついていると考えられ、双方がキリスト教聖書をなしている。しかし、キリスト教徒は、ヘブライ語旧約を、それともアレクサンドリア・カノンを採用したのか？ヘブライ語聖書のリストはすぐさま全員に受け入れられたが、アレクサンドリア・カノンが付け加えた一〇のテクストに関しては当惑を覚える者たちもいた。一〇のテクストとは、すなわち『トビト記』、『ユディト記』、『バルク書』、『エレミヤの手紙』、二つの『マカバイ記』、『集会の書』〔『シラ書』〕、『知恵の書』および『エステル記』と『ダニエル書』につけられたギリシア語の補遺である。

大方の予想にたがわず、アレクサンドリアからは三世紀初頭に影響力のある思想家オリゲネスによってギリシア語聖書を強力に擁護する声が起きた。ギリシア語聖書は新約のあらゆる文書で使われているのだから著しい権威を得ている、と強調されるのも当然だった。この見解は、ローマおよび北アフリカで、すみやかに受け入れられる。それに対して、最も名高いラテン語訳、ウルガタ訳の訳者である聖ヒエロニムスは三八六年から四二〇年に世を去るまでベツレヘムに隠遁したが、彼は「ヘブライ語の真理」〔ユダヤ人の聖書を優先すべきだという信念のこと〕によって訳すことを断固として選んだ。パレスチナ・カノンの全巻をヘブライ語原典から訳したのである。しかしながら、早くも五世紀初頭にはアレクサンドリア・カノンのリストと構成が教会で勝利し、それがウルガタ訳そのものにも適用されたのである。

このカトリック・カノンが一〇〇〇年以上のあいだ支配した。しかし、一六世紀初頭、改革派プロテスタントは旧約についてはパレスチナ・カノンに限ることを決めた。カトリック教会の反応は、神の霊感を受けて書かれたと教会がみなす巻のリストをトリエント公会議（一五四五―六三年）において公式に再確認する、というものだった。それからまもなく、一五六六年にはドミニコ会の聖書注解学者シエナのシクストゥスが、ギリシア語聖書が付け加えた一〇のテクストに、第二正典〔deutérocanonique〕、すなわち「二番目のカノン」という名称を与えた。一九世紀初頭まで、プロテスタント聖書は第二正典を再録してきた。そのため、これらを聖書のフランス語版共同訳（一九七二―七五年）に入れるのは容易だったのである。

経験と歴史

聖書は神秘的な書物である。絶対者との出会い、超人間的な唯一神との出会いの覚え書きである。アブラハム、燃える柴の、あるいはシナイ山のモーセ、ホレブ山上のエリヤ、イザヤあるいはエレミヤの召命についての忘れ難い頁、エゼキエルあるいはゼカリヤの幻など。『雅歌』全体は、神との婚約、きわめて早くから愛と思いやりとして現れた神との婚約を寿《ことほ》いでいる。これらすべての経験は、イエスという人格における神と人間の前代未聞の出会いに通じている。イエスは、人間が神になるために人間になった神である。この神格化への呼びかけに最も輝きを与えたのは東方正教会である。『雅歌』といえば、聖書の中でも、オリゲネスやニュッサのグレゴリウスから聖ベルナルドゥス、十字架の聖ヨハネ、聖フランソワ・ド・サルなどに至るキリスト教徒が最も深く思索をめぐらした巻の

『ユディト記』
『トビト記』
『マカバイ記』一
『マカバイ記』二
『知恵の書』
『シラ書』（または『集会の書』）
『バルク書』
『エレミヤの手紙』
『ダニエル書補遺（ギリシア語）』

新約聖書

『マタイによる福音書』
『マルコによる福音書』
『ルカによる福音書』
『ヨハネによる福音書』
『使徒言行録』
『ローマの信徒への手紙』
『コリントの信徒への手紙』一
『コリントの信徒への手紙』二
『ガラテヤの信徒への手紙』
『エフェソの信徒への手紙』
『フィリピの信徒への手紙』
『コロサイの信徒への手紙』
『テサロニケの信徒への手紙』一
『テサロニケの信徒への手紙』二
『テモテへの手紙』一
『テモテへの手紙』二
『テトスへの手紙』
『フィレモンへの手紙』

『ヘブライ人への手紙』

『ヤコブの手紙』
『ペトロの手紙』一
『ペトロの手紙』二
『ヨハネの手紙』一
『ヨハネの手紙』二
『ヨハネの手紙』三
『ユダの手紙』

『ヨハネの黙示録』

ヘブライ語聖書とプロテスタント聖書

＊プロテスタント聖書は、旧約としてはヘブライ語聖書の正典のみを採っている。しかしながら、16世紀から18世紀にかけて――正典以外の文書として――アレクサンドリア・カノンに追加された10の文書（ここではゴシック体で記してある）を掲載していた。プロテスタント聖書は、ウルガタ聖書の分類を維持している。一方、T.O.B.（Traduction œcuménique de la Bible〔フランス語版共同訳聖書〕）は、旧約の外典も加えてヘブライ語聖書の構成を反復している。

旧約聖書

モーセ五書（律法）
『創世記』
『出エジプト記』
『レビ記』
『民数記』
『申命記』

預言者の書
『ヨシュア記』
『士師記』
『サムエル記』上下
『列王記』上下
『イザヤ書』
『エレミヤ書』
『エゼキエル書』
『ホセア書』
『ヨエル書』
『アモス書』
『オバデヤ書』
『ヨナ書』
『ミカ書』
『ナホム書』
『ハバクク書』
『ゼファニヤ書』
『ハガイ書』
『ゼカリヤ書』
『マラキ書』

その他の文書
『詩編』
『ヨブ記』
『箴言』

『ルツ記』
『雅歌』
『コヘレトの言葉』
『哀歌』
『エステル記』

『ダニエル書』
『エズラ記』～『ネヘミヤ記』

『歴代誌』上下

外　典
『エステル記（ギリシア語）』

『アモス書』
『オバデヤ書』
『ヨナ書』
『ミカ書』
『ナホム書』
『ハバクク書』
『ゼファニヤ書』
『ハガイ書』
『ゼカリヤ書』
『マラキ書』

新約聖書

『マタイによる福音書』
『マルコによる福音書』
『ルカによる福音書』
『ヨハネによる福音書』
『使徒言行録』
『ローマの信徒への手紙』
『コリントの信徒への手紙』一
『コリントの信徒への手紙』二
『ガラテヤの信徒への手紙』
『エフェソの信徒への手紙』
『フィリピの信徒への手紙』
『コロサイの信徒への手紙』
『テサロニケの信徒への手紙』一
『テサロニケの信徒への手紙』二
『テモテへの手紙』一
『テモテへの手紙』二
『テトスへの手紙』
『フィレモンへの手紙』

『ヘブライ人への手紙』

『ヤコブの手紙』
『ペトロの手紙』一
『ペトロの手紙』二
『ヨハネの手紙』一
『ヨハネの手紙』二
『ヨハネの手紙』三
『ユダの手紙』

『ヨハネの黙示録』

カトリック聖書

＊カトリック聖書の正典および構成は、ラテン語のウルガタ聖書が継承したアレクサンドリア・カノン（ギリシア語聖書）の影響を厳密になぞっている。もっとも、聖ヒエロニムスはヘブライ語原典が存在するかぎりは必ずその原典から訳したのではあるが。カトリック教会は、16世紀にはギリシア語聖書にだけある10の文書を「第二正典」と名指し始めた。それらをここではゴシック体で記してある。

旧約聖書

モーセ五書（律法）
『創世記』
『出エジプト記』
『レビ記』
『民数記』
『申命記』

歴史書
『ヨシュア記』
『士師記』

『ルツ記』

『サムエル記』上
『サムエル記』下
『列王記』上
『列王記』下

『歴代誌』上
『歴代誌』下
『エズラ記』
『ネヘミヤ記』

『トビト記』
『ユディト記』
『エステル記』**（ギリシア語付加部）**

『マカバイ記』一
『マカバイ記』二

詩の書と知恵に関する書
『ヨブ記』
『詩編』
『箴言』
『コヘレトの言葉』
『雅歌』
『知恵の書』
『集会の書』（または**『シラ書』**）

預言者の書
『イザヤ書』
『エレミヤ書』（と**『エレミヤの手紙』**）
『哀歌』
『バルク書』
『エゼキエル書』
『ダニエル書』**（ギリシア語補遺）**
『ホセア書』
『ヨエル書』

一つだった。
「神の似姿としての人間」（人間は創造主との対話へと促されるほど偉大なものである）という、この最も重大な言明によって、聖書は西欧文化に今日もまだ完全に生きている霊的ダイナミズムを提供した。このダイナミズムは、そこから人権が出てくるように、人間は絶対的なものである、という革新的な言明から出てきたものである。のみならず、この言明は西欧文化にもう一つの貢献もした。すなわち、循環的な歴史観を打ち砕いて、線的な歴史観、常に進歩していく歴史観を与えたのである。歴史は一つの方向をもち、人類は進んでいくものである。

イスラエルの精神的向上は、紀元前一八五〇年から一八〇〇年頃、アブラハムに起源を発している。ゆっくりと、成功と失敗の経験を通して、神は粗野な民族を変化させる。アブラハムへの神の呼びかけから、ただちに人格神の存在が明らかになった。アブラハムはこの神を信仰し、神はアブラハムと契約を結ぶ。六世紀後、アブラハムの子孫がエジプトで奴隷として働いていたとき、旧約の最高位の重要人物モーセが出現する。モーセは彼の民を隷従から解放し、荒野を通って、神が約束した地パレスチナの入り口まで導いていく。モーセは契約を更新し、イスラエルの共同体を治める主要な規則、すなわち律法またはトーラーを打ち立てる。ユダヤの歴史の三番目の重要人物は、ダビデ王「神の心にかなう者」である。ダビデの子孫は永久に続くとされ、将来神からの神秘的な使者メシア〔Messie〕が来ることが約束された。

信仰と律法と契約、そしてメシアを待ち望むこと、これらが旧約の基盤であり、預言者たちの中心思想であり、ユダヤ教徒の宗教生活の源である。ユダヤ教徒たちは、今日も依然として、王であるメシアの到来を待っている。

しかし、イスラエルの一部分は、このメシアをナザレのイエスという人格の中に認めた。ダビデの子孫、預言者、神の子、十字架につけられて死に、預言者たちが告げたように（『ルカによる福音書』二四・二五～二七）復活したイエスの中に。新約はイエスがたどった軌跡を詳細に描き、一世紀末までには急激な信仰の高まりがイエスに向けられる。これがイスラエルにおけるさまざまな出来事の究極的な開花と感じられるキリスト教の誕生である。爾来、「教会の時」が流れており、それがいつまで続くかは、この世のどんな優れた知性の持ち主にも分からない。

霊感は一つ、文学的ジャンルは多様

聖書は、多様な伝承を出発点とし、多くは時代を隔てて、別々の書き手によって、ありとあらゆる種類の出来事の重みに押されて書かれた七三巻から成っているにもかかわらず、なぜか統一性が明らかである。ユダヤ教徒とキリスト教徒は、聖書の文書の「霊感」に特に注目することで、この調和に気づいた。というのも、書き手たちは自分たち自身のことを語るのではない、と絶えず繰り返しているからだ。たとえば、エレミヤほど苦しげに神の言葉の恐るべき要求を繰り広げてみせた者はいない（一・一～一〇、二〇・七～一〇）。しかし、そのような経験は、イザヤ（六・一～七）とか、神の言葉の象徴である巻物を食べることとすらしなければならなかったエゼキエル（二・八～三・四）においても同じくらい激しいものである。「主は、わたしにこのように語られた……」、「主のお告げ」という言い回しが絶えず響いている。「焼き尽くす火」というイメージが、燃える柴の場面から聖霊降臨まで繰り返し現れる。黙示録の著者は、みずからが見たものを語るのに「わたしは霊に満たされていたが、後ろのほうでラッパのように響く大声を聞いた。その声はこう叫んでいた。『あなたの見ている

レンブラント《福音記者マタイと天使》（ルーヴル美術館）

ことを巻物に書いて、七つの教会に送れ』」と始めている（一・一〇～一一）。キリスト教徒の目には、この神からの霊感が、歴史の中に入った神であるキリストの言葉の中にほとんどそのまま反映されているように見える。

昔日の絵画には、この霊感を素朴に描いているものが多い。たとえば、レンブラントは大作《福音記者マタイと天使》（ルーヴル美術館蔵）において、マタイが瞑想しつつ、肩のところに顔を寄せて天使が耳元でささやくのを聞いている姿を描いている。実際には、レンブラントと同時代のパスカルが『パンセ』に書いている〔断章二六〇〕ように、キリスト教の神は「隠れたる神」（『イザヤ書』四五・一五）である。キリストの行為は、たいていの場合、目立たない。聖書の書き手である人間は、いずれも、それぞれ個性や、知識、欠けている点、生きていた時代と空間、みずからの言語を保持している。そこに聖書のテクストを歴史的に研究するおもしろさがある。しかし、宗教的に見れば、それぞれの書き手が神に導かれ、生命を吹き込まれているのである。この神の行為が、『イザヤ書』の書き手である見事なイザヤ派の場合のように師から弟子へと連なった共同作成あるいは預言行動という形になる場合は、「霊感による伝承」とさえ言われる。

そういうわけで、多種多様な人間の書き手が、唯一の永遠の書き手である神自身と協力してきた。神は、聖書文面および歴史展開の主人であって、聖書という織物の構造の中で、具体的な前兆、将来起きることの決定的な予表を手にしている。『出エジプト記』だけに限っても、エジプトでの隷属状態からの解放、荒れる海の渡渉、荒野の行進、マナ、約束された土地への入植など、「これらはすべてユダヤ人には前例として起こった」(『コリントの信徒への手紙』一、一〇・一一)。これらの出来事は、もっと根本的かつ本質的な変容を予示していた。すなわち、悪からの解放、洗礼、超えるべき試練と孤独な時間の必要、聖体の秘跡、神の王国に入ることである。

このような霊感の一致は、何世紀にもわたって展開されるメッセージが一致している理由を説明する。それは、あたかもオリンピックの試合のリレーのように、一種のテクストのリレーとして展開されるのである。異なる伝承をまとめなければならない事情や、編集のやり方、わたしたちが「歴史的厳密さ」と呼ぶものを気にせず宗教的な目標に邁進するユダヤ人気質などのせいで、細部の矛盾はさまざまあったが、一致のほうが強く、矛盾は陰に退いた。

霊感は一つでありながら途方もなく多様な文学ジャンルに適合してきたのは驚くべきことである。ジャンルが多様なので、意味を理解するにはジャンルが何であるかを考慮に入れる必要がある。『創世記』のはじめの一一章は――一九世紀末から知られているように――シュメール・アッカドの神話材料を純化しつつ書き直されていて、象徴的なスタイルで作られているので、そこに歴史を探し求めても無駄である。一方、『ヨナ書』はユーモアもあるコントであるからこそ、旧約の中の最も高尚なメッセージの一つ、すなわち、神はみずからの普遍的救済の呼びかけを拒む預言者の抵抗を意に介さない、というメッセージを発しているのである。他方、聖書には、家庭内の日々の出来事、親子関係、結婚、相続の争い、嫉妬など、「一族の系譜物語」が使われている(『創世記』第一二〜五〇章)。叙事詩、編年史があるかと思えば、法典や賛歌もある。それらとはまったく違って、預言者が発する、えてして激烈な託宣もある。それに比べてもっと穏やかなスタイルのものでは、エジプトおよびメソポタミアの叡智に近いが、同時に一神教の見地に従った知恵の文書がある（『箴言』、『コヘレトの言葉』）。『ヨブ記』のようなたとえ話の類いもあるし、『ユディト記』のような激励の聖人伝もある。そのほかには、詩集（『詩編』）や、神と神を愛する者たちの婚約を物語る婚礼の歌（『雅歌』）もある。

新約は、福音書という文学ジャンルを作り出し、数多くの時宜に即した書簡を生み出した。新約の末尾には、黙示録というイスラエルではすでに長い歴史をもったジャンルの最もよく知られている表現が来る。黙示録の特殊なエクリチュールは、西洋の人間を面食らわせるものである。すなわち、衝撃的なイメージをこれでもかと見せ、天変地異を描き、恐ろしい動物寓話に助けを借り、人を震撼させる光景と天使の啓示から成る。全体を覆っているヴェールの向こうに入り込むには、別の文化の国に入る覚悟が必要である。

パスカルは『ルカによる福音書』の一節（一〇・四二）を引いて、改めて核心を突いている（断章三〇一）。

> 聖書の唯一の目的は、愛〔charité〕である。
>
> ――
>
> 神は、愛というこの唯一の掟を、わたしたちの好奇心を満足させるために、多様に変える。わたしたちの好奇心は多様を求め、多様を通してわたしたちにとって唯一必要なものに必ず導かれる。なぜなら、「ただ一つのことだけが必要」なのであり、わたしたちは多様を好むからであ

る。そして、神は唯一の必要なものに導いていく多様を通して、どちらにも応える。

聖書の書き手たる神は、この唯一の中心のまわりを永遠にまわることを、根底は神の王国、愛〔amour〕という同一のテーマの不断のヴァリエーションでありながら、外からはばらばらに見える短い話である福音書の数々のたとえ話で、――キリスト教徒の目には――ご自身がミニチュアとして実行することになるのである。

旧約聖書（ユダヤ教徒にとっての聖書）

現在の意味における歴史学で、イスラエルという小民族の存在がようやく知られるようになったのは、紀元前一三世紀以降のことである。しかし、それよりも前の数世紀にわたる民族形成期間があり、その期間に関する口承伝承としては、アブラハム、イサク、ヤコブなどの主要人物などの回想がまず残っている。彼らについて聖書が語っていることを近東の史実や考古学のデータと突き合わせてみると、アブラハムはメソポタミアのウルからやって来て、紀元前一八五〇年から一八〇〇年頃にパレスチナに定住したと考えられる。

これら「族長たち」の子孫の一部がエジプトに定着したが、それをいつとはっきり言うことは難しい。そして、おそらく紀元前一二五〇年頃、王ラメセス二世の治世下で、つらい重労働に服していた彼らのうちの多数が、モーセに率いられて逃亡することに成功した。シナイ山の麓に滞在したあと、ずっと北のカデシュのオアシスに行き、そこで組織を作って、これらの部族がパレスチナに潜り込み、地元民と戦って勝利を収めた。この征服をなした軍の指導者のうち、聖書では特にヨシュアが讃えられている。次第に、これらの部族は連合組織となり、「士師」と呼ばれるカリスマ的な指導者に率いられる（前一二〇〇―一〇三〇年頃）が、最後の士師が偉大な預言者サムエルだった。紀元前一二世紀初頭に海岸に上陸した入植者たちは、ペリシテ人の脅威を前にして、いっそう強い団結が必要と感じ、イスラエル人たちは君主制をとることになる。サウルの治世（前一〇三〇頃―一〇一〇年）、首都をエルサレムにおいたダビデの治世（前一〇一〇―九七二年）、そしてエルサレムに神殿を築いたソロモンの治世（前九七二―九三三年）と続いていく。

ソロモンが死ぬと、いまだもろい部族の団結は壊れる。中央と北部は一〇部族から成るイスラエルと呼ばれる独立王国を形成した。南部のユダ部族とベニヤミン部族はユダ王国となり、エルサレムを首都とした。いっとき栄えたイスラエルはアッシリア人に撃破され、首都サマリアを紀元前七二二年に奪われる。ユダは紀元前五八七年にバビロニア人の侵攻に屈する。エルサレムは破壊され、住民の一部はバビロニアに捕囚され、残りはエジプトに逃げた。

捕囚された者たちは、みずからの民族の歴史について、また、神の加護があったにもかかわらず神に従わなかったことについても深く思いをめぐらした。それはイスラエルの古来の現象である預言活動にとって並外れた時期だった。霊感を受けた大立者たちが次々に台頭し、出来事を神のまなざしで読み取り、しばしば未来を予言した時期である。

流刑の半世紀後、ペルシア人キュロスはバビロニア王国を破壊し、紀元前五三八年には、希望するユダヤ人にはエルサレムへの帰還を認め、神殿の再建を許可した。このようにして再興された共同体は、エズラとネヘミアの指導のもとに組織化された。ユダヤ教聖書の大部分の巻は、この頃、最終的な形となる。

紀元前三三三年にアレクサンドロスが死ぬと、パレスチナはペルシアの支配から征服者アレクサンドロスの後継者の帝国に変わる。ヘレニズムが広がり、多数のユダヤ人が地中海沿岸に移住する。紀元前一六七年にアンティオコス四世・エピファネスによって開始された迫害は、ユダヤ教の信仰を攻撃して反乱を引き起こした。マカバイ兄弟に率いられた反乱が勝利を収め、ユダは紀元前一四一年から一世紀近くにわたって独立国になった。しかし、紀元前六三年にポンペイウスがエルサレムを征服し、国全体をローマ帝国の一属州としたので、この政治的自由は終わった。

紀元一世紀末にヘブライ語聖書と定義されることになるものが、この頃に完成した。正典と認められるテクストは、『エズラ記』と『ダニエル書』の中のアラム語で書かれている少数の節を除いて、すべてヘブライ語で書かれている。

第1章　『創世記』または起源の書

『創世記』は、「モーセ五書」というタイトルで示される威信ある五書の冒頭の書である。この「モーセ五書」というタイトルは、ユダヤ教徒たちがトーラー、モーセの律法として尊び、キリスト教徒たちはギリシア語の「五箱」（これら五書を大事に入れておく箱）を意味する語から来ている。

モーセ五書の編纂

モーセ五書には、天地創造から旧約最大の人物モーセの死までが書かれている。一七世紀までは、この書の主要な部分の書き手は大立法者モーセ自身だとされていたが、爾後、複雑な事情が次第に明らかになってきた。

まず、至聖所のまわりで口述伝承が行われ、記憶されたのであって、書きつけられるようになったのは、ようやく紀元前八世紀になってからであること。次いで、今日のような歴史的厳密さにはあまりお構いなく宗教的目的をもっぱらとしていた文化の中で、口述伝承と、出所がさまざまである文書とを合体させせなければならなかったこと。そのため、繰り返しや相違が数多くある。その上、紀元前五世紀までは、手直しや補足も行われた。

このように、名も知らぬ人たちが長いあいだかかって作り上げてきたものであることが意識されたことで、一九世紀にドイツの聖書釈義学者グラーフとヴェルハウゼンが作り上げた「文書資料」理論に、最近微妙な手直しが加えられるに至った。この二人の学者は、多数の客観的事実に基づいて、モーセ五書は四つの「文書資料」が編纂されてできたものだと結論していたが、この「文書資料」という言葉の代わりに、今日の聖書学者は「伝承」という言葉を使う。そのほうが、固まっていなくて、ふくらむ可能性が感じられるからである。

おそらく最古であるらしい伝承は「ヤーウィスト資料」と呼ばれる。この伝承が、天地創造を提示する物語から、すでに神を「ヤーウェ」と呼んでいるためである(『創世記』二・四～四・二六)。たぶん紀元前八〇〇年頃にユダヤ王国で書きとめられたこの伝承は、その生き生きとした単純さが素晴らしい。神は陶工や庭師として紹介されている。

二番目の伝承は、神を「エロヒム」と呼んでいるので「エロヒスト資料」と呼ばれるが、紀元前八世紀のあいだに北王国で定着したものと思われる。この伝承は、神人同形論を避けて、人間のことへの神の介入を指すのに「神の天使」という迂回した表現を使っている。

これら二つの初期の伝承は、主に物語を提供した。律法のテクストの大部分と律法主義の観点から書かれたさまざまな文書は、第三の伝承である「祭司の」伝承に入る。これらはエルサレムの祭司たちの手で、はっきりした輪郭をとるようになった。古い材料を一つのまとまりとしたこの伝承は、捕囚からの帰還(前六世紀末)後、権威をもつことになる。そして、その関心事は、まず祭式と祭暦、聖職の起源にしぼられる。この伝承は創造の最初の物語を提供したので、その抽象的で典礼形式に従ったスタイルは聖書の冒頭から人目を引いた。『出エジプト記』の末尾と『民数記』において支配的で、『レビ記』の全体を占めているのが、この伝承である。

一方、『申命記』は雄弁かつ熱烈な第四伝承に属する。この伝承は、イスラエルが無償で選ばれたことを強調し、神の愛を強調する。これは北王国の首都サマリアが陥落した時（前七二二年）にエルサレムに伝えられた北王国の寄与のことだと思われる。ヨシヤの治世下、紀元前六二二年に神殿で発見されたこれらの資料は『申命記』の源になり、間接的には「『申命記』史書」（『ヨシュア記』、『士師記』、『サムエル記』、『列王記』）の源になる。

世界の曙、歴史の端緒

『創世記』は、西洋文化の記念碑的作品である。ギリシア語から来たその名称が示すように、『創世記』は世界の「誕生」を語り、ユダヤ民族の祖たちを顕彰している。

『創世記』は、文学ジャンルの異なる二つの部分から成り立っている。はじめの一一章は、宇宙発生論、世界の誕生の紹介である。すなわち、創造の二つの物語（第一章〜第二章第四節、第二章第四〜二五節）、人間の自己愛から来る反抗の物語が三つ、つまり、アダムとエバ（第三章）、カイン（第四章）、バベルの塔（第一一章）がある。洪水は、新しい創造の趣がある（第六〜九章）。これらのテクストはヘブライ人の書き手によってかなり遅い時期に書かれたもので、無名の人たちが集団で作り前史時代の闇に消えてしまうような神話とは異なる。これらの書き手は、メソポタミアの神話を取り上げ、手直しし、中身をひっくり返した。神々のつまらない争いの代わりに、一神教と人間の自由をはっきりと断言した。したがって、これらの章は、押し寄せる多神教の脅威に対して一歩も引かずにイスラエルがその信仰を断言することを可能にするための起源物語として書かれた反‐神話〔*contre-mythes*〕として性格づけることができる。

第二の部分（第一二〜五〇章）は、今日ではもっとよく知られている文学ジャンル、すなわち系譜物語、家族の年代記に属する。結婚、相続、兄弟間の敵対、親族間抗争といった、このジャンル独特のエピソードが書かれている。この族長の系譜物語には、名高い四人の人物が出てくる。すなわち、アブラハム（第一二～二五章）、イサクとヤコブ（第二五～三五章）、ヨセフ（第三七～五〇章）である。さまざまな手がかりから、アブラハムがいたのは紀元前一八五〇年から一八〇〇年頃と結論できる。確たるものではないにせよ、このように時期を決められることが、この第二の部分を反‐神話である前の一一章から分かつものである。

このような見解が可能になったのは、一九世紀後半からにすぎない。ようやく一八五〇年代になって、その頃に始まった古生物学が、それまで人間の歴史とされていた期間が短すぎること、動物の種が不動であることを、ともに疑問視し始めた。まもなく、考古学者による大量の粘土板発見のおかげで、それまでほとんど忘れられていた非常に豊かな文化が陽の目を見た。メソポタミアの南に住んでいたシュメール人の文化である。彼らが人類史上初めての文字を紀元前三二〇〇年頃に発明したのである。次いで、この文化はもっと北のアッカド王国に伝わった。ヘブライ人神学者たちは、このシュメール・アッカド文書について研究し、反論したのである。このように研究が進んだおかげで、長いあいだ宗教的メッセージの必要な根拠とされてきた聖書の宇宙発生論の代わりに、古代イスラエルの文学的実践の信頼すべき読解、これまでよりもずっと優れた精神的に純正な読み方が行われることになる。

創造と人間の慢心の反‐神話（第一～一一章）

『創世記』のはじめの一一章は、いくつかの重要な宗教的真理を比喩に富んだ言い方で述べている。

すなわち、神は無からすべてを造り、男と女は神の似姿であり、天地全体は産み増やすために人間に与えられた。人間の自由は善と悪のあいだで揺れ動き、創造主よりもみずからを愛する。今や人間は確信がもてず、無知で、暴力の誘惑を受けている。しかし、この（人間という）偉大で脆弱な存在には、善と幸福への道が常に開かれている。

二つの創造物語（第一～二章）

聖書には、創造の象徴的な物語が二つ並べられている。第一の物語（第一章～第二章第四節）は、祭司伝承から出たもので、典礼形式に則った、いかめしいものである。一週間の典礼の中に、既知の天地の重要な実態がすべて――光、天、大地と海、太陽と月、鳥と魚、生けるものの群がり、そして最後に男と女――入っている。これらはすべて創造主の言葉から生まれた。ユダヤの神学者たちは、神話の中に溢れているような神々のけちな争いを一掃した。天体は、神話の中では神格化されることが多かったが、単なる被造物に格下げされた。

「神は言われた『光あれ！』と。そして、光があった」。この節の驚くべき簡潔さは、西洋文化に莫大な影響を及ぼした。すなわち、崇高体〔*sublime*〕の手本となるのである。崇高体とは、偉大な魂が発する力強い文体で、読者を感動させ、我を忘れさせる文体である。崇高体のもう一つの例としては、この物語および聖書全体の冒頭となる二つの節が引かれる。「はじめに神は天と地を創られた。地は混沌としていて何もなく、闇が深淵の表を覆っていた。神の霊が水面を漂っていた」。「混沌としていて何もなく」は、ヘブライ語の《tohû》と《bohû》の訳である。ここから、フランス語で混乱の極みを意味する《tohu-bohu》ができた。

六日目に「神はご自分にかたどって人を創造された。男と女に創造された」。単一の奔出から生まれた男と女は、離されえず、相補う対等なものとして、ここに現れる。彼らは創造主に「かたどられ、似た」ものである。この二つの言葉は、長いあいだ思索を育《はぐく》んできた。神にかたどられた人間は、自身の中に素晴らしい台座、根源的なオプティミズムの源をもっている。人間の一生の理想は、彼らの創造主にいっそう「似る」ように、心の奥での祈りと善に従って決めた行動によって絶えず成長することにある。

ただちに、人間の最初のカップルが神に祝福される。「産めよ、増えよ、地に満ちて地を従わせよ。海の魚、空の鳥、地の上を這う生き物すべてを支配せよ」。こうして人間は目に見える天地の王となり、世界を支配するように促された。この節に響き合うのは、わたしたちに「自然の支配者かつ所有者」となれ、と言うデカルトの呼びかけである。そこから、科学および技術の発展が突如、加速することになる。

この「六日間の仕事」を終えると、神は「第七の日の休息」をなさった。このイメージが、仕事をすることと、ユダヤ教徒にとっての安息日やキリスト教徒にとっての週末の日曜日のように労働から解放されて自分を取り戻すこととを交互に行う、という人間のあり方のもとになった。

以上の荘大な物語のあとには、とても親しみやすいイメージの第二の物語が来る。エデンの園、地上の楽園の有名な物語である。ここでの神は、ある時は粘土をこねる陶工として、ある時は涼もうと領地を散歩する庭師として現れる。ここでは、神は人間の形を泥土から造られ、「その顔に命の息を吹き入れられて」、「東のほうのエデン」におかれた。エデンの園には四つの川が流れており、二本の謎の木が立っていた。命の木と善悪を知ることのできる木である。人間は、庭にあるものすべてを自由にしてよいが、善悪を知ることのできる木の実を食べることは禁じられ、食べると死んでしまう、と言われた。

次いで、神は言われた。「人が独りでいるのはよくない。彼に合う助ける者を造ろう」。そこで、女が造られた。はじめに造られた人は、深い眠りに落ちた。神はその肋骨をとり、女を造られた。彼女を見ると、相手は「わたしの骨の骨、わたしの肉の肉」と叫んだ。そういうわけで、と物語は続ける。「男は父母を離れて女と結ばれ、二人は一体となる」。このような男と女のあいだの近親性の写実的なイメージが、女が男に従属することを正当化するためにしばしば使われてきた。しかし、この物語が女の従属性を描き出すのはもっと先のほうで、堕罪が招く悲惨な結果としてである。

創造の物語は、あらゆる類いの壮麗な作品を生み出した。ラファエロ、ミケランジェロ、それからヨゼフ・ハイドンのオラトリオ（一七九八年）、〔ヴィクトル・ユゴーの〕『諸世紀の伝説』（一八五九年）の冒頭の詩「女性の聖別式」に至るまで。

創造の物語は、全世界的に甚大な影響を及ぼしたのである。すなわち、「神にかたどられて」人間が造られたということが、人格の絶対性の表明の漠とした基礎となった。教父たちが、その絶対性の表明に声を合わせ、聖アウグスティヌスの『告白』（四〇〇年）の華々しい出現とともに、自伝という文学ジャンルを誕生させた。意味深いことに、ルソーはみずからの大著に、同じく『告白』（一七八二年）というタイトルをつけた。

最初の違反――堕罪（第三章）

おとぎ話と同様、これをしてはならないと禁じられると、そのあとにはその禁止に背《そむ》く場面が出てくる。反抗の扇動者は「最も賢い生き物である蛇」で、女に、禁じられた果実を食べても「決して死ぬようなことはない」とささやいた。それどころか、「それを食べるが早いか、あなたがたは目が開け、神のように善悪を知る者となる」。彼らは実を食べるや否や、自分たちが「裸であることを知った」、すなわち弱く守られていないことを知ったので、いちじくの葉をつづり合わせて腰を覆うものをこしらえた。ラテン語の « pomum » は「種または核のある果実」を意味するので、一三世紀にはフランス語で果実は「林檎〔pomme〕」になった。一六四〇年には、男性の喉仏を指すのに「アダムの林檎」という表現ができた。

悪を知らない幸せが、裸の恥じらいと後ろめたさという感情や、怖れに代わった。男と女は隠れて神の顔を避け、自分の行いの責任を押しつけ合った。男は女に、女は蛇に。

続いて、懲罰が来る。知恵で秀でていた蛇は、生涯塵の中を這い回るように定められた。そして、神は蛇に言われた。「お前と女、お前の子孫と女の子孫のあいだに、わたしは敵意をおく。女はお前の頭を砕き、お前は女のかかとを砕く」。ここには、神話的思考様式の残滓を容易に見ることができる。神話は、原初にあった出来事によって現在の世界の状況を説明する。この物語は、動物たちがしゃべっていた時代にわたしたちを連れ戻す。その頃は、蛇も四足動物のように足があった。蛇は原始の過ちを犯したから爾来地面を這わなければならなくなり、頭を砕く人間を襲うようになったことが分かる。しかし、『知恵の書』は、蛇――人類の誘惑者――の中に悪魔を見る（二・二四）。キリスト教伝承は、この神の言葉の中に聖母マリアの絶対的な聖性とその子メシアの勝利が約束されている、と理解する。そういうわけで、この節〔『創世記』三・一五〕は「原始福音」、救いを告げる最初の福音と呼ばれた。

女は爾来、苦しみの中で産み、男からはその支配欲に脅かされることになる。人間は「額に汗して」苦労してパンを得るようになる。そして、みずからが作り出された元の塵にまた戻る。アダム――「人」――とエバ――「生きているもの」――と以後名づけられた彼らは、神から皮肉を投げられる。「今や、人はわれわれの一人のように、善悪を知る者となった」。しかし、神の慈悲もすでに現れる。神は彼らを守るために皮の衣を作ったのである。しかし、違反のせいで彼らは地上の楽園から追放されることになり、楽園の入り口は天使たち、火の剣をきらめかせるケルビムたちに守られるようになる。

堕罪の物語は、旧約の背景にとどまっている。キリストは堕罪物語に言及しなかったが、人間が選択を行う世界には悪が遍在することを強調していた。原罪の神学は、聖パウロが輪郭を示し（『ローマの信徒への手紙』五・一二）、聖アウグスティヌスが大いに広めることになる。アウグスティヌスの最も偉大な弟子の一人であるパスカルが神の知恵に語らせているのを聞こう（『パンセ』断章一八二）。

神の知恵は述べている。「ああ、人間たちよ。人間の側から真理も慰めも期待してはならない。わたしはお前たちを形作った者だし、お前たちが何者であるかをお前たちに教えることができる唯一の者だ。だが、現在、お前たちは、もはやわたしがお前たちを形作った状態にはいない。わたしは人間を清いもの、罪のないもの、完全なものとして創造した。わたしは人間を光と知性で満たした。わたしは人間をわたしの栄光とわたしの素晴らしさに与《あずか》らせた。当時、人間の目は神の威容を見ていた。当時、人間は自分を盲目にする闇の中にも、自分を苦しめる死すべき運命や惨めさの中にもいなかった。だが、人間は、かくも大きな栄光の重みを支えられず、思い上がりの中に堕ちてしまった。人間は、自分が自分自身の中心になり、わたしの助けから独立したものになることを望んだ。人間は、わたしの支配から逃れた。そして、自分の至福を自分のうちに見出したいと願って、自分をこのわたしと等しいものにしたので、わたしは人間を自分のしたいようにさせておいた。そして、人間に服従していた被造物を反抗させて、わたしは被造物を人間の敵にした。したがって、今日では人間は獣に等しいものになってしまっている。そして、わたしからは非常に遠く隔たっているので、人間の創造主についてのおぼろげな知識がかろうじて人間に残っているだけだ。人間のあらゆる知識は、これほどまでにか細いものか、混乱したものになっている。理性からは独立し、しばしば理性の主人である感覚は、人間を快楽の探求へと押しやった。あらゆる被造物は、あるいは人間を苦しめ、あるいは人間を誘惑し、結局、人間を支配する。それも、あるいは力ずくで人間を従属させることによってか、あるいはやさしさで人間を魅惑することによってであるが、後者のほうが、より恐ろしく、より害のある支配である。

これが人間の今日おかれている状態である。人間には、その最初の本性からの幸福への弱々しい本能が残っている。しかし、人間は、盲目と、第二の本性となった現世欲との惨めさの中に沈んでしまっている」。

ジャン＝ジャック・ルソーは、この世界観に激しく反対し、人間と始原の社会はもともと無垢なものだったが、その後、腐敗をもたらす奢侈、科学、芸術の発展による堕落が起きた、という考えを述べた。人間は良きものとして生まれるが、社会が堕落させるのである。ボードレールのような詩人たち、シオランのような思想家たちは、ルソーの説は信じ難いほど無邪気であると指摘して皮肉った。二〇世紀のジェノサイドや精神分析の発展は、人間が生来善であるという確信を弱めた。たとえば、フロイトは『文化の中の居心地悪さ』（一九二九年）で、みずからの臨床経験から次のように結論しているが、このときまだアウシュヴィッツは起きていないのである。

人間は、攻撃されたら抵抗すると言われるような、愛を渇望するお人好しではない。それどころか、自分の本能に従って、かなりの攻撃性を見せる生き物である。したがって、人間にとっては、隣人は潜在的な性的助手および性的対象であるのみならず、誘惑の対象でもある。実際、人間は隣人を犠牲にしてみずからの攻撃欲求を満足させたがり、その働きを見返りなしに搾取したがり、その同意なしに性的に利用したがり、その財産を横取りしたがり、侮辱したがり、苦しみを与えたがり、虐待したがり、殺したがるものである。誰でも、人は人に対して狼である〔Homo homini lupus〕。このような人生と歴史に関する全教訓に対峙して異論を唱える勇気のある者はいるだろうか。

一九六〇年、哲学者ポール・リクールは、悪の挑戦に立ち向かってきた人間の大戦略の一つが悪の難問の聖書的な説明である、とする見事な研究をものした。『意志の哲学』第二巻『有限性と有罪性』所収。

目下のところ、堕罪の物語の解釈は時代遅れの思考法によっている。すなわち、神話的な想像では、今日どんな人間も二つながらもっている理想への飛翔と悪への悩ましい傾きとのあいだを行ったり来たりしているのである。だが、アダムは、その名が示すように、集合的に捉えられた人間というものを示してはいないだろうか？　もし示しているとするなら、先駆の預言者たる洗礼者ヨハネによるキリストの〔到来の〕告知「見よ、世の罪を取り除く人だ」（『ヨハネによる福音書』一・二九）に従って、神学は「世の罪」を強調することになる。

堕罪を最も詳しく書いている文学作品は、ミルトンの『失楽園』（一六六七年）である。

「残忍性」——カインとアベル（第四章）

堕罪の物語に続く第二の違反の物語、果実を盗るというようなささやかなものよりもはるかに衝撃的な象徴力をもった物語、すなわち、ともにアダムとエバの息子であるアベルがその兄カインによって殺される、という物語である。兄の弟に対する憎悪、血のほとばしり、罪を犯した兄の苦悩と彷徨、暴力の氾濫は、寓話となって、いつまでも西洋の文学につきまとってきた。

この寓話は二六節にわたっており、神はアベルの捧げ物は受け入れたのに、カインの捧げ物からは顔を背《そむ》けたという理由で、土を耕す者カインが羊を飼う者である弟アベルをどのように憎み始めるかを描いている。この憎しみが増すのをご覧になった神は、カインに言われた。「もしお前がよい行動をしているなら、うれしくないのか？　よく行動していないなら、罪は戸口で待ち伏せており、お前を求める。しかし、お前はそれを支配しなさい」。これは自由の賛美である。

やんぬるかな！　カインは弟を野原に連れていき、殺した。「お前の弟をどうしたのか？」と神は尋ねられた。そこで、カインは答えた。「知りません。わたしは弟の番人でしょうか？」　罰が言い渡された。「お前は地上をさまよい、さすらう者となる」。しかし、神は慈悲により、カインに出会う者が誰も彼を撃つことがないように、カインに不思議な「しるし」をつけられた。

はなはだしいスピードで展開するこの話には欠落がある。二人の捧げ物に神はなぜ差をつけられたのか？　殺人はいかにして行われたのか？　「しるし」はどんなものだったのか？　この二〇〇〇年間、神学者、詩人、画家、小説家たちは、これらの空隙を埋めようとしてきた。

この章の末尾には、町の建設者となったカインの子孫たちが紹介されている。その中には、レメクとその子供たち、すなわち放牧者たちの祖となるヤバル、音楽家たちの祖となるユバル、青銅や鉄で道具を作るのに長《た》けたトバル・カインがいる。これらが書かれている数節には、科学と技術の両義性に関する考察が浮かび上がる。すなわち、一方では殺人者の子孫によって発明される武器、他方には道具、とりわけ楽器がある。しかしながら、疑いが勝つ。つまり、技術は堕罪後に実在するようになったものである。その必要性は、エデンの園では現れていなかった。都市もまた、イスラエル共同体の警戒心をかき立てた。彼らは、唯一神との婚約の時は彼らが荒野に長くとどまった時だったのを完全に忘れてしまうことは決してなかったのである。

レメクの口からは歌のようなものが出た。

そう、わたしは傷の報いに男を殺し
打ち傷の報いに若者を殺す。
そう、カインのために復讐が七倍なら

レメクのためには七七倍。

このように際限もなく復讐しようという血なまぐさい狂気は、受けた侮辱に釣り合ったしっぺ返しをせよ、というユダヤの同等刑法「目には目を、歯には歯を」（『出エジプト記』二一・二四）によって軽減されることになる。そして、この復讐の狂気の対極に、キリストの「七の七〇倍」許しなさい（『マタイによる福音書』一八・二二）という呼びかけがある。

カインは、聖アウグスティヌスの『神の国』（四一三―四二六年）の中で重要な位置を占めている。呪われた都市のリーダーとして現れるカインは、征服者たちの血塗られた都市であるローマの建設者にして双子の弟レムスの殺害者たるロムルスにむりやりなぞらえられた。暗いカイン像は特に演劇において数えきれないほど取り上げられ、ロマン主義のヒーローの一人となった。たとえば、バイロン（一八二一年）、ネルヴァルの「朝の女王と天分に溢れた君主ソリマンの物語」（『東方旅行記』一八五一年）、ザッヘル・マゾッホ、そしてとりわけユゴー。彼の精神分析医シャルル・ボードワンは、ユゴーの作品全体がカインのイメージにとりつかれていることを指摘した（『諸世紀の伝説』の中の「良心」）。二〇世紀も例外ではない。ヘッセ（『デーミアン』一九一九年）、スタインベック（『エデンの東』一九五二年）、あるいはまたミシェル・ビュトール（『時間割』一九五六年）。オラトリオおよびオペラも、一八世紀以降、次々と現れた。

造形芸術においては、アベルとカインの捧げ物および殺害（ティントレット、フィリップ・ド・シャンパーニュ）、そしてカインの〈彷徨〉（ルーヴル美術館にあるプリュードンの《神の復讐に追われる罪》）

が好んで取り上げられる〔原注：大文字で始まる語〔本訳では〈 〉を付した〕は、聖書のエピソードの中で造形芸術や音楽作品、文学作品においてたびたび取り上げられるモティーフとなったものを指すことにする〕。また、カインの死についてのユダヤ教の伝説を付け加える必要がある。すなわち、ほとんど盲目になったレメクが茂みに隠れていたカインを野生の動物と思って殺したのであろう、というエピソードが、柱頭やステンドグラス、版画などに、しばしば描かれているのである。

「お前の弟をどうしたのか？」という問いと、それに対する答え「わたしは弟の番人でしょうか？」の応酬が、今の言語にも残っている。また、「メトシェラのように年取っている」という表現は『創世記』において九六九年生きたとされるレメクの父親から来ている（『創世記』五・二七）が、これは始原の世界では、その後、失われてしまう力と長命を人間がもっていた、とする古めかしい描写である。

洪　水（第六～九章）

民族誌学によれば、地球上には何百という洪水神話が知られている。なぜこれほど多くの洪水神話があるのか。精神分析および神話学の考察するところでは、人間誰もが母胎の羊水から生まれるが、人生の途上でいわば逆方向に水の中に飲み込まれるのではないかと恐れているのだ、とされる。わたしたち全員の考古学に属する、水の上にさらされるという幻想は、この恐怖を表している。この幻想は消すことのできないエングラム〔記憶痕跡〕として、「忘れられたヒエログリフ、〔…〕沈黙の文学の断片」（マルト・ロベール）として、わたしたちに残っている。そして、幻想の特徴である転化作用が起きる。すなわち、母胎の中の水が、みずから出られない水の中の箱や籠、あるいはまた箱舟になる。

このような夢想を表す最も有名なものが『創世記』の第六〜九章をなしている。神は、人間の悪が増殖するのを見て、人を造ったことを後悔し、地上から腐敗した人類を洗い流そうと決心した。世にただ一人の義人ノアしかご覧にならなかったので、神は彼に言われた。「針葉樹で箱舟を作りなさい。[…]あなたと息子たち、あなたの妻と息子たちの妻たちは箱舟に入りなさい。そして、あらゆる種類の動物も、雄と雌を箱舟に入れなさい」。

全員が箱舟に入ったあと、水が地上にみなぎった。四〇日間、大雨が襲いかかり、最も高い山々も水に覆われた。陸地からは、すべての命あるものが消え失せた。洪水は一五〇日間続いた。そして、ついに水が引き始め、ある日、ノアによって放たれた鳩が箱舟に戻ってきた。嘴《くちばし》にオリーヴの若枝をくわえていた。水が引くと、箱舟はアララト山（コーカサスの南）の上におかれた。

そこで、ノアおよび箱舟に乗っていたものたちは、すべて外に出た。ノアがした捧げものは神の心にかなったので、神はノアおよびその子孫とのあいだに契約を結んだ。「地を滅ぼす〈洪水〉を起こすことはもうない。[…]わたしと地上のあいだの〈契約〉の印となるよう、わたしは雲の中に虹をおく」。これが虹の起源だとされる。人とのあいだのこの契約において、主は二つの禁忌のみを命じられた。すなわち、人の血を流すことと、血を含んだままの肉を食べることを禁じられた。ノアには、三人の息子、アブラハムの祖先となるセムと、ハム、ヤフェトがいた。ノアは、ぶどう畑を作り、ある日いささか飲みすぎて酔った。彼は素っ裸で眠った。ハムはこのようなノアを見たのに何の対応もせず、他の二人は老いた父の姿を眺めずに父の外套で覆った。酔いが覚めたノアは、カナン人の祖となるハムを呪った。

この〈洪水〉物語、ならびに、命を与えるものであると同時に命を奪うものである大水を恐れる幻想が、キリスト教の洗礼の典礼に組み込まれた。古い人を死に至らしめるために水に浸し、水から出ることで新しく生き返る（『ローマの信徒への手紙』六・三〜六）のである。また、教会が、世の荒波にもまれる舟として、新しいノアの箱舟として多くイメージされることからも、聖書のこのエピソードが成功しているのは明らかである。実際、船の形に建てられて、船体が天に向かっている教会が何千とあるほどである。外陣〔「大帆船」の意味もある〕。

水の上にさらされる幻想は、生まれ落ちるや籠に入れられてナイルに捨てられたモーセや、『ヨナ書』の鯨、そして、福音書の中の、嵐が静まり海の上を歩むキリストの物語にも見られる。神の子は、荒れ狂う風に指図し、水の下で死ぬのではないかという万人共通の恐怖に打ち勝つ。

ラファエロやプッサンのような多くの画家たち、ランボーのような書き手たちが、〈洪水〉の光景にインスピレーションを受けた。言語にも「洪水に遡る」〔遠い昔に遡る〕という表現や、非常に古い、いつの時代か分からない出来事を修飾する「ノアの洪水以前の」という形容詞などが残っている。

バベルの塔（第一一章）

『創世記』の反‐神話的な第一部を閉じるのは、最後の違反物語である第三の違反物語、バベルの塔の物語である。この物語は、すべての人間が同じ言葉（ヘブライの伝承では、これを原始的な聖なる言葉であるヘブライ語だとしている）を話していた始原の時代のものである。たくさんある言語の起源は

父ブリューゲル《バベルの塔》（ウィーン美術史博物館）

何か、という疑問に答える物語である。

当時まだ共通の言語で一致結合していた人間たちは、一つの都市を建設し、頂きが天にまで届くような塔を建てることを決めた。神と同じようになろうとしたアダムの夢を皮肉られたように、神はこの傲慢を嘲弄する。人間たちの言語をごちゃまぜにして、お互いに理解し合えないようにし、この馬鹿げた企てをやめさせようと決めた。それ以来、地上のあちこちに散らばった人々は、それぞれ自分たちだけの地域の言葉に閉じ込められることになったのである。

ここで語り手は、悪のシンボルである異教徒の都バビロニアを思い出す。そこには「ジグラット」と呼ばれる階段状の塔から成る神殿が建っていた。「神々の扉」を意味する「バベル」という名詞は、「ごちゃまぜにする、乱す」を意味するヘブライ語の動詞に結びつけられる。ユダヤ・キリスト教の伝承は、混乱の都バベルを「平和の都」を意味するエルサレムに対置させ続けた。とりわけ黙示録には、それが見られる。聖アウグスティヌスは、その大著『神の国』において、これら二つの都の抗争を大々的に描いており、後世は飽きずにそれを繰り返し取り上げた。

バベルは、ドストエフスキーの『カラマーゾフの兄弟』（一八八〇年）の大審問官のエピソードや、ボルヘスの「バベルの図書館」（『伝奇集』一九四四年）にも出てくる。絵画に描かれたもので最も有名なのは、父ブリューゲルの《バベルの塔》（一五六三年）である。

族長の系譜物語（第一二～五〇章）

『創世記』の冒頭の一一章は、人類全体に関わる普遍的な射程の物語を提示している。シュメール・アッカド神話（たとえば〈洪水物語〉）に手を加えて余分なものを取り去り、唯一神を誉め讃えるものに仕立てた。それに対して、『創世記』の第一二章以降は、爾後よく知られるようになる系譜物語という文学ジャンル、言い換えれば、ある一族の数世代にわたる幸不幸の編年史というジャンルに属している。

アブラハム――信仰者の父（第一二～二五章）

セムの子孫であるアブラハムは、メソポタミア南のウル出身で、もっと北のハランに居を構えた。そこで神は彼に呼びかけられた（一二・一～三）。

あなたは生まれ故郷、親族、父の家を離れて
　わたしが示す地に行きなさい。
わたしはあなたを大いなる国民にし、あなたを祝福し、
地上の氏族はすべてあなたによって祝福される。

神の〈言葉〉を信頼して、アブラハムはすべてを捨て、出発した。パレスチナに着いて、そこで不思議な出会いをする。祭司であるメルキゼデク王が、彼にパンとぶどう酒を与え、祝福した（一四・一八～二〇）。

アブラハムは、妻サライとのあいだに子供がなかったので、女奴隷ハガルを第二妻とし、男の子を得てイシュマエルと名づけた（第一六章）。サライとアブラハムが高齢になって子孫がいないのを嘆いていたので、神はアブラハムと〈契約〉を結ばれた。アブラハムが多くの者たちの祖先となり、サライとのあいだに息子イサクを得ると、神は約束された。イシュマエルからは強大な国民が生まれるが、神との〈契約〉はイサクとのあいだに続くことになり、この〈契約〉の印として、男子の新生児は全員割礼を受けなければならない（第一七章）。

程なく（第一八章）、日中の暑い盛り、アブラハムがマムレの樫の木の下の天幕の入り口に座っていると、遠くないところに三人の人が立っているのが見えた。神ご自身と二人の天使である。アブラハムは、すぐ彼らに歓迎の意を示した。神は彼に言われた。「あなたの妻サライは男の子を生むでしょう」。サライはそれを聞いて、みずからの高齢を思って吹き出した。しかし、神は続けられた。「主にとって不可能なことがあろうか。来春、あなたの妻は男の子を産む」。このマムレの樫の木の近くで神の出現があったことは、キリスト教徒たちには三位一体の秘義の婉曲な啓示とみなされた。また、「神に不可能なことはない」という断言は、キリストの誕生を聖母に告知する時に反復されることになる（『ルカによる福音書』一・三七）。

二人の天使は、アブラハムの再々のとりなしも空しく、腐敗した二都市ソドムとゴモラを破壊しに向かう（第一八章）。ソドムでは、彼らはアブラハムの甥ロトに歓迎されるが、有象無象は家を取り囲み、二人の訪問客をなぶりものにしようとした。天使たちは、ロトに言った。「あなたの妻と二人の娘と一緒に発ちなさい。主はこの街を破壊しますから。後ろを見ないで逃げなさい」。しかし、何ということか、妻は後ろを振り返ったので、塩の柱になってしまった。陽が昇ると、硫黄と火がソドムとゴモラに降り注いだ（第一九章）。爾来、この二つの都市はバベルとともに呪われた町とされたのである。一九二一―二二年刊行のプルーストの名高い小説『失われた時を求めて』の一つのセクションのタイトルにもなった。また、ミシェル・ビュトールの『時間割』に見られる、カインの人物像と呪われた町々を対象とした豊かな考察にも現れる（一九五六年）。

ロトの二人の娘は、彼女たちの町の人々が滅ぼされていなくなるのを見て、父親を酔わせて夜のあいだに関係を結んだ。この近親姦――ギリシア神話のアドニスの中のミラのそれにそっくりである――からは、モアブとアモンが生まれる。彼らはイスラエルとしばしば敵対する種族の祖となる（『創世記』第一九章）。

数年後、サライの嫉妬ゆえに、アブラハムはハガルとその子イシュマエルを家から追い出さなければならなくなった。彼にはイサクしか残らない。そこで理解し難いことが出来する。この一人息子に数えきれない子孫を約束した神、モレク神に子供を捧げるというような人間を犠牲に捧げることを嫌悪していた（『レビ記』一八・二一）神が、イサクをモリヤ山に連れていって犠牲として捧げるようアブラハムに命ずる。再び、神にはあらゆることが可能である、とアブラハムは信じるよう命じられたのである。デンマークの哲学者キェルケゴールの最も美しい著書の一つ『怖れと慄《おのの》き』（一八四三年）は、犠牲を捧げる山に向かう父親と息子の三日間の苦悩に満ちた歩みを描いている。キェルケゴール

アンドレイ・ルブリョフ《聖三位一体》（トレチャコフ美術館、モスクワ）

は、アブラハムを沈黙のうちに〈絶対者〉と対峙する「信仰の騎士」として称讃する。神々から娘イピゲネイアを捧げるよう命じられたアガメムノンのような単なる悲劇的ヒーローよりもずっと優れている、と言う。悲劇のヒーローたるアガメムノンは、二つの倫理的義務、つまり父性愛と万人の利益に奉仕することのあいだで揺さぶられて嘆き、周囲も彼の嘆きを理解し、同情する。アブラハムのほうは、倫理や、万人に対する義務の領域からも離されて、たった一人、〈絶対者〉の呼びかけに捉えられ、恐怖と慄きの中にある。

耐え難い歩みの果てに、神はアブラハムに声をかける。「その子に手を下すな。あなたが神を恐れる者であることが今、分かった」。アブラハムは、木の茂みに角《つの》がひっかかって動けなくなっている牡羊を見つけて、これを捧げる。神はこのとき、空の星よりも浜辺の砂よりも数多くの子孫をアブラハムに約束された。「地上の諸国民はすべて、あなたの子孫によって祝福を得る。あなたがわたしの声に聞き従ったからである」。キリスト教徒は、ここにキリストの予告を聞き取った（第二二章）。

アブラハムは、最期が近いのを悟り、メソポタミアにいる彼の一族のところに、神がイサクのために用意した妻を見つけるため、下僕エリエゼルを遣わした。下僕は井戸のそばでアブラハムの親類リベカに出会う。リベカは下僕に水を供し、駱駝にも水を飲ませる。類い稀な美しい光景の中で、若い娘の輝く美しさを見て、エリエゼルはこれがイサクの未来の妻であると知った。こうしてイサクの結婚は行われた（第二四章）。

アブラハムは、一七五歳で死んだ。

アブラハムの系譜物語の中からは、絵画では、〈聖体〉授与の予表としてのメルキゼデク王との出会い、マムレの樫の木の下の神の出現、ハガルの追放（クロード・ロラン、コローなどの場面がとられている。イサクの犠牲はレンブラントが残忍な画を残しているし、井戸のそばでのエリエゼルとリベカの邂逅はヴェロネーゼ、ムリーリョ、プッサンが描いている。ロシアの画家アンドレイ・ルブリョフ（一三六〇／七〇―一四二七／三〇年）は、アブラハムを訪ねてきた不思議な人物たちの描写から出発して《聖三位一体》のイコンを描き、これは大変有名になった。

ヤコブとエサウ（第二五～三六章）

リベカは双子を産んだ。先に出てきた子は、赤くて全身に毛が生えていたのでエサウ（赤毛）と名づけられた。弟はヤコブ（かかと）と呼ばれた。エサウのかかとをつかんで生まれてきたからである。エサウは巧みな狩人になって野原を走り回ったが、ヤコブは天幕の下にとどまった。ある日、エサウは狩りに疲れ果て、腹を空かせて帰ってくると、ヤコブが美味しそうなレンズ豆を前にしているのを見た。ヤコブは、エサウが長子の権利を交換に譲ってくれなければ豆をあげない、と言った。愚鈍なエサウは承知し、こうして神が約束した長子の権利を捨てたのである。

老いて盲目となったイサクは、偏愛する息子エサウを祝福しようとした。しかし、ヤコブのほうを好んでいたリベカは、ヤコブにエサウの衣服を着せ、エサウの毛のように見せかけて、手や首を子山羊の毛皮で覆った。ペテン師たるヤコブは、父親の前に出て言った。「わたしはあなたの長子エサウです」。イサクはヤコブを招き寄せ、触れた。ヤコブをエサウと思い、イサクは祝福を与えた。旧約の世界およびしばしば古代オリエントにおいては、祝福は有効であり、撤回不能なものである。旧約

多くの民がお前に仕える。
お前は兄弟たちの主人となり
お前を呪う者は呪われ
お前を祝福する者は祝福されるように。〔二七・二九〕

エサウが激しく怒り、ヤコブを殺そうと考えていたので、ヤコブはハランのリベカの兄ラバンの家族のところに逃げなければならなかった（第二七章）。

道中、夜になったので、ヤコブは眠り込み、夢を見た。地面に梯子がおかれて天まで伸びているのを見た。そして、神の天使たちがそれを登ったり降りたりしていた。神がヤコブに現れた。「わたしはお前の父アブラハムの神、イサクの神である。お前が寝たその土地を、お前とお前の子孫にあげよう。〔…〕お前がどこに行っても、お前を護ろう」。この幻影を記念するために、逃亡中のヤコブはベテル、すなわち「神の家」と呼ぶ石碑を建立した（第二八章）。

ヤコブは、ラバンの下で働き、ラバンの二人の娘レアとラケルを娶《めと》った。二人およびその女奴隷たちによって、ヤコブは一一人の子供を得た。長いあいだ不妊だったラケルがついにヨセフを産んだとき、ヤコブは逃げ出して父イサクの家に戻ろうとした（第二九～三二章）。途中、ある夜、キャラバンがヤボク川を渡渉し終わったとき、ヤコブは一人でいた。そこへ一人の男が現れて、ヤコブと朝まで

闘った。男はヤコブをやっつけることができないので、ヤコブの腿《もも》を脱臼させた。ヤコブはめげずに闘い続け、「お前は誰か？ お前がわたしを祝福しないかぎり放さないぞ」と言った。不思議な相手は答えた。「お前はヤコブとはもはや呼ばれず、イスラエルと呼ばれる。神と闘ったからである」。イスラエルとは、おそらく「神は強くあれ」という意味である。ヤコブは、この場所をペヌエル「神の顔」と名づけた。

このエピソードのあと、ヤコブはエサウと仲直りした。ヤコブが得た一二人の息子たちは、イスラエルの一二の部族の祖となった。

ヤコブとエサウの兄弟間の反目は、アグリッパ・ドービニェという強烈な詩人の『悲愴曲』（一六一七年）では、一六世紀末のフランスにおけるカトリックとプロテスタントの身内争いのイメージとなっている。一七世紀絵画では、イサクの祝福にテーマをとったものが多数描かれた（リベラ、ムリーリョ、ジュヴネ）。ヤコブの別の二つのエピソードも、たびたび描かれている。夢で見た天に届く梯子（ラファエロは梯子をより上品とされる階段に替えている）のエピソードと、天使との闘いのエピソードである。後者をテーマにしてドラクロワがものした大作は、パリのサン・シュルピス教会の入り口近くに飾られている。

ヨセフの偉業（第三七〜五〇章）

ヤコブは息子たちの中でヨセフを偏愛した。そのせいでヨセフは兄弟たちの憎しみを受けることになる。ヨセフが見た二つの夢を兄弟たちに話したところ、状況はさらに悪化した。ヨセフは兄弟たちが自分の前にひれ伏したのを夢で見たのである。ヨセフが夢の話をした時以来、兄弟たちはヨセフを亡きものにしようとひそかに企《たくら》んだ。ある日、兄弟皆で遠方で羊たちの番をしていたとき、ヨセフをまず井戸に投げ込んだが、思い直して他国の商人に銀二〇枚で売った。商人たちは、ヨセフをエジプトに連れていった。ヤコブには、猛獣がかの愛する息子を食べてしまった、と信じ込ませた（第三七章）。

ヤコブのもう一人の息子ユダは、カナン人の女とのあいだに二人の息子エルとオナンを得た。エルはタマルを娶《めと》ったが、タマルはまもなく寡婦となる。ユダヤのレヴィレート婚制度（『申命記』二五・五～一〇）では、寡婦となった義姉妹を残った兄弟が引き受けて、死亡した兄弟のために子孫を残さなければならないことになっている。しかし、オナンは、タマルのところに行く時に、精液を地に漏らした。自分のものにならない子供が生まれないようにするためである。神は、このエゴイズムを死によって罰した。人々は、神が真に何を処罰したのかを理解できず、世に言うところの、男が生殖のためでなく精液を撒き散らす罪、さらには単なる自慰を「オナニズム」と呼んだ。このように見放された気の毒なタマルは、売春婦に身をやつして継父ユダと関係をもった。二人の息子を産んで、そのうちの一人ペレツはダビデの祖先の一人（ルツを介して）、すなわち来るべきメシアの祖となる（第三八章）。

だが、ヨセフに戻ろう。エジプトで彼はファラオの侍従長ポティファルに売られたが、その知力のおかげで、まもなく主人の所有地の管理人になった。しかし、ヨセフの美貌はポティファルの妻の目を惹かずにはおかなかった。彼女はヨセフに言い寄り、あまつさえ彼の衣服をはぎとろうとした。神に従うヨセフは拒み、首尾よく逃げ出したが、彼女の手に衣服の一つを残した。彼女はまわりの者に騒ぎ立て、ヨセフが自分を犯そうとした、と夫に告発した。残された衣服が「証拠」となって、不運なヨセフは牢に入れられた（第三九章）。

牢獄で、ヨセフは、ファラオの不興をこうむって投獄されていた高位の役人二人の夢を正確に、しかも二人に都合よく読み解いたので、彼らの注意を引いた（第四〇章）。二年後、ファラオはこの二人の役人を許し、彼自身が夢を見た。ナイル川から七頭の肥えた雌牛が上がってくる。次いで七頭の痩せた雌牛が上がってきて、先に来た七頭を食べてしまう夢である。ファラオは夢を解く人間を呼び集めたが、いずれも解くことができなかった。先の役人の一人が、そのときヨセフの才能を思い出した。ファラオに呼び出されたヨセフは、ファラオの夢の意味を明らかにして見せた。すなわち、エジプトでは七年間豊作が続き、次いで飢饉が七年間続く、というのである。神は、飢饉の時に民が飢えないように豊作のあいだに食糧を蓄えるようファラオに警告し、この将来への備えを指揮する人を見つけなさいと言っている、というのである。

ファラオは、当時三〇歳だったヨセフの叡智に感じ入って、エジプト全土を統率する者とした。飢饉が襲ったとき、エジプト全体が備蓄で生き延びることができた。カナンでは、ヨセフの兄弟たちもまた飢えに苦しみ、エジプトにやって来て麦を得ようとした。ヨセフには彼らが分かったが、兄弟たちはヨセフが誰か分からなかった。ヨセフは彼らをスパイだと非難し、一人を人質にとって、末弟ベンジャミン（ここからフランス語の«benjamin»は末弟を指すようになった）をカナンから連れてくるよう要求した。

ヤコブは、はじめ末子と別れるのを拒んだ。しかし、飢饉がひどくなったので、ついに譲歩した。エジプトに戻った兄弟たちは、ヨセフから宴に招かれた。ヨセフは感動を抑えきれずに哭き始め、み

レンブラント《ヨセフとポテパルの妻》
（ナショナル・ギャラリー、ワシントン）

ずから名乗り、兄弟たちを許した。そして、ヤコブと一族すべてを呼び寄せて、エジプトに住まわせた。ヤコブは死が近いのを悟って、息子たち全員を祝福し、息絶えた。ヨセフも一一〇歳で死に、遺骸はミイラにされた。

この壮大なヨセフの物語は、人々に熱烈にもてはやされた。トーマス・マンは、これにインスピレーションを受けて、四部作『ヨセフとその兄弟たち』（一九三三—四三年）をものし、族長時代の静穏と近代世界の混乱を対照的に描いている。ラファエロ、ルーベンス、ベラスケスは絵に表し、レンブラントは《ヨセフとポテパルの妻》を描いた。リヒャルト・シュトラウスは《ヨセフ伝説》（一九一四年）を作曲した。キリスト教の伝承は、このヨセフ像の中にキリストの予表を見たのである。そのような解釈をパスカルは『パンセ』に要約している。彼は『創世記』の物語の中に、受肉の神秘の展開の一部始終を読み解いた。すなわち、三位一体的生や、神の子の派遣からキリストの受難に至るまでの展開である（断章四七四）。

ヨセフの姿をとったイエス・キリスト

父の最愛の子、兄弟たちを見に父から派遣されたヨセフは無実、兄弟たちの手で銀二〇枚で売られ、それによって彼らの主人となり、彼らを救う者となり、よその国の人々を救い、世界を救う者となる。これらのことは、兄弟たちがヨセフを亡きものにしようとしたり、売ったり、それによって受ける永罰がなければ起こりえなかったことだろう。

牢の中で二人の罪人のあいだの無実のヨセフ。二人の泥棒のあいだで十字架にかけられたイエス・キリスト。ヨセフは、同じような二人のうちの一人には救済を、他の一人には死を予言した。イエス・キリストは、同じ罪を犯した人々のうち、選ばれた人々を救い、見放された人々を罰する。ヨセフは予言をしただけだが、イエス・キリストは救ったり罰したりする。ヨセフは、救われることになる者に、名誉を回復したら彼のことを思い出してほしい、と頼む。一方、イエス・キリストが救う者は、イエス・キリストが王国に行ったら彼のことを思い出してほしい、とイエスに頼む。

ヨセフの物語を端緒として、ユダヤ人たちはモーセに率いられて、パレスチナに戻るまで何世紀ものあいだエジプトにとどまることになる。

第2章 荒野の横断

ヘブライ人移民が住みついたのは、ナイル川デルタの東部である。彼らは、はじめ歓迎された。しかし、人口が増えてエジプト人に不安を与えるようになると、滞在および労働に関して厳しい束縛に従わされるようになる。そこから「エジプト虜囚」とか「奴隷の家」という聖書の表現が生まれた。モーセ五書のうち、あとのほうの四書は——多様な伝承があるので多くの繰り返しが見られる——ヘブライ人がいかにしてモーセに率いられてエジプトを逃げ出し、パレスチナに向かってシナイ砂漠横断の長い行程に踏み出すのに成功したかを物語っている。〈荒野〉における四〇年間の滞在のあいだに、神は彼らに顕れ、法体系を恵んだ。ユダヤ教の伝承でモーセ五書がトーラー、すなわち〈律法〉とされるのは、こういうわけである。物語は、モーセが一時の懐疑のゆえに罰せられ、〈約束された土地〉を遠くに見ながら入ることはかなわずに死ぬところで終わる。

彼らの歩み全体の各段階の特徴を最もよく際立たせているのは『出エジプト記』である。したがって、西洋の記憶に残ったものは、とりわけ『出エジプト記』が記念しているエピソードである。『民数記』は青銅の蛇の物語（第二一章）とバラムの託宣（第二二〜二四章）を付け加えている。一方、『申命記』ははなはだ魅力的で熱烈なトーンで、唯一モーセの最期の歌と死を再現してくれている（第三二〜三四章）。

『出エジプト記』

ギリシア語《exodos》は「出ること」を意味する。『出エジプト記』は、奴隷になり、過酷な労働に従事していたヘブライ人が、いかにしてモーセに率いられて「エジプト虜囚」から逃げ出し、自由人として神が彼らに約束した土地に向かって歩き始めたかを物語っている。最もありそうな歴史的背景は、巨大な建築物を作ろうとしたラムゼス二世（前一三〇〇—一二三五年）の治世の末だろう。『出エジプト記』は、三つの部分から成っている。エジプトからの出立（第一～一五章）、荒野の歩み（第一六～一八章）、シナイ山での契約（第一九～四〇章）。

長いあいだ、モーセがいたのは紀元前一五世紀で、その書は歴史上、最も古い書物と考えられてきた。教父たちは、人間界の重要な法律やギリシア思想の根幹などは世界に関する〈モーセの律法〉の影響から出てきた、と口を揃えてきた。ポール＝ロワイヤルの聖書学者たちによる『出エジプト記』のフランス語訳（一六八二年）の序言にも、以下のように書かれている。

古代ギリシア・ローマ文明を考慮に入れると、［モーセは］ギリシアで学問と芸術の先祖と言われた、世界中のはなはだ偉大な文筆家たちすべてよりも比類なく古い。なぜなら、モーセはホメロスよりも五〇〇年近く前であるし、誰よりも先に自然を論じた哲学者タレスよりも八〇〇年早く、ピタゴラスよりは九〇〇年早く、ギリシアの叡智全体の頭であり支配者であったソクラテス、プラトン、およびアリストテレスより一一〇〇年早いのである。モーセの書いたものおよび全生涯の中で輝いている偉大なものを考察するなら、彼は世俗の古代文明の中からは何の光も引き出すことができず、この世で古代文明よりも高い栄光に包まれていたことを知るであろうし、モーセは雄弁家であり、詩人であり、歴史家、哲学者、立法者、神学者、預言者でもあり、大祭司を聖別したからには神祇官を超える者であり、神の友人と友人同士のように振る舞った神の奉仕者であり、民の指導者でもあったことを知るのである。結局、一言で言えば、自然界の支配者であり、調停者、天の代弁者、王たちの征服者、ファラオの神である。

祭式と歩み――『レビ記』と『民数記』

『レビ記』という名は、唯一レビ部族が、後述する金の子牛の偶像崇拝を退けたために文化的使命を与えられたことから来ている。現存の状態での編集は、バビロン捕囚のあと（前六世紀末）である。預言というものが消えようとしていた時代であり、もはや王がいない時代である。祭司職の威光が大きくなっていった。第二神殿の需要に応えるために、祭司階級はさまざまな典礼定式書集や律法を集め、欠けているものを補った。

『レビ記』には、四つの部分がある。献げ物の施行細則（第一～七章）、祭司の任職（第八～一〇章）、清いものと汚れたものに関する規定（第一一～一六章）、そして最後に、聖なる神に近づくにあたって避けるべき身体的および精神的障害についての「神聖法集」（第一七～二六章）。

書かれている規定が細かいことや、施行細則の空しさという危険に対して預言者たちの攻撃があり、そしてキリスト教においては形式ばった規則は廃止されたというようなことがあって、この『レビ記』は今やわたしたちにとって遠いものとなった。しかしながら、『レビ記』にも、ごく内心の信仰であれ典礼の支えを必要とすること、それがなければ信仰はいずれ蒸発してしまうことを思い出させるメリットはある。それに、『ヘブライ人への手紙』は『レビ記』の入り組んだ模様の中に、キリストの十字架の単純な輪郭を識別しているのである。

『民数記』という謎めいたタイトルは、この文書がイスラエルの一二部族の人口調査から始まっていることに由来する（第一～四章）。このタイトルはギリシア語聖書によって広められたが、この書の冒頭の語「荒野で」を借用したユダヤ教のタイトルに比べて、非常に当を得ないタイトルであることは明らかである。なぜなら、イスラエル人はシナイ山を離れてから（第一〇章）放浪生活に入り、それが四〇年間続く（第一一～二〇章）からである。イスラエル人がエリコの前に来たとき（第二〇～二五章）、二部族がヨルダンの東に住みついた（第三二章）。そして、征服した土地を分けるのに、いろいろな指示が与えられた。法的な規定が挿入される（第五～六章、第九～一五章、第一八～一九章、第二八～三〇章）にせよ、この書全体のリズムを作るのは民族の長い歩みである。

この緩慢ながら着実な歩みは、歴史の変転とキリスト教徒の個人的な進歩を通して前に進み続ける教会のイメージとなった。こうした歩みは、巡礼の時の歩行にも宿る。

愛の書――『申命記』

『申命記』、『第二の法』というタイトルは、ギリシア語聖書の翻訳から来ている。むしろ、教えと奨励のことで、モーセの宗教的遺言の様相を呈している。というのは、モーセは〈約束された土地〉の入り口、ネボ山の上で死ぬからである。

ここに取り上げられている伝承がいつ始まったのか、遡って正確に決めるのは難しい。いずれにせよ、長い時間をかけて作り上げられ、おそらくまずは北王国で始まったのだろう。紀元前七二二年のサマリア王国の崩壊後、逃亡した者たちが草稿をエルサレムにもたらした。一世紀のあいだ忘れられていて、ヨシヤの治世下で「再発見」、あるいは少なくとも再評価されたと言われている（前六二二年）。

『申命記』は、まずモーセの二つの説教（第一〜四章、第五〜一一章）で始まり、次いで全体のタイトルにつながる法（第一二〜二六章）が来る。偉大な立法者であるモーセの最期の二つの発言（第二七〜三〇章）があって、次にモーセの死についての伝承（第三一〜三四章）がおかれる。

ユダヤ教の信仰告白「聞け、イスラエルよ〔Shema Israël〕」は、第六章に由来する。

聞け、イスラエルよ。あなたの神、主は唯一の主である。
あなたは心を尽くし、魂を尽くし、力を尽くして、あなたの神、主を愛しなさい。
今日わたしが命じるこれらの言葉を心に留め……

『申命記』は、このような呼びかけがあるため、預言的なインスピレーションを帯びていて、『エレミヤ書』にごく近い。愛がこのように強調されるのは、キリストのメッセージを予告している。キリストは、この『申命記』の掟と、隣人を己のように愛しなさいという『レビ記』の呼びかけ（一九・一八）を何よりも大事なこととしている（『マタイによる福音書』二二・三四〜四〇）。しかし、キリストの言う隣人とは、もはや同郷人ではなく、実際に近づきうるあらゆる人ということになる（『ルカによる福音書』一〇・二九〜三七）。そして、キリストのこの二つの掟は非常に厳しく、際限もないので、古い律法をすべて引き受けた上で、それを超えるものである。

モーセ

モーセの誕生（『出エジプト記』第二章）

奴隷とされたヘブライ人たちは、とりわけ建設作業において過酷な労働を強いられた。そして、ヘブライ人の人口がますます増えたので、ファラオは爾後、男の新生児をすべて殺すよう命じた。そんな折、レビ族のある家庭に男の子が生まれた。母親はこの子を三ヵ月間隠しておいたが、もはや隠しきれなくなったので、発見されるのを恐れて、「パピルスの籠を用意し、アスファルトとピッチで防水し、その中に男の子を入れ、ナイル河畔の葦《あし》の茂みのあいだにおいた」。ファラオの王女が侍女たちと一緒に水浴びをしようとナイル河畔にやって来て、籠を見つけ、侍女にとってこさせた。籠を開けると、中で赤ん坊が泣いていた。憐れに思って、王女は乳母を探しにやった。それは、たまたまその子の実の母親だった。子供は成長し、ファラオの王女が養親となって、モーセと名づけた。「わたしが水の中から引き上げた」からである、と王女は言った。これが少なくともヘブライの俗語の語源による「マーシャー〔moseh〕」という言葉の意味である。

青年に成長したモーセは、ある日、同胞であるヘブライ人たちが重労働に服しているのを見た。一人のエジプト人が気の毒な同胞の一人を打ったのを見て、モーセはエジプト人を殺し、砂に埋めた。しかし、この事件はファラオの耳に達し、ファラオはモーセを殺そうと決めた。モーセは逃げ出し、パレスチナ南方のミディアン地方に逃れた。地元の祭司のもとに身を落ち着け、祭司の七人の娘たちの一人セフォラを娶《めと》った。

水の上にさらされることの象徴的なインパクトは、洪水とノアの箱舟の物語の中にすでにはっきり現れていて、この光景が数多くの画家を魅惑したのもむべなるかなと思える。ニコラ・プッサンも、このテーマの素晴らしい絵画をいくつも残した（一六三八年、四五年、五四年に）。

燃える柴（『出エジプト記』第三章）

神は、ご自分の民が苦しんでいるのをご覧になって、アブラハム、イサク、ヤコブとの〈契約〉を思い出された。そして、奴隷の境遇から民を救い出そうと決心された。

モーセが舅の羊の群れをシナイ（ホレブとも呼ばれていた）山の麓に率いてくると、「主は柴の真ん中から出ている炎の中に現れた。モーセが見ると、柴は燃えているのに、燃え尽きなかった」。神はモーセを呼ばれた。「モーセよ、モーセよ」。そこでモーセが「ここにおります」と答えると、神は続けて「ここに近づいてはならない。履物を脱ぎなさい。お前の立っている場所は聖なる土地だから。わたしは、お前の父の神、アブラハムの神、イサクの神、ヤコブの神である」。そこで、モーセは神がおられることを畏れて、顔を覆った。

神は言われた。「わたしはわたしの民の苦しみを見、現場監督に打たれて泣き叫ぶ声を聞いた。わたしは民を解放し、乳と蜜の流れる土地に行かせるために降ってきた。お前はファラオの前に行き、彼に言いなさい。『わたしの民を発たせなさい』と」。

モーセは尋ねた。「ヘブライ人に、わたしたちの祖先の神がわたしを彼らに遣わされたと言えば、あなたの名前を尋ねるでしょうが、わたしは何と答えましょうか？」　神は答えられた。「わたしはあるところの〈者〉だ」。この名高い啓示は、動詞 « être »〔英語の "be" に相当するフランス語〕の古い形に一致し、ＹＨＷＨの子音語根とも一致する。このＹＨＷＨを、西洋では長いあいだ「ヤーウェ〔Yahweh〕」ではなく「エホヴァ〔Jéhovah〕」と母音化してきた。神の名を表すこの四文字は、芸術家たちによってしばしば描写されてきた。

このエピソードのもたらした富は並外れていて、その及ぶところは画家だけではない。多数の哲学者と神学者が、この「『出エジプト記』の形而上学」を展開している。すなわち、神はあるという純粋な行為であって、滅ぶべき被造物の特徴である限界が何もない。神は超越するもので、永遠である。キリストは、その超越性を〈燃える柴〉の啓示の言葉そのもので主張する。「アブラハムが現れる前から、わたしはある」（『ヨハネによる福音書』八・五八）。パスカルは、一六五四年一一月二三～二四日にかけての夜にした強烈な体験、かの「火の夜」のあいだ、「メモリアル」（『パンセ』断章七四二）の中で、モーセを捉えた閃光を思い出している。

火

アブラハムの神、イサクの神、ヤコブの神……

確実、確実、直観、歓喜、平安

アメリカ合衆国では、黒人奴隷たちが神の約束を歌って解放を夢見た。

ニコラ・フロマン《燃える柴》中央部（サン＝ソヴール教会、エクス＝アン＝プロヴァンス）

降り来たまえ、モーセよ、そしてファラオに告げよ
「わたしの民を行かせよ」

この歌は最も美しい黒人霊歌の一つとなった。

造形芸術の分野で最も古いのは、ドゥラ・エウロポスのシナゴーグ（三世紀）のフレスコ画である。ギリシア教会の影響を受けて、〈燃える柴〉は処女性はなくならずに聖霊によって身ごもられた神の母マリアのシンボルとなった。最も名高い作品の一つは、エクス＝アン＝プロヴァンスのカテドラルを飾っているニコラ・フロマンによる一四七五年の三連祭壇画《燃える柴》である。ほかにも、ラファエロも描いている（一五一八―一九年）し、プッサンも描いている（一六四〇―四二年）。

エジプトの一〇の災いと過越（『出エジプト記』第七～一二章）

モーセと兄アロンは、ファラオにイスラエル人たちを発たせるように頼んだが、かなわなかった。ファラオの心が頑《かたく》なのをご覧になって、神は次々に一〇の災禍を送り、モーセにそれをファラオに告げる役を負わせた。九つの災禍が次々に起きても、ファラオは屈しなかった。

まずナイル川の水が血に変わった。次に国中を蛙が覆い、その次はブヨ、次はアブが覆った。五番目の災いでは、家畜が疫病に襲われた。次は腫れ物が家畜と人に生じ、次いで雹《ひょう》が降ってきて、さらにはイナゴの大群が地を覆い尽くした。九番目の災禍では、エジプトが暗闇に沈むことになる。

それでもファラオが頑なのをご覧になって、神はモーセに、どんな初子《ういご》も、ファラオの初子からその臣下の初子まで、家畜の初子さえすべて死ぬ、とファラオに言わせた。「大いなる叫びがエジプト全土に起こる。かつてなかったような叫びが、今後起こることもないような叫びが起こる」。

神は、イスラエル人の家族おのおのに、日暮れに傷のない羊を屠《ほふ》り、その血を各家の入り口の縦框《たてがまち》に塗りつけるよう命じられた。夜のあいだに、火で炙った肉に、酵母を入れないパンと苦菜《にがな》を添えて食べるように、そしてこの食事は、腰帯を締め、サンダルを履き、一人ずつ杖を手にして、急いでとらなければならない、とも命じられた。

真夜中に〈皆殺しの天使〉がエジプトのあらゆる初子を撃つ。しかし、天使は羊の血で印をつけられたイスラエル人の住まいは通り過ぎる——これが〈過越〉という言葉に帰せられた意味である。「向こうに通り過ぎる」。ファラオは長子の死と深刻な災禍を目の当たりにして、今度こそは譲歩し、イスラエル人の民を発たせるよう命じた。イスラエルの人々は、金や銀でできたあらゆるものをエジプト人から借りるよう心がけて、逃亡するとき、それらを持ち出した。この「エジプト人からの分捕り」の一部始終は、その後も語り継がれ、真の信仰は異教の思想（プラトン主義やストア主義など）のあらゆる富をわがものとしなさい、という勧めの象徴となる。

毎年三月から四月にかけて、ユダヤ教の過越祭（Pessah）は、イスラエルの歴史のこの重大な出来事を祝う。神が民を解放し、彼らの家を「通り過ぎ」、通り越し、容赦した出来事である。過越とは、神が民を救う、この「通り過ぎ」なのである。その主要な典礼は、種なしパンの祭りと呼ばれる一週間の祭りの最初の日に行われる過越の食事である。この食事では、急いで逃げ出したイスラエル人たちがパン生地が発酵するのを待てなかった夜を記念して、パン種の入らないパンのみを食べる。

キリスト教徒たちにとって、復活祭はキリストが死から生へ移る、すなわち〈復活〉と全人類の本質的な解放を記念するものである。真の過越の子羊であるナザレのイエスは、世界を悪の支配から解放し、すでにこの世で〈永遠の命〉を可能にする。聖体のパン（ホスティア）は、ラテン教会、アルメニア教会、マロン派教会（レバノン、シリア）では、パン種の入らないパンでできている。

芸術家たちは、もちろん一〇番目の災いをテーマに選ぶことが多かった。過越の食事の中に〈聖体〉の予表を見たり、縦框につけられた血の印に十字架上での死を喚起されたりしたのである。

紅海通過（『出エジプト記』第一四章）

逃亡するヘブライ人は、紅海に向かって歩く。これからは神自身が、昼間は雲の柱となり、夜は火の柱となって先頭に立つ。しかし、ファラオは貴重な人手を発たせたのを後悔して、六〇〇の戦車で追跡を始めた。ファラオの軍隊が海辺に設けられたイスラエル人のキャンプに近づいたとき、神はモーセに言った。「出発だ！　杖を上げて、手を海に向かって差し伸べて、海を二つに分けなさい。イスラエルの民が足を濡らさず海の中を通ることができるように」。

モーセが手を海の上に差し伸べると、神は激しい熱風を吹かせて、海を二つに分けた。イスラエル人たちは、二つの高い水の壁のあいだを足を濡らさずに進んだ。ファラオの騎兵隊が全員で追いすがってきた。しかし、主は戦車の車輪を動かないようにし、大量の水が騎兵たちと戦車の上にかぶさって、夜明けにはすべてが飲み込まれた。幼子モーセが水から救われたように、イスラエル人たちも水から救われ、敵どもを奈落の底に沈めた戦う神に向けて粗野な歌を歌いながら、海辺で踊った。「あいつらは水の底に石のように落っこちた」。

この波乱万丈の出来事の記憶は、聖書全体を貫き、芸術家たちのインスピレーションの源となる集団記憶の中に刻み込まれた。たとえば、テオフィル・ゴーティエは『ミイラの物語』（一八五七年）で取り上げているし、ロッシーニのオペラ《モーセとファラオあるいは紅海の通過》（一八二七年）のテーマにもなっている。一九世紀にはギュスターヴ・ドレが、二〇世紀にはマルク・シャガールが素晴らしい挿絵を描いている。

反逆のつぶやき――マナおよび岩からほとばしる水（『出エジプト記』第一五〜一八章）

イスラエル人の隊列は荒野に入り込む。彼らは水を見つけられずに三日間歩いてマラ（ヘブライ語で「苦い」）に着いたが、苦い水しか見つからなかった。それで、彼らはモーセを激しく非難し始める。そこに再び神の奇跡が顕れ、苦い水が甘くなった。

まもなく人々は飢えを感じ始める。ヘブライ人たちは奴隷だった「よき時代」を惜しみ始める。「エジプト玉ねぎ」のおいしさや、肉を煮ているよい匂いのする鍋、それに食べたいだけ食べられるパンを懐かしむ。モーセに敵対するこれらのつぶやきを聞いて、神は言った。「毎晩、ウズラが天から落ちてこよう。毎朝、霜のように地面を覆うマナを取り入れることができるはず。そして、一日分だけが毎日あなたがたのところに来るだろう」。かくして荒野に四〇年間、居続けることができたのである。

シナイ山の麓に着いたとき、民はまた神に不満をつぶやいた。水が少なくなったからである。そこで、神はモーセに言った。「杖をとって、わたしが立っているところの岩を打ちなさい。そこから水が出る。全員が水を飲むことができる」。そして、そのとおりになった。モーセは、この場所をマサとメリバと名づけた。「試しと争い」という意味である。なぜなら、イスラエル人たちは「主は、われわれのあいだにおられるのか、それともおられないのか」と言って、神を試したからである。『民数記』（二〇・一〇〜一三）および『申命記』の末尾（三二・五一）には、岩を打つ時にモーセがいっとき疑心をもったことが書かれている。モーセは民を〈約束された土地〉の入り口まで連れていくが、そこに入ることはない、と神が言ったのは、そういうわけである。

程なく、ネゲブの一種族アマレクとイスラエル人のあいだに闘いが起きた。モーセの補佐官であるヨシュアがイスラエルの軍を率いた。モーセは丘の上から闘いを眺めていた。モーセが敵を呪う印として両手を上げるたび、イスラエル人たちは優勢になった。しかし、そのうち腕が重くなって下げてしまった。そこで、モーセの仲間が二人、陽が沈むまで腕を支えたので、アマレク軍は敗退した。

キリストは、真のマナ、決してなくならないパンをもたらす者として現れた。すなわち、〈聖体〉（『ヨハネによる福音書』第六章）、および永遠に清水が流れ出る乳房としてである（『ヨハネによる福音書』第四章、『コリントの信徒への手紙』一、一〇・四）。

ヴェニスの画家ティントレットは一五七五—七八年にサン・ロッコ同信会館にこれらのエピソード

を豪奢に描いているし、同じくプッサンが一六三九年に描いたものがルーヴル美術館にある。とりわけ〈岩を打つ〉エピソードは、画家たちをとてつもなく魅了した。カタコンベの中には二〇〇の絵があり、プッサンはこのテーマを六回扱っている。

契約と十戒（『出エジプト記』第一九〜二〇章、『申命記』第四〜五章）

エジプト脱出の三ヵ月後、民はシナイ山の麓に野営した。三日経つと、神がシナイ山の頂きに降りた。シナイ山は雷鳴と稲妻に囲まれて、大かまどのようになった。神はモーセを呼んで、イスラエルと結んだ〈契約〉の条件を二つの石板の上に刻んだ。それが件の〈十戒〉、一〇の掟である。

一　あなたには、わたしをおいてほかに神があってはならない。
二　あなたはいかなる神の像も作ってはならない。
三　あなたの神、主の名をみだりに唱えてはならない。
四　あなたは、安息日を神を想う日にしなさい。
五　あなたの父母を敬いなさい。
六　殺してはならない。
七　姦淫してはならない。
八　盗んではならない。
九　偽証してはならない。
一〇　隣人の家を欲してはならない。隣人の妻、男女の奴隷、隣人のものを、いっさい欲してはならない。

これはラビの分け方に近い分け方である（冒頭だけが違う）。カトリックとルター派プロテスタントは、第一戒と第二戒を一緒にし、第一〇戒を二つに分ける。多くのキリスト教思想家たちは、この十戒とは、どんな人も程度の差はあれ心の中にもっている道徳の自然法を記したものである、と考えている。哲学者カントは「殺してはならない」の驚嘆すべき力強さに惚れ込んだ。しかし、自然法との関わりが想定できるのは、他人との関係に関する掟（第五戒から第一〇戒）についてのみである。他方、この十戒は不完全であることが判明している。すなわち、近親姦の禁止とさまざまな性的行為の制限（『レビ記』第一八章）が、この中にはない。同様に、福音書においては重要な、偽善あるいは金銭への従属の断罪もない。

　唯一神との関わりが、第一戒から第四戒までを占めている。十戒は一神教を明言し、一歩も譲らない。そして、〈表現しえないもの〉をイメージとして表現することを禁じている。これは一神教に関わる諸文化において並々ならぬ役割を演じてきた禁忌である。ユダヤ教とイスラム教は、この禁忌を最重要のものとして尊重してきた。一方、キリスト教は〈救い主〉と諸聖人の表象を奨励しようとして、当然ながら神がイエス・キリストに〈受肉〉する神秘を後ろ盾としてきた。これに関しては、重大な危機が出来した。すなわち、イメージの禁止を何が何でも守ろうとする者たちが、すでに存在するイメージの破壊を奨励したのである。「聖画像破壊論争」という名で知られるこの争いは、まずオリエント（七～八世紀）を揺るがし、次に宗教改革時代（一六世紀）に西洋に及んだ。これは、十戒の第二戒が芸術の歴史において、いかに重要な役割を演じたかをよく示している。

〔ユダヤ教では〕職業上の気遣いを中断し、神を覚える日として〈安息日〉が確立されたが、それはキリスト教徒の生活をも形作るものとして残る。ただ、当初土曜日だったものが、キリストの〈復活〉の記念日である日曜日に変わった。六日間の就業日と一日の休息日が交互にやって来るのが、わたしたちのカレンダーの中核である。

もっと広く見ると、〈掟〉を守ること、および掟の聖なる性格は、司法や政治の領域、哲学、精神分析にも影響を及ぼさずにはいなかった。

古代のユダヤ人たちにとっては、〈掟〉を守れば幸福が約束されていた。第五戒の全文を見れば、それがよく分かる。「あなたの神である主があなたに与えられる土地で、あなたが長く生き、幸せになるように、あなたの父母を敬いなさい」（『申命記』五・一六）。この旧弊な考え方は『ヨブ記』では効力を失い、『コヘレトの言葉』（前三世紀半ば頃）では飽くなき問い直しの対象となる。

十戒に着想した特筆すべき映画が二つある。はなはだハリウッド的なセシル・Ｂ・デミルの『十戒』（一九五六年）なるスペクタクル映画と、もう一つは、ポーランドの監督キェシロフスキのきっちり作られた中編映画一〇本を集めた『デカローグ』（一九八八―八九年）というタイトルの映画。これは諸価値が崩壊する世紀末を残酷に生体解剖してみせている。

金の子牛と新しい契約の板（『出エジプト記』第三二～三四章）

シナイ山の頂きで神の言葉を聞いていたモーセがなかなか帰ってこず、イスラエル人たちは自分しか頼るものがなくなったので、ほかの神々に助けを求め始めた。妻たちの耳飾りを溶かして金の子牛をこしらえ、礼拝したのである。実にしばしば反抗する、この「頑《かたく》なな」民に神の怒りは燃え上がった。しかし、モーセが同胞のためにとりなしたので、神は民を許した。モーセはシナイ山から掟を書いた石板をもって降りてきた。野営地に近づくと歌が聞こえ、子牛のまわりで民が不道徳な踊りを踊っているのが見えた。憤怒にかられてモーセは二つの石板を岩に打ちつけて砕き、子牛を壊した。そして、叫んだ。「真の神につく者は、わたしのもとに集まれ」。レビ族の者たちは、モーセのまわりに集まり、偶像を崇拝する三〇〇〇人を滅ぼした。

モーセは神に祈り続けた。神に顔を見せてくださるように頼んだ。しかし、神のモーセへの答えは「わたしは憐れもうとするものを憐れむ。お前はわたしの顔を見ることはできない。なぜなら、人はわたしの顔を見て、なお生きていることはできないからである。この岩の上に立ちなさい。わたしの栄光が通り過ぎるとき、わたしはお前をその岩の裂け目に入れ、わたしが通り過ぎるまで、お前を覆う。わたしが手をどけると、わたしが後ろから見えるはずだ」。

次に、神は前と同じような石板を二枚切り出して、シナイ山に登るようモーセに命じた。頂きで、神は雲のうちに顕れて言った。「神なる主は、憐れみ深く、恵みに富み、怒るに遅く、真である。幾千代にも慈悲を持ち続ける。わたしは過ちと反抗、罪を許す。しかし、何事も見逃すことはしない。父祖の過ちを、子供たち、孫たち、三代、四代までも問う」。

モーセは四〇日四〇晩のあいだ食べも飲みもせず、神の前にいた。神が口述されるまま石板に再び十戒を刻んだ。そして、〈契約〉は更新されたのである。

シナイ山から降りてくると、モーセの顔から光が放散していた。ヘブライ人たちは聖なる怖れにとらわれた。そこで、モーセは彼らに話すために顔に覆いをつけた。神と会う天幕の中に入る時はこの覆いを外したが、外に出る時には再びつけた。
十戒が書かれた石板は、金をかぶせたアカシアの櫃《ひつ》の中に入れられ、豪奢な天幕の中におかれた。櫃は、のちに神殿の最も聖なる場所、「至聖所」に据えられる。モーセは祭式を整えた。典礼具の中には、名高い七本支柱の燭台があった。これはユダヤ人の住まいやシナゴーグでよく見られ、あるいは墓石に刻まれているのも珍しくない。

契約の櫃に想を得て、スティーヴン・スピルバーグは、スペクタクル映画『レイダース／失われたアーク《聖櫃》』（一九八一年）を製作した。アメリカの考古学者がエジプトに派遣され、ナチスが聖櫃の破壊力に目をつけて手に入れたがっているのに先を越して見つけよう、というストーリー。利潤を追いかける現代の偶像崇拝を告発するために、シュルレアリストはスローガンに語呂合わせを採択した。「金の子牛は決まって泥牛」。

ラテン語の翻訳が不正確なせいで、モーセの額から力を象徴する角《つの》のようなもの（cornuta facies）が出ていた、という思い込みも生まれた。このイメージは芸術史にしばしば引き継がれている。

スケープゴート〈贖罪の山羊〉（『レビ記』第一六章）

モーセの文化的な規定のうちには、イスラエルの枠にとどまらず、普遍的な社会心理メカニズムを示しているものがある。贖罪の山羊である。贖罪の日（ヘブライ語では《Yom Kippour》）に、大祭司が雄山羊の頭の上に両手をおいて、民のあらゆる過ちを山羊に移す。続いて、山羊は荒野に向けて追いやられ、負わされた民の罪責を持ち去る。こうして全員が清められる（『レビ記』一六・八〜一〇、二〇、二二、二六)。

人類学者ルネ・ジラールは『暴力と聖なるもの』(一九七二年)や『身代わりの山羊』(一九八二年)の中で、組織化され、しかし脆弱な、差異のシステムである社会というものは暴力によって絶えず脅かされている、と言っている。暴力の特色は、その伝染力である。しかし、この伝染力は、暴力の二番目の特色、すなわち何か代わりのものを手に入れようとする尋常ならざる特性によって抑制されうる。つまり、暴力の爆発は、手の届く範囲にいさえすれば、弱く無実な存在に容易に向かいうる。言うなれば、集団を全滅させてしまう危険がある全員対全員の戦いの代わりに、些細な、あるいはもっともらしい兆候を盾に、全員の悪を一人あるいは一つのカテゴリーの責任に帰して、全員が攻撃する。罪ある者とされた者は、集団から離され、犠牲にされる。そこで混沌から奇跡とも思われる秩序に移る。そういうわけで、犠牲には聖なる感情がともなうのである。

現代社会は、司法制度の力を借りて、暴力の伝染、復讐の危険と闘ってはいるものの、相変わらず暴発はなくならず、大衆は怒りにかられて罪をかぶせ、暴行を加える相手を探し求める。

悲しくも皮肉なことだが、ユダヤ人の慣行によって明らかにされたこのメカニズムがユダヤ人自身に降りかかることが非常に多い。ナチスにとっては、ヨーロッパの悪はユダヤ人のせいだった。したがって、ユダヤ人をまず隔離して、皆殺しにしなければならなかった。この組織的な皆殺しは、『レビ記』(第一章)の冒頭に書かれたもう一つの文化的慣行にひっかけて、しばしば「ホロコースト」と呼ばれる。動物がまるごと焼かれるというタイプの犠牲のやり方である。このイメージは恐ろしいガス室の実状をよく表してはいるものの、ホロコーストはそもそも神の栄光を誉め讃えることを目的に行われるものである以上、この言葉は不適切である。ゆえに、今日では「ショア〔shoah〕」という

「カタストロフ」を意味するヘブライ語のほうが好まれる。

贖罪の山羊は、誰でもいいし、どのグループでもよいが、報復されないように、後ろ盾のないものが望ましい。

青銅の蛇（『民数記』第二一章）

トランスヨルダンに向かって歩いていくイスラエル人の隊列は、単調な毎日のマナに厭きて、神とモーセに逆らってぶつぶつ言い、この無謀な彷徨を悔い始めた。神は彼らを罰するために蛇を送った。この蛇は噛むと炎のように人を灼くのである。噛まれて多くのイスラエル人が死んだ。

イスラエル人たちは後悔し、モーセのところに助けを求めに来た。主はモーセの祈りに答えて、「青銅の蛇を作らせ、旗竿につけなさい。蛇に噛まれた者は誰でも、それを見上げれば命を得る」。モーセは、この命令に従った。以後、噛まれた者は誰でも、青銅の蛇を眺めて命を得た。

このエピソードでは、『創世記』の冒頭と同様、唯一神のもつ救済力を明らかにするために神話的な材料が再び用いられている。蛇は多彩な象徴的意味をもっているが、その中には癒す力もある。ギリシアでは、ケリュケイオン〔カドゥケウス〕――芯棒のまわりに二匹の蛇が巻きついている――は医学の神アスクレピオスの標章であった。

キリストは、このエピソードをみずからが十字架の木につけられることの予表として想起させる。「モーセが荒野で蛇を上げたように、〈人の子〉も上げられねばならない。それは、信ずる者が皆、〈人の子〉によって永遠の命を得るためである」（『ヨハネによる福音書』三・一四～一五）。

ケルンのカテドラルの素晴らしいステンドグラスには、青銅の蛇と十字架にかけられたキリストが二枚折の作品の形で描かれている。ミケランジェロ、ティントレット、ルーベンス、そしてほかにも多くの画家が、この蛇の象徴的意味を描いた。

異教徒の預言者——バラムとその雌ロバ（『民数記』第二二〜二四章）

イスラエルの人々は、エリコに近いモアブ地方に宿営した。その地方の王は彼らの侵入に恐怖を抱き、あたりで有名な占い師バラムを迎えにやった。昔のオリエントにおいて効果が絶対確実とされていた呪いの一つをイスラエル人たちに向けてかけるためである。占い師は雌ロバに乗って途についた。ところが、イスラエルを守る主の天使が剣を手に道に立ちふさがった。バラムには見えなかったが、バラムより優れた眼力をもつロバは、天使の前で恐怖にかられ、野原を横切って走り出した。主人たるバラムは怒り狂い、ロバをぶちのめし始めた。そこで、神はロバに話させた。「なぜわたしを叩くのですか？　忠実にお役に立ったじゃありませんか？」　バラムは目が開き、主の天使の前にひれ伏した。天使は言った。「王のところに行きなさい。そして、わたしが教える言葉を王に繰り返しなさい」。

バラムは神が「彼の口の中に入れた」イスラエルに好意的ないくつかの神託を述べたので、モアブの王は激怒した。

ベオルの息子、バラムの託宣
炯眼の男の託宣

神の仰せを聞く者の託宣。〔…〕
ヤコブから星が昇り
イスラエルから笏《しゃく》が立ち上がり〔…〕
ヤコブから支配する者が出る。

そして、バラムは家に帰った。

これらの託宣は、まず征服王ダビデを指しているとされ、メシアの予告として読まれた。そのため、バラムはクリスマスに行われる準典礼劇では、キリストの預言者の列の中におり、彼が予告した「星」は、博士たちをキリストの秣桶《まぐさおけ》に導いた天体と結びつけられた。レンブラントは、主の天使の介入を描いている（《バラムのロバ》一六二六年）。

レンブラント《バラムのロバ》（コニャック＝ジェイ美術館、パリ）

モーセの遺言と死（『申命記』第二九〜三四章）

パレスチナの門のところでモーセはイスラエルの民を集め、彼らのために神がなさった目覚ましい援助の数々を思い出させた。そして、人間には自由があることを荘厳に寿《ことほ》ぎ、死や不幸よりも神に結ばれていることの幸福と生命を選ぶよう呼びかけた（三〇・一一〜二〇）。

一二〇歳のモーセは、後継者としてヨシュアを任じた。モーセは長い賛歌を歌い、イスラエルの一二部族を祝福し、ネボ山に登った。ネボ山からは、エリコおよびパレスチナの一部全体を見渡すことができた。モーセは、みずからが入ることを許されていないこの土地をじっと眺め、そして死んだ。彼がどこに埋められたのかは、誰も知らない。『申命記』は「モーセのような預言者はイスラエルに再び現れなかった。モーセに対して神は顔と顔を合わせて話したし、モーセは奇跡や不思議な出来事を起こし、全イスラエルの前でかくも目覚ましい業をなしたのである」というモーセに対する称讃で終わっている。

ヴィニーの『古代近代詩集』（一八二六年）の最初の詩は、疲れた孤独な守護神モーセを、みずからに人間の力を超える使命を託した神を非難しているモーセを讃える。

不毛のネボの山を登りつつ

では、わたしはいつも強く孤独に生きるのか？
地上の眠りを眠らせたまえ！
あなたに選ばれた者となるような何をしたというのです？……

まもなく山上よりモーセ消ゆ。

モーセのために皆、哭けり。――約束された土地に向けて歩きつつ
ヨシュアは思いに沈み、青ざめて進んだ。
彼はすでに全能の神に選ばれし者ゆえ。

ユダヤ人の意識の中では、出エジプトはイスラエルの歴史上、重大な出来事と思われている。紅海通過の奇跡（『出エジプト記』第一四章）からヨルダン川渡河の奇跡（『ヨシュア記』第三章）に至るあいだの荒野の横断は、ユダヤ人にとってはキリスト教徒の意識におけるイエスの生涯に比肩する地位を占めている。

その四〇年間は、目覚ましい奇跡が起きた時であり、神がイスラエルのために生の通常の条件を一時停止したような、切り取られた時間である。神はイスラエルが必要とするものを与え、ガイドの役もした。

ユダヤの主な祭りは、毎年季節がめぐり、穫り入れが行われるといった、もともとは農耕の祭りだったが、歴史的な出来事を祝うものに変身した。初物を捧げる収穫祭だった五旬祭〔ペンテコステ〕は、紅海を通過して五〇日後のシナイ山における律法発布の祭りになった。秋の幕屋〔タベルナクル〕――ヘブライ人の小さい天幕を指す名称――祭は、言うまでもなく荒野に粗朶《そだ》で作られた避難小屋を記念するものに変わった。過越祭について言えば、その変容は最も古い文書に遡る。出エジプトの記念祭は、イスラエル共同体が神との交感を毎年更新する時なのである。預言者たちは、荒野におけるこの婚約の時を、新たな出エジプトへの絶えざる呼びかけとする。その記憶は『詩編』の中に顕著に見られる。

キリスト教徒にとって、出エジプトは、洗礼（洋上を首尾よく渡ったこと）と聖体（真のマナ）という二大秘跡を予表している。イエスの生涯には、荒野での偉業に準拠するものが少なくない。すなわち、イエス自身が霊によって荒野に四〇日間送り出された（『マルコによる福音書』一・一二〜一三）。イエスは、真の過越の羊、永遠に新しい〈契約〉をもって任じている（『ルカによる福音書』二二・二〇）。

旧約に登場する主要な人物のうち、モーセほど多くの作品にインスピレーションを与えた人物はいない。一世紀には、ユダヤ人であるアレクサンドリアのフィロンがギリシア語で『モーセの生涯』を著した。四世紀、ギリシア教会の最も偉大な教父の一人ニュッサのグレゴリウスは、モーセのたどった道程を、神との一致を求めるキリスト教徒の霊的歩みのモデルとした。

聖書の預言者の中でコーランの中に最も頻繁に現れるのも、モーセ（ムッサ）である。コーランの一一四章〔スーラ〕のうち、モーセは三六章の中に現れる。アブラハムは二五章だけであるし、イエスは一五章だけ。モーセには五〇二節あてられているのに対し、アブラハムは二三五節、イエスは九三節である。ノア、アブラハム、イエス、そしてマホメット自身とともに、モーセは単なる幻視者ではなく、アッラーの使者ラソール・アッラー〔Rassoul Allah〕という高位にまで上げられている。

偉大な立法者たるモーセは、フランスやイギリスにおいて、聖書を演劇に仕立てた聖史劇にも出てくる。一七世紀には、フランスの詩人サン゠タマンが『川から救われたモーセ』（一六五三年）をものし、オランダの劇作家ヨースト・ファン・デン・フォンデルは五幕の劇を書いた（一六一二年）。一八〜一九世紀には、音楽作品が多数作られたが、最も知られているのはヘンデルのものである。

フランスのロマン派も、モーセという人物に魅せられた。ヴィニー、シャトーブリアン（一八三六年に）、『諸世紀の伝説』（一八五九年）の中でのヴィクトル・ユゴーのあと、モーセは、イムレ・マダーチによってハンガリー解放闘争に参加させられている（一八六〇年）。

フロイトは最後の著作『モーセという男と一神教』（一九三九年）でモーセを扱っているが、フロイトのモーセへの関心は、一九〇一年にローマのサン・ピエトロ・イン・ヴィンコリ教会でミケランジェロのモーセ像の大理石の冷たさに心を奪われて以来、消えなかった。

画家や彫刻家はモーセの頭に角《つの》を二本はやした像にしていることが多いのは、すでに述べたとおりである。図像学的に言って、この点は聖ヒエロニムスによる『出エジプト記』（三四・二九、三五）の翻訳から来ている。「光りを放つ」という意味のヘブライ語が「角」と訳されたためである。

シリアのドゥラ・エウロポスのシナゴーグ（二五六年建立）のフレスコ画では、中央にモーセが描かれている。また、カタコンベのキリスト教的絵画にもモーセは絶えず出てくるし、ユダヤ教でもキリスト教でも挿絵付き聖書にはモーセの絵がたくさんある。前ルネッサンスおよびルネッサンスのイタリアの画家たちは、モーセを多数描いている。『出エジプト記』を最も多く描いた画家の中には、ヴェニス（サン・ロッコ）のティントレット、ローマで描いたプッサン、そして二〇世紀にはマルク・シャガールなどがいる。

第3章　歴史書

歴史書という呼称のもとには、ギリシア語聖書に合わせて、パレスチナ入植の記念すべき年である紀元前一二世紀から前二世紀までをカバーする一六の文書がおかれた。ウルガタ聖書も、それを踏襲した。これらの書物は、出来事の展開を宗教的に解釈するために、しばしば美化して追憶するもの――叙事詩（ヨシュアやサムソン、ダビデ）とオリエント的おとぎ話（ソロモン）の中間――である。

しかしながら、この歴史書という呼称が誤解を生んではならない。イスラエル人は、現代科学が歴史的厳密性としているものに何ら注意を払っていなかった。それに、ヘブライ語聖書は、これらの書をはっきり異なる二つの種類に分けている。第一グループは『ヨシュア記』、『士師記』、『サムエル記』上下、『列王記』上下であって、これらは預言者の書とされ、「前の預言者の書」と名づけられた。幸いにも、この名称はサムエル、ナタン、エリヤ、エリシャといった重要人物が出てくるこれらの物語における預言の重要な役割に注意を向けさせるものである。これらの物語の著者あるいは編者は通常「『申命記』史家」と呼ばれる。『申命記』との親近性が明らかだからである。

第二グループは『歴代誌』または « Paralipomènes »――すなわち、ギリシア聖書における「割愛された事柄」、「補遺」――、『エズラ記』と『ネヘミヤ記』から成る。このグループは、四世紀末に一人の著者によって書かれた。聖書学者たちは、おのずとこの著者を「年代記作家」と名づけた。二つの短い物語『ルツ記』と『エステル記』は文書の中に入っているが、ヘブライ語の原典が失われたか、あるいは直接ギリシア語で書かれた以下の五つの書物はギリシア語聖書にしか記載されていない。そこからカトリック聖書に入ったのだが、それらは『ユディト記』、『トビト記』、『エステル記』へのギリシア語補遺、『マカバイ記』一、二である。『マカバイ記』が記している出来事は時代が下がっていることから考えて、『マカバイ記』はカトリック聖書における一連の歴史書を完結するものとされる。

『ヨシュア記』

『ヨシュア記』は、紀元前一二一〇年からイスラエル人部族がきわめて漸進的にパレスチナに入り込んでいくのを叙事詩の形で賛美している。南部と東部の多数の野営基地から入っていくのである。状況の変容は電撃戦の様相を呈して行われ、勝利を際立たせている。かつてヘブライ人たちが足を濡らさずに紅海を渡れたように、信仰に燃えた民はヨルダン川を渡った（第三章）。ラッパの音だけでエリコの城壁は崩れ落ちた（第六章）。はじめの一二章には成し遂げられた征服が書かれ、そのあとには領土の分割（第一三〜二一章）とヨシュアの最期が語られる（第二二〜二四章）。『申命記』編者は、古い資料を根拠としたが、それを紀元前七世紀末に『申命記』の精神で手直しした。

『士師記』

『士師記』で語られる伝承全体は、紀元前一〇三〇年頃の君主制樹立までの、紀元前一二世紀と一一世紀にわたる。イスラエル人部族の混乱と軋轢を解決するために神が生み出した一二人のカリスマ的指導者――「士師」――の紹介で構成されている。最もよく知られているのは、女預言者デボラ（第四〜五章）、ギデオン（第六〜八章）、エフタ（一一・一〜一二・七）、サムソン（第一三〜一六章）である。これらの士師は、その呼称から想像されるような司法的な役割はまったく果たさない。一部族あるいは数部族の指導者かつ救い主として立ち現れる。『士師記』の送るメッセージは単純で、イスラエルが神に背《そむ》けば即滅亡に向かってさすらう、ということである。逆に、イスラエルの心が神に還れば神はイスラエルを守る、ということでもある。

叙事詩という趣はここではほとんど消えて、政治的・宗教的考察が現れる。すなわち、パレスチナへの定住が困難で、部族間の足並みが揃わなかった。この無秩序な空気が、君主制の到来が望まれた所以である。『士師記』の『申命記』編者が紀元前七世紀末にあたった資料が寄せ集めであることは容易に見て取れる。

『ルツ記』

『ルツ記』という名は、ユダヤ人ボアズと結婚したモアブ人ルツをヒロインとするからである。この結婚からオベドが生まれた。オベドは、エッサイの父、ダビデの祖父である。こうして神の慈愛は外国人女性にまで広がった。そのうちの一人が、メシアを生むことになる家系の源となる。文学的に質が高いこの短い物語は、未来に道を開き、普遍救済説に道を開くものである。

ヘブライ語聖書は、この『ルツ記』をその他の文書の中に入れている。ギリシア語聖書は「かつて士師の時代に……」という冒頭句の示唆に従って『士師記』に入れている。著者は不詳であり、作成の時期については議論がある。紀元前六世紀のバビロン捕囚の前か後か？

ユダヤ教徒たちは『ルツ記』を五旬祭に使用する。ルツは『マタイによる福音書』冒頭のイエスの系図の中に出ている。

『サムエル記』上下

『サムエル記』上下は、およそ紀元前一〇三〇年からダビデの治世の終わり（前九七二年）までを対象としている。『サムエル記』上は、最後の士師、そして最も偉大な士師であるサムエルの生涯をたどっている（第一〜八章）。サムエルは聖所シロのまわりに部族を団結させ始めた。だが、心ならずも――神一人が王であるのに――ついにはイスラエル人たちの要求に屈して、サウルを王に任じた（第八〜一二章）。しかし、サウルは重大な過ちを犯し、神から見放される（第一三〜一六章）。

そこで、サムエルはベツレヘムの羊飼いダビデに王となる油を注ぐ（第一六章）。爾来、ダビデは次第に立派になっていくが、サウルのほうは紀元前一〇一〇年、ギルボアでのペリシテ軍との戦いで死ぬ（第三一章）。『サムエル記』下は、そっくりダビデの治世にあてられる。預言者ナタンは、ダビデの子孫にとこしえの〈契約〉を与えた（第七章）。ユダヤ人が王たるメシア「ダビデの子」を待ち望むのは、この契約に根ざしている。キリスト教徒は、ここにキリストの〔出現の〕予告を見る。

『サムエル記』上下は、おそらく紀元前七世紀初頭から集められたさまざまな資料を組み合わせているが、最終的な形に作り上げられたのは一世紀あとになってからである。

『列王記』上下

『列王記』上下は、ダビデの息子ソロモンの即位（前九七二年）からエルサレムの崩壊（前五八七年）までを駆けめぐる。ソロモンの治世および神殿の建造（第二～一一章）ののち、王国の統一は失われる。紀元前九三一年、北方の一〇部族はサマリアを首都とする独立国家を形成し、一方、エルサレムは小王国ユダの首都となる（第一二～一六章）。紀元前八七五年頃、強力な預言者エリヤが出現する（第一七～二一章）。

エリヤの後継者エリシャという人物の描写から『列王記』下は始まる（第一～一三章）。当時、北方はイエフ、エルサレムはアタルヤの治世だった。紀元前七二二年にサマリアはアッシリア人に征服され、北王国は消滅した（第一七章）。そのあとには、ユダ王国の最後の年月が続く（第一八～二五章）。

種々さまざまな出所の資料を混ぜ合わせた『列王記』上下が最終的な形になったのは、紀元前六世紀のあいだである。

『歴代誌』上下

『歴代誌』上下は、天地創造に始まり、バビロンの捕囚に続く甦りまでを詳しく大観している。元来、一つの作品であって、上下のあいだには何の断絶もない。

一連の家系図（第一～九章）のあと、ダビデの治世を美化した考察が展開される（第一〇～二九章）。下巻は、まずソロモンの治世（第一～九章）を紹介し、以降はユダ王国のみに集中する。

編集者——年代記作家——は、おそらくエルサレムのレビ人で、ダビデとソロモンをユダヤ文化生活を整えた者として称讃している。

『エズラ記』と『ネヘミヤ記』

年代記作家の著作は『エズラ記』と『ネヘミヤ記』で終わる。バビロン捕囚の半世紀（前五八七―五三八年）には言及されない。物語は紀元前五三八年に始まる。捕囚されたユダヤ人に、エルサレムに戻って神殿を再び建てることを認める勅令をキュロスが出した年である。この第二神殿は紀元前五一五年に完成する（『エズラ記』第一～六章）。

続く章では、別の捕囚者グループが、律法に詳しい祭司エズラに率いられて、紀元前四五八年頃にエルサレムに帰還することが語られる。エズラは、モーセの律法を再び有効にし、ユダヤ人が異民族と結婚するのを禁じた（第七～一〇章）。

紀元前四四五年頃、ペルシア王は在俗の人ネヘミヤにエルサレムの城壁の再建を認めた（『ネヘミヤ記』第一～七章）。エズラは、次いでモーセの律法を厳《おごそ》かに朗読し、全員が律法を守ることを約束した（第七～一〇章）。『ネヘミヤ記』の終わりの数章は、さまざまな改革を提示している（第一一～一三章）。

使用言語は、ある時はヘブライ語、ある時はアラム語である。これら二書の中に一人称が散見されるのは、年代記作家がエズラやネヘミヤによって書かれた資料に着想を得たせいである。

『トビト記』

『トビト記』は、紀元前二〇〇年頃に書かれ、宗教的な目的に資するための物語である。ヘブライ語とアラム語の原典は失われたので、『トビト記』はヘブライ語聖書には入っていない。

ニネベの町にいたあるユダヤ人捕囚トビトは失明している。エクバタナでは、彼の縁続きの若い娘サラが結婚できないのを嘆いていた。悪魔アスモダイが彼女の婚約者を七人、次々に死なせたからである。神は彼らの祈りを聞かれ、彼らにラファエルという天使を送られた。ラファエルとは「神は癒してくださる」という意味である。老いたトビトは、息子トビアにエクバタナへ行き、〔預けておいた〕お金を取り戻してくるよう頼んだ。ラファエルは人間の姿をとって、トビアの道案内をした。波乱に富んだ旅の末、トビアはサラを悪魔アスモダイから救い出し、妻とした。次いで、またもラファエルのおかげでニネベに帰り、父親の目が見えるようにした。

語り手は、歴史や地理に関してユーモラスな屈託なさを見せる。エクバタナは実際には高度二〇〇〇メートルのところにあるのに、平原の中にあるとしたり……。実際、語り手が求めているのは、話が生き生きしていることと、絵になるような細部である。それゆえに、何世紀にもわたって、この小さな書にインスピレーションを得た多数の絵画や版画が描かれたのである。

人の心を捉える魅力をもった『トビト記』は、家族のあたたかさと思いやりのある神の親しみやすさを讃えている。

『ユディト記』

『ユディト記』は作者不詳である。紀元前一六〇年頃、パレスチナで書かれた。『ユディト記』もヘブライ語の原典が失われたので、ヘブライ語聖書には入っていない。

『ユディト記』はたとえ話で、歴史や地理に関しては『トビト記』と同様、人をからかうような、いい加減なところがある。ホロフェルネス将軍の行軍の道程などは、はなはだファンタジックなものである。『ヨナ書』と同様、重々しい宗教的メッセージにユーモアがうまく組み合わさっている。

紀元前六〇〇年頃（?）、サマリアの小さな町ベトリアでは、ユダヤ人たちがバビロニアの王ネブカドネツァルの将軍ホロフェルネスの圧倒的な軍隊に包囲されていた。敗戦は必至と見えた。そこで、若く美しい寡婦ユディトが、同胞に神への信頼が足りないと難じた。彼女はホロフェルネスの陣地に赴き、彼の心を捉えて、半ば酔い心地になった彼の首を切った。敵はパニックに襲われて逃亡し、イスラエルの民はユディトを誉め讃えた。

ユディト――この名前は「ユダヤ女」という意味である――は、並外れた精神力をもつ女性のように思われる。神の力は、弱ささえ変えてしまうのだ。神にすべてを捧げているユディトは「徳」のモラルを気にかけたりしない。それゆえ、聖書注解者の中には、ユディトがホロフェルネスを喜ばせるために口にしたあいまいな言葉や男の欲望をそそる女の術策を弁護するのに苦労した者たちもいた。実際は、『ユディト記』は抵抗の精神を称揚している。その抵抗の精神は、ユダヤ人の生存を脅かすもう一人の暴君アンティオコス四世・エピファネスに対抗して、紀元前一六七年以降、はっきりと現れた。『ユディト記』のねらいは『マカバイ記』と『ダニエル書』のそれに匹敵する。

『エステル記』

『エステル記』も『ユディト記』と同じように歴史的正確さをあまり気にかけていない寓話である。おそらく紀元前二世紀半ば頃にメソポタミアで作られ、ヘブライ語起源の短い形でヘブライ語聖書に入れられたものと、やや長い形のギリシア語のものとがある。著者は、物語の時代をアケメネス朝の紀元前四八六年から四六五年にペルシア王であったクセルクセス王の治世のことだろうとしている。王は首都スサで高慢な王妃ワシュティを離縁したところだった。そして、王は王国の中で彼女に替わりうる若い女性を探させた。捕囚民の一人モルデカイに引き取られていた孤児エステルが王に選ばれた。モルデカイは、宮廷でアシュエリュスの忠実な従僕として仕えていたが、ペルシア王国のすべてのユダヤ人を虐殺しようとする宰相ハマンの敵意に出会う。皆殺しが行われようとしていた。そこで、エステルはみずから王の中の王クセルクセスのところに思いきって出かけていった。彼女はハマンの正体を明らかにし、彼は絞首刑になる。そして、ユダヤ人たちは、まもなく彼らをお払い箱にできると喜んでいた者たちに勝った。

『エステル記』の宗教的なねらいは明白である。モルデカイの敏腕とエステルの勇気を通して、神は出来事に介入されるのである。ご自分の民を見守り、悪意ある者たちを懲らしめられる。ハマンが企てたようなユダヤ人大虐殺がペルシア王国で行われたことはまったく実証されていないが、この物語はおそらく現実にある反ユダヤ主義を反映している。反ユダヤ主義がなかったのであれば、この物語はまったく信用し難いものになっただろう。

ユダヤ人が復讐として行った虐殺（第九章）を見ると、山上の説教（『マタイによる福音書』第五～七章）の二世紀前には、敵への愛はまだ理想とされていなかったことが分かる。

ユダヤの祭りの一つである〈くじ〉の祭りプーリーム（Pourim）は、皆殺しされることになっていた民の〈運命〉を急変させたエステルの物語を記念するものである。

『マカバイ記』一、二

『マカバイ記』一、二は、ヘブライ語聖書にはない。この二書は、アレクサンドロス王の中近東における後継者であるセレウコス朝の王たちに対抗して政治的・宗教的自由を獲得しようとするユダヤ人の戦いを物語っている。この後継者たちは、アンティオキアを首都とした（前三〇〇年建都）。紀元前一七五年から一六四年にかけてはアンティオコス四世・エピファネスの治世だったが、彼は紀元前一六七年にエルサレムの文化的慣行の廃止を布告し、神殿にオリュンポスのゼウスを祀ることを制度化した。この冒瀆行為が口火となって、祭司マタティアと五人の息子に率いられた反抗が始まった。五人の息子たちの一人である通称ユダ・マカバイから、この二書のタイトルがつけられた。

しかし、二つの物語は続きものになっているわけではなく、厳密に同一の出来事の経過をたどっているわけでもない。二書は、紀元前一七六年から一三四年のあいだをカバーしており、ユダヤ民族がみずからの文化のギリシア化に抵抗したことについて、わたしたちに教えてくれる唯一の物語である。

『マカバイ記』一がパレスチナのあるユダヤ人によって書かれたのは、紀元前一〇〇年頃のことである。ギリシア語のテクストは、ヘブライ語原典を反映している。紀元前一七五年からのギリシア化の企てについてのプロローグ（第一章）のあと、反抗が起きたこと、ユダ・マカバイの壮挙とその死（第二〜九章）が語られる。ユダの死後、代わりに兄弟ヨナタンが紀元前一六〇年から一四三年に指導者となる（第九〜一二章）。ヨナタンが死ぬと、もう一人の兄弟シモンが紀元前一四三年から一三四年まで、あとを継ぐ。シモンもまた、まもなく亡くなり、息子ヨハネ・ヒュルカノスにバトンタッチし（第一三〜一六章）、ヨハネ・ヒュルカノスは大祭司となり、紀元前一三四年から一〇四年に総督の座に就く。

この三人組――ユダ、ヨナタン、シモン――を三人ともに突き動かしていたのは、ギリシア文化に染まることへの拒否である。律法および信仰心を強調したが、預言とメシア待望については口をつぐんでいる。戦いの指揮をとることについては、士師時代に行われた聖戦の続行を主張した。

『マカバイ記』二は、一の続きではなく、紀元前一六〇年頃にキレナイカに暮らしていたユダヤ人キレネのヤソンが編集した五巻本の要約の態をとっている。要約者は、紀元前一二〇年頃、アレクサンドリアのユダヤ人たちのために書いた。彼は、これらユダヤ人たちとパレスチナにいる共同体とのつながりを強調したかったのである。

ここに語られた出来事は、紀元前一七五年から一六〇年のあいだに起きたことである（第一～七章）。エルサレムのユダヤ人たちがエジプトにいる兄弟たちに宛てて書いた二通の手紙のあと、ユダ・マカバイの英雄的行為と神殿の聖性が称揚される（ヘリオドロスのエピソード。第三章）。続く二つの部分は、いずれも迫害者の死によって終わる。アンティオコス四世・エピファネス（第四～一〇章）、次いでニカノル（第一四～一五章）である。

『マカバイ記』二は、使用した資料のあいだの一致をはかる歴史調査というより、宗教的省察であることが明白である。中には非常に重要な神学的説明が多数書かれている。たとえば、世界は全能の神によって「無から作られた」（七・二八）とか、義人は復活する（七・九、一四・四六）、この世の生のあとに罰がある（六・二六）、故人のために祈ることは有効である（一二・四〇～四五）、この世を去った義人は生者のためにとりなしを行うことができる（一五・一一～一六）などである。エレアザルとその七人の兄弟の殉教の有名なエピソード（六・一八～三一、第七章）は、殉教者崇拝が行われる発端となる。

以上の歴史書のうち、魅了するところのまったくなかった『エズラ記』、『ネヘミヤ記』、『マカバイ記』一の三書は別として、そのほかの書が後世に及ぼした影響は甚大である。なかんずく五名の人物が多くの想像をかき立てた。ヨシュア（『ヨシュア記』）、サムソン（『士師記』）、ダビデ（『サムエル記』）、ソロモンとエリヤ（『列王記』）である。のみならず、かなり短い四書、すなわち『ルツ記』、『トビト記』、『ユディト記』、『エステル記』も繰り返し題材になった。以上、九つの特別な例を除けば、ごくわずかなエピソードだけが後世まで語り継がれた。それらのエピソードを以下に挙げよう。

ギデオンと羊の毛（『士師記』六・三三～四〇）

士師ギデオンは、自分の軍隊が戦いを開始すべきかどうか、神からの合図を受けることを望んだ。はじめの夜、麦打ち場に羊毛をおいて、まわりの土はまったく濡れていないのに、この毛にだけ露をおくよう頼んだ。そして、朝になると、そのとおりになっていた。毛を絞ると、鉢は水でいっぱいになった。次の夜、ギデオンは、今度はまわりの土は露で湿っているのに毛は乾いているように、と願った。そして、そのとおりになった。

キリスト教芸術は、この二重の奇跡のうちに、ユダヤ民族がはじめ神の露で一人潤《うるお》されたあと見捨てられ、この露がほかのすべての民族に行き渡ったことを象徴すると見たり、あるいはまた、聖母マリアが身体は処女のまま聖霊によって身ごもったイメージを見たりする。

エフタの娘（『士師記』一一・二九～四〇）

ギデオンとは別の士師の娘は、その父親みずからが神になした無分別な誓いゆえに生贄《いけにえ》として殺されることになる、というおぞましさによって有名になった。その誓いとは、もしわたしを勝たせてくださるなら、戦いのあと、わたしを迎えに家からやって来る最初の人物をあなたへの捧げものといたしましょう、というものだった。ところが、それは彼の娘、たった一人の子供である娘であった。鼓を打ち鳴らし、踊りながら彼のほうに駆け寄ってきた。仰天した父親は、あわれにも衣を引き裂き、神になした約束を娘に説明した。若い娘は、父親にただこう頼んだ。「わたしを二ヵ月自由にしてください。たった一人で〔新共同訳は「友達と共に」〕山々をさまよい、若く処女の身空であることを嘆きたいのです」。二ヵ月後、娘は父親の家に帰り、捧げられた。それで、イスラエルでは年々若い娘たちが四日間エフタの娘を悼みに山に出かけるようになった。

ギリシアの総帥である父アガメムノンの船団がトロイアに向かって出港できるよう、やはり父親によって捧げられたイピゲネイアの話にそっくりの、この痛ましいエピソードからは、数多くの悲劇が生まれた。オランダの劇作家ヨースト・ファン・デン・フォンデルの劇（一六五九年）も、その一つ。音楽家たちもまた、このシナリオの悲劇性に惹かれた。そして、オラトリオ（カリッシミ作、ヘンデル作）やオペラ（一七三二年ラモー作、一八一二年マイアベーア作）が生まれた。

アルフレッド・ド・ヴィニーは、一八二六年に『古代近代詩集』の中の「聖書の古代」セクションで、このエピソードに美しいエレジーを捧げた。
そして、わたしの死の日、嫉妬深い乙女は誰一人として
わたしが誰の妻であったか、わたしのためにどの戦士が
苦行衣と喪の印をとるか、尋ねに来ることはない。
あなただけが、わたしの柩《ひつぎ》のまわりで泣いてください。

造形芸術で好んで扱われるのは、勝利を収めたエフタと娘が出会うシーン（シモン・ヴーエ、ピエール・ミニャール）や、悲運な娘を死なせるところ（シャルル・ル・ブラン、アントワーヌ・コワペル、エドガール・ドガ）である。

サムエルの誕生、子供時代、召命（『サムエル記』上、第一〜三章）

長いあいだ不妊だった母親ハンナから生まれた青年サムエルは、聖所シロの祭司エリに仕え、祭儀を行う手伝いをすることになった。ある夜、神に呼ばれたサムエルは「ここにおります」と答え、呼び出しはエリから来たと思って、エリのもとに走った。老師はいたく驚いて、サムエルを再び寝にやった。ところが、それから二回にわたってサムエルは——この声を聞いて——祭司のもとに戻ってきた。そこで、エリは呼ばれたのが主であることを悟り、サムエルに言った。「この次はこう答えなさい。『お話しください、主よ、僕《しもべ》は聞いております』」。神はサムエルに顕れ続けた。サムエルは成長し、神の言葉をイスラエル全土に伝え始めた。

ジョシュア・レノルズ《幼きサムエル》(ファーブル美術館、モンペリエ)

このシーンは、ドゥラ・エウロポスのシナゴーグのフレスコ画（三世紀）にある。また、イギリスの画家ジョシュア・レノルズも、このシーンにインスピレーションを受けて《幼きサムエル》（一八世紀）を描いたが、この作品はたびたび模写されている。

エリシャの奇跡（『列王記』下、第四〜五章）

預言者エリヤの後継者エリシャが起こした奇跡は、写本画であれ、ステンドグラスであれ、絵画であれ、版画であれ、造形芸術にインスピレーションを与えてやまなかった。子供の甦り、油とパンを何度も増やす、シリア人ナアマンの快癒といった奇跡である。これらの奇跡は、すべてキリストが起こす奇跡に近いように見える。重い皮膚病を患ったナアマンがヨルダン川の水に浸かったあと癒えたことは、洗礼のイメージと受けとめられて、七宝、フレスコ、ステンドグラス、タペストリーなど、さまざまな媒体に再現された。

呪われた王妃たち――イゼベルとアタルヤ
（『列王記』下、九・一四〜三七、第一一章、『歴代誌』下、二二・一〇〜二三・二一）

昔、ナボトという貧しい農民が、イスラエル王アハブと王妃イゼベルの宮殿のすぐ近くに、ぶどうの木をもっていた。王はこのぶどうの木を欲しがったが、ナボトは先祖伝来の財産を手放すのを拒んだ。そこで、イゼベルは王がナボトを殺すよう仕向けた。ナボトが殺されてまもなく、預言者エリヤはアハブに予告した。「犬の群れがナボトの血をなめたその場所で、あなたの血を犬の群れがなめることになる。〔…〕イゼベルは犬は犬の群れの餌食になる」（『列王記』上、第二一章）。

数年後、イスラエルの王となったイエフは、アハブの息子ヨラムを殺した。そして、イゼベルを窓から投げさせたので、彼女の血が馬と壁に飛び散った。イエフに踏みつけられたイゼベルの死骸は、わずかな骨を残して犬の群れが食べてしまった。

イゼベルの娘アタルヤは、野心満々の不信心な女だったが、ユダの王と結婚した。しかし、まもなくその子孫を根絶やしにさせた。一人だけ、ヨアシュという子が殺し手を逃れ、神殿の中でひそかに育てられた。ヨアシュが少し成長するや、すぐに大祭司が反乱を企て、アタルヤは殺された。

イゼベルという名前は嫌われ、殺人者とされた王妃を指すのにしばしば使われた。だから、聖バルテルミーの虐殺（一五七二年）のあと、プロテスタントたちはカトリーヌ・ド・メディシスをイゼベルの再来と見たのである。

アタルヤの物語を土台に、数多くの悲劇が作られた。最も有名なのは、ラシーヌの傑作（一六九一年）である。この作品には、忘れようとしても忘れられないアタルヤの夢が出てくる。アタルヤは夢で母親イゼベルを見るが、まもなく目に入るのは

傷ついた骨と肉が
ぐちゃぐちゃと、血だらけのぼろきれの

中に散らばり、犬どもが争って貪《むさぼ》ろうとする、おぞましい手足だけとなる。

神殿から追われたヘリオドロス（『マカバイ記』二、第三章）

王セレウコス四世・フィロパトルは、虚偽の密告により、エルサレムの神殿が金で満ち溢れていると聞いた。その宝をわがものにしようと決心し、宰相ヘリオドロスに護衛をつけて派遣した。彼らが神殿に入るや否や、全員が麻痺したように動けなくなった。恐ろしげな騎士が現れ、その馬が彼らに前足の蹄《ひづめ》で襲いかかった。また、はなはだ眉目秀麗な男二人が、ヘリオドロスをめった打ちにし始めた。ヘリオドロスは地面に落ちて目が見えなくなり、寝わらの上に運ばれた。回復したヘリオドロスは、セレウコスに「間違いなく、この場所は神の力に守られています」と言った。

ヘリオドロスのエピソードは、聖史の中で重要な位置を占めている。イエスが神殿から商人たちを追い出した（『ヨハネによる福音書』二・一三～二二）ことと関連づけられることも、しばしばある。また、ミケランジェロやラファエロからドラクロワに至るまで、大画家たちが絵にしている。

エレアザルと七人兄弟の殉教（『マカバイ記』二、六・一八～三一、第七章）

アンティオコス四世・エピファネスの迫害のとき（前一六七—一六四年）、老律法博士エレアザルは、律法で不浄な動物とされている豚の肉を食べるよりは車刑になるほうを選んだ。同じ運命が七人兄弟を次々に襲った。暴君に従うよりは神に従うほうがよいのである。

この死刑は、当然キリスト教徒の殉教の苦しみと関連づけられた。七人兄弟の母親が神のために死ぬよう彼らを励ました（七・二〇〜二三）ので、このシーンは十字架の下に立ち尽くす聖母マリアの予表として読まれた。芸術家たちは、これら七人の殉教者たちを「マカバイ」と呼ぶことが多い。聖書では彼らは名前がないのにもかかわらず。

ヨシュアの功績

『ヨシュア記』はすでに忘れられた戦いをたくさん語っているが、物語は足を濡らさずにヨルダン川を渡るエピソードから始まる。律法の石板を入れた契約の箱を担《かつ》いだ者たちが着くと、満水の川が二つに分かれて、そのあいだをイスラエルの民は全員渡ることができた。このように、紅海通過の際に起きた奇跡が、この時はモーセの後継者のために再現されたのである（第三章）。

イスラエルの群衆がエリコを包囲しているあいだに、神は契約の箱が町を一周するよう命じ、六日間それが行われた。七日目には、七人の祭司が箱と一緒に七回、町を回った。そして、祭司たちは雄羊の角笛《つのぶえ》を吹き鳴らした。角笛が鳴り渡ると、民は大声をあげた。すると、城壁が崩れ落ちた。そこで町は占領され、焼き払われた。ヨシュアは、ラハブという遊女だけを生かしておいた。ラハブは、包囲戦のあいだ、イスラエル人の斥候たちをかくまっておいたからである。以上が、エリコの角笛として知られているエピソードである（第六章）。

ヴィクトル・ユゴーは『懲罰詩集』の中の最もよく知られている詩の一つ「吹け、いつまでも吹け、思想のラッパを」で、この偉業を讃えている（一八五三年）。

三つ目の記憶すべきことは、ギブオンの町のあたりでアモリ人たちに勝利した時のことである。ヨシュアは逃げる敵を追いかけたが、夜の帳《とばり》が降り始めていた。敵が逃げてしまいそうなのを見て、ヨシュアは神に太陽が沈むのを一時止めてくれるよう頼んだ。すると、太陽は一日のあいだ動かなかった。「後にも先にも、神が人間に従ったこのような日はなかった」（一〇・一一〜一五）。

このエピソードは、ガリレオ事件の時には大いに問題になった。原理主義的に聖書を読んで、この話を地動説に反対する根拠とする者たちがいた（地動説が証明されたのは、一七二八年になってからである）。

もっと広く見れば、ヨシュアは、騎士文学が一三世紀から一四世紀にかけて広めた九勇士の一人である。ユダヤ世界ではダビデとユダ・マカバイの傍らに、異教徒の古代ではヘクトル、アレクサンドロスとカエサルの、キリスト教世界ではアーサー王、シャルルマーニュ、ゴッドフロワ・ド・ブイヨンの側にいる。

ユダヤのヘラクレス——サムソン

サムソンのふるまいの記述は『士師記』の第一三〜一六章を占めている。不妊の女から生まれたサムソンは、生まれた時から神に捧げられたので、髪には決してカミソリをあててはならなかった。あてると、彼の超人的な力が霧消してしまうのである。サムソンは襲ってきた若いライオンを二つに引き裂いたとき、自分がそのような力をもっていることを発見した（一四・五～九）。ペリシテ人相手の闘いでいくつも武勲を立てたあと、サムソンは不幸にもデリラという女に心を奪われてしまった。彼女はサムソンを裏切り、敵に通じた。デリラは、新しい弓弦七本でサムソンを縛り上げ、サムソンに勝ったと思ったが、ペリシテ人たちがサムソンを捕えにやって来たとき、サムソンは縛られているのを物ともせず、弓弦を切ってしまった。しかし、やんぬるかな、サムソンは自分の力の秘密が髪の毛の中にあることをデリラにしゃべってしまった。そこで、デリラは膝の上でサムソンを眠らせ、髪の毛をすべて剃ってしまってから、ペリシテ人たちを呼んだ。ペリシテ人たちはサムソンを捕え、両目をえぐって、青銅の鎖二本を足枷にした（一六・四～二二）。数ヵ月後、ペリシテ人たちは彼らの神ダゴンの神殿で祝いをしているとき、慰みものにするためにサムソンを呼んだ。サムソンの髪の毛は伸び始めていて、力が戻ってきていた。サムソンは神に味方してくれるよう祈った。サムソンは神殿を支えている二つの柱のあいだに連れてこられたので、両腕を柱にあてて力を込めて押した。すると、神殿全体がサムソン自身と敵の大群の上に崩れ落ちた（一六・二三～三一）。サムソンは、イスラエルで二〇年間、士師であった。

ペリシテ人たちの不幸は、サムソンのあとも長く続いた。聖書の中でのペリシテ人たちが選ばれた民の敵であったように、一七世紀末にドイツの神学生たちは、精神的なものに献身する者たちの敵をペリシテ人の派生語を用いて《Philister》と呼んだからである。この語は偏狭な精神の人間を指すようになり、ロマン派の者たちは芸術を解さないブルジョワを指すのにこの語を使った。

サムソンは音楽家たちにインスピレーションを与えた。数多くのオラトリオに加えて、サン＝サーンスのオペラ《サムソンとデリラ》(一八七七年)がある。ここでデリラは、愛国主義ゆえにサムソンをペリシテ人たちに引き渡した、いわばペリシテ人のユディトのように描かれている。ミルトンの偉大な劇詩の一つ『闘技士サムソン』(一六七一年)は、みずからの裏切りを理解したい、許されたいと努めるデリラ像を提示している。サムソンは許すことを拒むが、それは女性との関わりにおいてあまり幸せでなかった盲目の老ミルトンの辛辣さを表している。これよりももっと強烈な女性嫌いは、ヴィニーの詩集『運命』(一八六四年)の中の「サムソンの怒り」という辛辣な詩に表されている。この詩のタイトルは『イリアス』のサブタイトル「アキレウスの怒り」を思い起こさせる。「そして、多かれ少なかれ、女というものはデリラに決まっている」。

造形芸術分野では、サムソンの壮挙は非常にしばしば題材になってきた。中世にはライオンを殺した時の情景が好まれたが、より時代が下がるとデリラの裏切りのほうである(ルーカス・クラーナハ、ルーベンス、ファン・ダイク、レンブラント)。

ダビデ

ダビデという人物は『サムエル記』上下に君臨している。『サムエル記』上下は、これらの書のタイトルが由来する預言者サムエルの子供時代と召命で始まっているが、ダビデは上巻の第一六章ですでに姿を現し、下巻は全編がダビデにあてられている。ダビデ王の名声は、『詩編』一五〇篇のうちの大部分が彼のことを謳っていると長らく考えられていたこと、また音楽に秀でた王として讃えられている(『サムエル記』上、一六・一四~二三)ことで、途方もなく大きくなった。

ダビデの生涯の七つのエピソードが忘れられないが、そのうちの四つはサウルとダビデ自身、そしてダビデの息子たちのうちの二人の重大な過誤を語っているエピソードである。

ダビデとゴリアト（『サムエル記』上、第一七章）

強者に対する弱者のこの対決を知らない者があろうか。イスラエル軍は、ペリシテ軍と対決するために戦陣を敷いた。そのとき、ペリシテ軍の戦列から背丈が三メートル近くの巨人ゴリアトが進み出て、イスラエル軍に向かって決闘の申し込みをした。「お前たちの中から一人闘士を選べ。わたしと彼が戦って、勝ったほうの軍の勝ちとしよう」。ゴリアトは青銅の兜《かぶと》をかぶり、六〇キログラムのうろこ綴じの鎧をつけて、恐ろしげな太刀《たち》を振り回していた。イスラエルの陣地は恐怖で凍りついた。そのとき、ベツレヘムの若者ダビデが、列の外に進み出た。サウル王に向かって、自分がこの闘いに応じる、と言ったのである。王ははじめ「何だって？　お前はまだ少年だが、彼は長年戦士としてやってきたのだぞ」と答えた。けれども、ダビデは王を説き伏せることができた。人々は彼に習慣どおり鎧や剣をもたせようとしたが、そのようなごたごたした道具にダビデは不慣れだったので、もてあまして脱ぎ去った。自分がもっていた杖と石投げ紐と、投石袋の中に入れた五つの石だけをもってゴリアトに歩み寄った。ゴリアトは、ダビデの童顔を見て嘲《あざけ》り、「杖をもってわたしのところに来るとは、わたしを犬とでも思っているのか」と言った。ゴリアトが重々しく身体を揺らしているあいだに、ダビデは彼のまわりを駆け始めた。そして、突然石を一つつかんで石投げ紐にセットし、ゴリアトに向かって飛ばした。石はゴリアトに命中し、額にめり込んだ。巨人ゴリアトは倒れ、顔を地面に打ちつけた。ダビデはゴリアトの剣をとり、首をはねた。ゴリアトが死んだのを見て、ペリシテ人たちは逃走した。

プッサン《ダビデの勝利》（ダリッジ・ピクチャー・ギャラリー、ロンドン）

この闘いは、フィレンツェの彫刻家たちに好まれたテーマの一つである。ドナテロ作（一四四〇年）、ヴェロッキオ作（一四七五年）、ミケランジェロ作（一五〇四年）などの傑作が残っている。版画家アブラハム・ボスや、カラヴァッジョのような画家たちにもインスピレーションを与えた。プッサンは《ダビデの勝利》（一六二七年）で、ゴリアトの首を剣の先につけて意気揚々たるダビデを描いている。

ダビデ、サウルを寛大に扱う
（『サムエル記』上、第二四、二六章）

ダビデが武勲をいくつも立てるので、まもなくサウルの嫉妬を呼び起こし、サウルはダビデを亡きものとしようと決心した。しかし、ダビデはサウル自身の子である友人ヨナタンに助けられて（一八・一〜四）、すべての罠を避けおおせた。サウルがダビデを追っていた頃のある日、部下と一緒にある洞窟の中に隠れていたダビデは、王サウルが警戒心もなく入ってくるのを見た。みずからを迫害する王をしとめる好機が訪れたのであるが、ダビデは神に選ばれた王の命を奪おうとするのを善しとしなかった。ダビデは王のマントの裾をひそかに切るにとどめた。そして、サウルが少し遠ざかったとき、ダビデはサウル王を呼びとめて、王の命をとらなかったことを示すために布切れを見せた。

サウルの鬱勃とした懊悩に着想を得た悲劇は数多い。最も傑作とされるもののうちには、ジャン・ド・ラ・タイユの『怒り狂うサウル』（一五六二年）とヴィットーリオ・アルフィエーリの『サウル』（一七八三年）がある。アンドレ・ジッドも、一九〇三年に劇をものしている。また、レンブラントの《サウルとダビデ》（一六二八年）に描かれた老いたる王の悲しみは、とりわけ心に沁みるものである。

サウルとエン・ドルの口寄せ女（『サムエル記』上、第二八章）

サムエルの死後まもなく、サウルはペリシテ軍とまさに対決しようとしていた。サウルは不安で、この戦いがどうなるかを知りたがった。神は答えなかったので、王サウルは――いかなる占いも禁じている神に背《そむ》いて――口寄せ女に尋ねるため、変装してエン・ドルに赴いた。サウルの求めに応じて、口寄せ女はサムエルの霊を呼び出した。サムエルは王に「神があなたにもう言葉をかけないのは、あなたの過誤のせいで神があなたを見捨てたからだ。神はあなたから王国を取り上げ、ダビデに与える。明日、あなたとあなたの息子たちは、わたしのところに来る。あなたたちは死ぬのだ」と言い放った。事実、サウルとその三人の息子たちは、ヨナタンも含めて、まもなくギルボアの戦いで殺された（前一〇一〇年頃）。

一七三八年、ヘンデルはオラトリオ《サウル》を作曲した。これはサウルのエン・ドル訪問、ヨナタンとその父サウルの死を悼む歌を結びつけたものである。サムエルの霊を呼び出すというシェイクスピア的なシーンは、レンブラントやドラクロワなら控えただろうと思われるが、サルヴァトール・ローザの油絵、ウィリアム・ブレイクの水彩画を生んだ。

ダビデはサウルとヨナタンの死に哀歌を歌い（『サムエル記』下、第一章）、ヨナタンとのあいだの「女たちの愛よりも美しい」友情を想起する（一・二六）ので、二〇世紀末の同性愛者たちの中には「ダビデとヨナタン」の守護のもとにあるつもりの者たちもいた。しかし、旧約の中の恐るべき同性愛断罪（『レビ記』一八・二二、二〇・一三）を考えれば、このような解釈はまったく支持できないものである。

ナタンの預言（『サムエル記』下、第七章、『歴代誌』上、第一七章）

預言者ナタンはダビデに有利な託宣をするが、その預言はメシアを待つあいだ、長く影響を及ぼすことになる。「わたしの民イスラエルのかしらとなるように、あなたの羊の群れの後ろの牧草地からあなたを選んだのは、わたしだ。〔…〕あなたの名前を地上の偉人たちよりも、もっと名高いものにしよう。〔…〕あなたの生涯が終わって、先祖たちとともに眠るとき、あなたの身から出るあなたの子孫に跡を継がせ、あなたの治世を確かなものとする。子孫の王国を決して揺るがないものとする。〔…〕あなたの子孫にとって、わたしは父となり、彼はわたしの息子となる。〔…〕あなたの家とあなたの治世は永久に揺るがず、永遠に存続する」。

聖書の預言にありがちなあいまいさを、この託宣も帯びている。託宣はソロモンの治世を予告しているようであるが、その数十年を越えているし、二つの王国に分裂し、次いで紀元前五八七年に王国が消滅したことで、内容が否定されているように見える。キリスト教徒は、この託宣の中に、ダビデの子孫であるキリストが永遠に支配することの予告を見て取った。パスカルも『パンセ』の中で、聖書の中の預言の深い意味に光をあてるのに、キリストをよりどころとしている。

ダビデとバト・シェバ（『サムエル記』下、第一一～一二章）

ある夕暮れ、大変美しい女が水浴びしているのを、ダビデはテラスの上から見つけた。欲望に燃えたダビデは衛兵をやって彼女を連れてこさせて床をともにした。ところが、バト・シェバというこの女には夫ウリヤがいて、彼はイスラエルの敵と戦っているところだった。王ダビデはウリヤの部隊の司令官に指令を送り、ウリヤを最前線に出すよう命じた。ウリヤはすぐに殺された。ダビデはそのことをそれほど悲しみもしなかった。喪の期間が過ぎると、バト・シェバはダビデと結婚し、男の子を産んだ。

この重罪を見て、神はナタンをダビデに送った。預言者ナタンは、ダビデにたとえ話を語った。「昔、二人の男がいた。一人は金持ちだったが、もう一人は貧しくて小さな雌の子羊しかもっておらず、その子羊をとても愛して、腕の中でかわいがっていた。客を招いた金持ちは羊の群れをもっていたにもかかわらず、貧しい男の子羊を取り上げて、ふるまった。どう思うか?」　王は激しく怒り、その金持ちの男は死に値する、と断言した。そこで、ナタンは王に言った。「この金持ちの男は、あなただ。あなたはウリヤを死なせ、彼の妻を自分のものにした。あなたの妻が産んだ子は死ぬ」。

そこでダビデはみずからの過ちを悟り、叫んだ。「わたしは主に対して罪を犯しました」。そして、

レンブラント《バテシバ（バト・シェバ）》（ルーヴル美術館）

ダビデは祈り、断食を始めた。しかしながら、子供は死んだ。ダビデは、そのあとバト・シェバからもう一人の息子ソロモンを得た。

メムリンク、ルーカス・クラーナハ、プッサン、ルーベンスに続いて、レンブラントが一六五四年に《バテシバ（バト・シェバ）》を描いた。そのバト・シェバの顔には、ためらいと内心の闘いが感動的に表されていて、見る人の胸を打つ。まさに魂の明暗がある。バト・シェバの美しい裸形が数えきれないほどの絵画を生み出したのもむべなるかな。

このエピソードのロマネスクな性格にインスピレーションを得て、ジッドは劇『バト・シェバ』（一九一二年）を書き、トルグニィ・リンドグレンは小説『王母バト・シェバ』（一九八六年）を書いた。映画では、ヘンリー・キングの『ダビデとバト・シェバ』（一九五一年）のような作品が生まれた。

ダビデの二人の息子――アムノンとアブサロム（『サムエル記』下、第一三、一八章）

ダビデの二人の息子も、重大な過ちを犯した。アムノンは妹タマルに狂おしく心を奪われていた。アムノンは病気を装い、タマルを家に呼び寄せて犯した。それから彼女を追い出した。アムノンとタマルの兄であるアブサロムは、タマルが打ちひしがれ、涙に暮れているのに気づいた。アムノンによる近親相姦を知ったが、嫌悪を心の奥深くに押し込めた。二年後、アブサロムはアムノンをパーティーに招き、嬉々としてぶどう酒を飲んでいるところを従者たちに殺させた。

ダビデはこの犯罪を知って当初苦しんだが、アブサロムを愛することに変わりなかった。それにもかかわらず、アブサロムは父親に対する反逆を煽り、父親ダビデは逃亡を企てざるをえなかった。結局のところ、王ダビデの軍隊のほうが優勢になった。そこで、アブサロムはラバの背に乗って逃げ出した。ラバが樫の木の枝が絡まり合っている下を通ったので、アブサロムの頭が枝にひっかかった。アブサロムが天と地のあいだに宙吊りになっているのを見た王の軍の司令官ヨアブは、三本の槍をアブサロムの心臓に突き刺した。

息子の死を知らされたダビデは、喜ぶどころか、苦しみに打ちひしがれた。そして、「息子アブサロムよ、息子よ、わたしがお前の代わりになぜ死ななかったのか、アブサロムよ、息子よ」と繰り返しながら、行ったり来たりした。そこでヨアブは、王ダビデが自分を守ってくれた者たちの献身を認めないのを非難し、また「あなたを嫌っている者たちをあなたは愛しているのだ」と驚きを口にした。

大木の下に宙吊りになっているアブサロムのイメージは画家や版画家（一八六六年のギュスターヴ・ドレのように）を魅了したが、アブサロムの死と父親の涙は子供の死を嘆く者たちの心をしばしば捉えてきた。セオドア・ドライサーの『アメリカの悲劇』（一九二五年）に出てくる、電気椅子刑に処せられた息子を嘆く母親のような者たちの心を。フォークナーはその傑作の一つのタイトルを『アブサロム、アブサロム！』（一九三六年）としたほどである。この小説が聖書の物語をなぞっているからではなく――フォークナーが一九三四年に友人に宛てて書いているように――「自尊心から息子を一人欲しがったが、何人もの息子を得、その息子たちに滅ぼされることになった男の物語」だからである。

ダビデにハープかチターをもたせれば、そこに出現するのは、数多くの詩編を書いた詩人で音楽家である新しいオルフェウスである。頭に冠をかぶせれば、王たちにそっくりになる。あるいは衣服を脱がせれば、その美しい肉体はギリシアの青年たちよろしく、称讃を浴びるだろう。

ビザンティン芸術では、ダビデは皇帝の姿をしていた。ローマの貴顕が身につけるクラミュスなるマントを片方の肩にとめ、宝石で飾られた王冠をかぶり、赤い靴を履いているのが、その徴である。カロリング朝時代の西洋では、ダビデはキリスト教徒君主の模範として現れた。フランスの王はダビデの再来と謳われることが多く、だからこそ一七八九年革命時の文化財破壊運動は、ゴシック式教会のポーチに立っている音楽家である王とはっきり分かる彫像や、その他の王を表している彫像を特に標的としたのである。

音楽家であるダビデは、画家や彫刻家にインスピレーションを与えたのみならず、あらゆる種類の音楽作品を出現させた。ジョスカン・デ・プレ（一六世紀）の二つの素晴らしいモテットである《されどダビデは悲しみの歌もて》と《ダビデ嘆き悲しみたり》、ハインリヒ・シュッツの《シンフォニア・サクラ》（一六二九年）の中の一曲、モーツァルトの《悔悛するダビデ》（一七八五年）やアルテュール・オネゲルの《ダビデ王》（一九二一年）のような数々のオラトリオがある。《ダビデ王》は、リートの田園的な穏やかさから、戦闘的な熱情のほとばしりや悔悟の苦悶に移っていく。また、ダビデがサウルの憂鬱を慰めようとハープを奏でるシーンは、オルガンの蓋に彫られることが珍しくない。このシーンは、音楽による悲しみの癒しが行われた初期の例の一つとみなされている。レンブラントは、二回にわたって──一六三〇年と六五年──感動したサウルがマントの端で涙を拭いている姿を描いている。

絵画や彫刻には、若者姿のダビデが表現されている。それは若い肉体の美を賛美する願ってもない機会なのである。ドナテロ（一四四〇年）からミケランジェロ（一五〇一年）、カラヴァッジョ（一六〇七―一〇年）から石投げ紐に石をセットするダビデを描くベルニーニまで。ゴリアトとの闘いのほか、ダビデが契約の箱のまわりで踊るシーン（『サムエル記』下、六・一二～一六）も、絵画や彫刻のテーマになっている。

しかし、『詩編』の中の預言者であるダビデはまた、キリストの予表としても現れた。良い羊飼い（『ヨハネによる福音書』第一〇章）を予告する羊飼いでもあり、迫害を受け、イエスの受難を物語っているように見える不思議な『詩編』二二の作者でもある。

ソロモンの知恵

ソロモンは、紀元前九七二年から九三三年まで王位にあり、エルサレムに初めて神殿を建て、知恵の深さで知られていたので、聖書のいくつかの文書が長いあいだ彼のものとされてきた。『箴言』、『コヘレトの言葉』、『雅歌』、それに『知恵の書』に至るまで。ルイ一四世の息子である王太子に宛てた上奏の中で、ボシュエは『聖書に基づく政治学』（一七〇九年公刊）のはじめに以下のように書いた。

この民の二大王たるダビデとソロモン、一人は戦士、もう一人は平和を好む王だったが、二人とも世を治める術に長《た》けていた。彼らは、われわれにとって生きる上での模範となるだけではなく、教訓ともなる。一人は至高の詩において、もう一人は永遠に変わらぬ知恵によって得た知識において。

『箴言』の中の、おそらくソロモンのものであろうと考えられるいくつかの金言以外に、ソロモンの以下の二つのエピソードが、とりわけ人口に膾炙している。

ソロモンの裁き（『列王記』上、第三章）

まだごく若いとき、王は夢を見た。神がソロモンに何を与えようかと尋ねたのである。ソロモンは、知恵をください、と主に頼んだ。かくのごとく深い要求をするソロモンにいたく満足した神は、「お前に知恵と知性で満たされた心をあげよう。それほどの心をもつ者は、お前の前にもいなかったし、これからも出てこない」と約束した。

程なく、王の前に二人の遊女がやって来た。二人は同じ家に住んでいて、三日の間をおいて二人ともお産をしたばかりだった。二人のうちの一方は、他方の女が息子を誤って窒息させてしまったので、自分の息子を奪って、亡くなった子供を生きている子供と取り替えた、と責めた。しかし、責められたほうの女は言い返した。「とんでもない。死んだのはこの人の息子で、わたしの息子は生きています」。そして、二人はお互いに相手のせいにして、いつまでも言い争った。そこで、ソロモンが口を開いた。「剣をもってきてくれ。［…］生きている赤ん坊を二つに切って、半分ずつこの二人の女に渡しなさい」。この言葉を聞いて、子供の母親である女は叫んだ。「いいえ、この子を殺さないでください。この人に生きたままあげて」。反対に、子供を盗んだほうの女は冷たく言った。「そうです、この子を切ってください。そうすれば、この子は彼女のものでも、わたしのものでもなくなります」。そこで王ソロモンは審判を下した。「最初の女に、この子をあげなさい。本当の母親は、この女だからだ」。このニュースは王国全体に広まった。神の知恵が王に宿っているのを見て、民全員がかぎりない尊敬の念で満たされた。

ソロモンの裁きは、画家や音楽家（たとえば一七〇二年のシャルパンティエ）を魅了した。プッサンは、ソロモンを描いた作品（一六四九年。ルーヴル美術館蔵）を自分の最高傑作と考えていた。「ソロモンの裁き」という言い回しは、見たところ解決法がなさそうな係争に対して下される、叡智に満ちた裁きを指す表現として定着している。

ソロモンとシェバの女王（『列王記』上、第一〇章）

ソロモンの名声は、異国にまで広がっていった。そこで、ソロモンの意見を訊きに、シェバ王国――この国は、アラビアの南か、それともエチオピアか、はっきりしない――の女王が、金や香料、宝石を積んだ駱駝の隊列とともに、エルサレムにやって来た。ソロモン王の知恵に、神殿の壮麗さに、宮廷の豪華さに驚嘆した女王は、「あなたのおられるところで、あなたの知恵の恩恵に浴しながらずっと暮らせる人たちは何と幸せなのでしょう！」と叫んだ。そして、お互いに豪奢なプレゼントを交換したあと、女王は自国に帰っていった。

このような夢幻境は、残念ながら続かなかった。『列王記』の語り手によれば、ソロモンには王妃が七〇〇人、ほかに側室が三〇〇人いたということだが、そのうち偶像崇拝する女たちにソロモンは引きずられてしまった。父親のダビデとは違って、ソロモンはイスラエルの神を裏切ったので、神はソロモンの王国の崩壊を予告した。実際、紀元前九三三年にソロモンが死ぬと、破綻がやって来た。

コーランにはシェバの女王のことが書かれていて（二七・二二〜三八）、イスラム教の伝承ではバルキスという名前になっている。女王は、この名前でジェラール・ド・ネルヴァルの素晴らしい「朝の女王と天分に溢れた君主ソリマンの物語」（『東方旅行記』一八五一年）に出てくる。ソロモンと女王の奢侈贅沢は、多くのタペストリーおよび——言うまでもないが——画家たち（ヴィニョン、ル・シュウール）にもインスピレーションを与えた。浅浮彫《ソロモンに贈り物をするシェバの女王》によって、ウードンは一七六一年に彫刻の一等賞を得た。

預言者エリヤについての連作

『列王記』上巻の末尾（第一七〜二二章）と下巻の冒頭（第一〜二章）は、旧約の中の最も重要な預言者の一人エリヤに関わることを描いている。とりわけ四つのエピソードが目立つが、そのうちの一つ「ナボトのぶどう畑」のエピソードは、呪われた王妃たちのところ〔本書一〇六—一〇七頁〕ですでに出てきた。

エリヤの奇跡（『列王記』上、第一七～一八章）

紀元前八七五年から八五三年までサマリアを治めた王アハブは、フェニキア人イゼベルを娶《めと》り、彼女の影響のもとで神を忘れてしまって、フェニキアの偶像を崇めるに至った。アハブに反対してエリヤは立ち上がり、国中に旱魃を起こした。エリヤはヨルダンの東の峡谷に隠れ、カラスに食べ物を運んでもらった。次いで、神はエリヤをフェニキアのシドンの近くのサレプタにいる貧しい寡婦のところに送った。しかし、哀れな寡婦のところには、わずかな粉と油しかなかった。エリヤは彼女に請け合った。

壺の粉は尽きることなく
甕《かめ》の油はなくならない、
主が地の面に
雨を降らせる日まで。

そして実際、粉の壺も油の甕も空になることはなく、寡婦とその息子とエリヤは飢饉の時期を無事過ごした。

だが、何ということだ！　この寡婦の子供は死んだ。寡婦はエリヤを責めた。「神の人よ、あなたはわたしにどんな関わりがあるのでしょうか。あなたはわたしに罪を思い起こさせ、息子を死なせるために来られたのですか？」　そこでエリヤは息子の遺骸がある寝室に上がり、息子の上に三度身を

ルーベンス《天使からパンと水を受け取る預言者エリヤ》（ボナ美術館、バイヨンヌ）

重ねてから、子供の命を返してくれるよう神に懇願した。主はエリヤの願いを聞き入れ、子供は再び息をし始めた。母親は動転して叫んだ。「そうです、まことに主の言葉はあなたの口にあります」。

旱魃と飢饉は三年続いた。次いで、エリヤがアハブに挑みにやって来た。「あなたの民をカルメル山の上に呼び集めよ。あなたが従っている神バアルとアシェラの似非《えせ》預言者たちを全員来させよ。彼らとわたしは、それぞれ若い雄牛の捧げものを用意しよう。どちらの雄牛も薪《まき》の上におかれるが、火はつけない。あなたの預言者たちは薪に火がつくように彼らの神々に祈るし、わたしは主に祈ろう」。朝から昼までバアルへの祈願が行われたが、火はつかなかった。エリヤは嘲《あざけ》って言った。「もっと大きな声で叫べ。あなたの神は忙しいのだ。それとも、旅行に出ているか。あるいは、寝ているのかもしれない。ベッドから出る時間を与えてやりなさい」。夜になっても、バアルは依然として不在であった。そこで、エリヤは神に祈った。すると、天の火がすべてを焼き尽くした。民はアブラハムの神を認め、偽預言者たちは皆殺しになった。

エリヤの奇跡のいくつかは、キリストの奇跡を予告している。たとえば、パンを増やすこと（『マルコによる福音書』八・一〜一〇）や、ナインのやもめの息子の甦り（『ルカによる福音書』七・一一〜一七）などである。ルーベンスは《天使からパンと水を受け取る預言者エリヤ》を描き、ラシーヌはカルメル山の奇跡を思い出して『イフィジェニー』の非常に宗教的な終幕を書いた。

薪の山はおのずと火がつき、炎をあげ
天には稲光が走り、ぱっくり開き、地上に
極度の畏怖を投げて、われわれ全員を落ち着かせる。

ホレブ山上の静かにささやく声（『列王記』上、第一九章）

アハブとイゼベルの憎悪に遭って、エリヤは再び逃げなければならなかった。一日歩いて荒野にたどりついたが、気落ちしたエリヤは、エニシダの木の下に座り、死ぬことを願った。エリヤが悲しみで眠り込んでいたとき、主は彼を起こし、言われた。「食べなさい、飲みなさい」。枕元にはパン菓子と水瓶があった。エリヤは元気を取り戻し、四〇日間昼夜を歩いて、ホレブ山にやって来た。エリヤはモーセが滞在した洞窟に落ち着いて、夜を過ごそうとした。まさにそこで主がエリヤに顕れ、神の慎み深さを見事に啓示するのである。

神は言われた。「そこを出て、山の上に立ちなさい。わたしが通るから」。そして、神は通り過ぎた。神の前には猛烈に激しい風が起こり、山をひっくり返し、岩を打ち砕いた。主はその風の中にはおられなかった。次いで、地震が起きた。主は地震の中にもおられなかった。地震のあと、火が燃え始めた。主は火の中にもまったくおられなかった。火のあとに静かにささやく声が聞こえた。
それが聞こえるや、エリヤは外套で顔を覆った。声はこう言った。「エリヤよ、なぜここにいるのか？」エリヤは答えた。「わたしは主に情熱を傾けて仕えてきました。イスラエルの人々は、あなたとの契約を捨て、あなたの預言者たちを剣にかけて殺しました。わたし一人だけが残り、彼らはわたしの命を奪おうとねらっています」。
そのとき、エリヤは二人の王を王位につけて、さらにエリシャをエリヤの後継者としなさい、という主の命令を受けた。

モーセとイスラエルの民に華々しく神が顕れた、まさにその場所でなされたこの啓示は、宗教的意識が前に進んだことを表している。目を見張らせるものや脅威は、粗野でしばしば野蛮な民族を少しずつ高め、洗練する宗教的な教育の役をする。こうした派手なもの、恐ろしげなものによる古風な表現は、まだ長く続くはずであるし、数多くの黙示文学の中に生き続けることになる。しかし、実際には、パスカルがシャルロット・ド・ロアネズに宛てた手紙の中で強調したように、神は隠れたる神なのである。

もし神がいつも人間に姿を顕していたら、神を信ずる功徳が少しもなくなるだろう。また、神がまったく姿を顕さないとしたら、信ずる人はほとんどいなくなるだろう。しかし、実際には神はふだんは隠れていて、神に仕えたいと思う人たちに稀に姿を顕すのである。神が人間の視線の届かないところにひきこもられたというこのうかがい知れぬ神秘は、わたしたちも人々から見えないところで一人になりに行くように、という大事なことを教えている。神はその受肉に至るまでは本性のヴェールの下に隠れたままである。そして、神が顕れなければならなかった時には、人間であることに覆われて、いっそう隠れたのである。神は見えるようになった時よりも見えなかった時のほうが、ずっとよくそれと知られた。そして、最後の来臨に至るまで人間とともにいる、という弟子たちにした約束をついに果たそうとした時には、聖体の形色［外観］という何よりも最もうかがい知れぬ神秘、最も晦渋な神秘の中にあり続けることを選んだ。それは、聖ヨハネが黙示録の中で（二・一七）隠されていたマナと呼んだ秘跡である。そして、イザヤが預言者の心をもって「まことに、あなたはご自分を隠される神」（『イザヤ書』四五・一五）と言った時には、神をこのように見ていたとわたしは思う。神がありうる最後の神秘は、そこである。神を覆っている本性のヴェールの中には、聖パウロが言ったように、見えない神を見える被造物によって知った数名の不信心者（『ローマの信徒への手紙』一・二〇）が侵入した。異端のキリスト教徒は、人間である姿を通して神を知り、神であり人であるイエス・キリストを崇敬する。しかし、パンの形色のもとで神を知るのは、カトリックだけの特性である。神がそこまで照らすのは、わたしたちだけである。このような考察に加えて、聖書の中にも隠れている神の霊の神秘を付け加えることができる。なぜなら、文字どおりの意味と神秘的な意味という完全に二つの意味があるからである。一つの意味にとどまっているユダヤ人たちは、ほかの意味があるということを考えないだけでなく、それを探そうともしない。同じく不信心者は、被造物に及んだ結果を見て、それを被造物のせいにし、別の作者がいるとは考えない。そして、ユダヤ人のように、イエス・キリストの中に完璧な人間を見て、そこに別の本性を探そうとは思わない。「それが彼だとは、わたしたちは思わなかった」と、イザヤはなおも言っている（『イザヤ書』五三・三）。そして同様に、異端の者はパン以外の何ものでもない外観を見て、そこに別の物質を探そうとは思わない。どんなものも何かの神秘を覆っている。あらゆるものが神を覆うヴェールである。キリスト教徒は、そのことをまるごと認めなければならない。現世の苦しみは、それらが導いていく先の永遠の幸福を覆っている。現世の喜びは、それらが引き起こす永遠の痛みを覆っている。わたしたちがそのことを認め、あらゆる点においてそれを役立てることができるよう、神に祈ろう。わたしたちにとってはあらゆるものの中に隠れている神が、わたしたちにとってはあらゆるものにほかの人にとってはあらゆるものの中に隠れている神が、わたしたちにとってはあらゆるものにさまざまな状態で顕れていることを感謝しよう……。

火の戦車に乗ってエリヤが去ること（『列王記』下、第二章）

最後に、再び華々しい光景が描かれて、エリヤについての連作は閉じられる。エリヤはエリシャとともにヨルダン川のほとりにやって来て、二人ともヨシュアのように足を濡らさずに川を渡った。道すがら、突然火の戦車と火の馬が現れて二人を分けた。エリヤは嵐の中を天に上っていき、見えなくなった。悲しみに襲われたエリシャは、エリヤの肩から滑り落ちた外套を拾った。人々はエリヤを三日間探したが、再び彼に会った人はいない。

預言者マラキによれば、このようにエリヤが不思議な状況で上げられたのは、神が最終的に顕れる前にエリヤが戻ってくることに通じるはずである（『マラキ書』三・二三～二四）。この二節で旧預言者たちの殿《しんがり》マラキの託宣は終わるのである。イエス自身をエリヤと思っている者たちもいる。しかし、イエスの変容は、彼が人間である以上の存在であること、モーセとエリヤがイエスを予告していたことを明るみに出す（『ルカによる福音書』九・二八～三六）。イエスは、この再びやって来るはずのエリヤが、イエス自身の先駆けである洗礼者ヨハネにほかならないことを宣言した（『マタイによる福音書』一七・一〇～一三）。その宣言にもかかわらず、一八世紀にはエリヤの再来とユダヤ人の回心を待望する声が大きくなった。その待望が見られる範囲は、次第に狭くなりながらも、第一次世界大戦まで続いたのである。

火の戦車のシーンが、早くもカタコンベの時代から明らかに画家たちを魅了したし、ティントレット、ルーベンス、ヴーエにもインスピレーションを与えた。また、カルメル会の修道士や修道女たちは、カルメル山の洞窟に隠棲したエリヤを会の創設者とみなしている。それゆえ、カルメル会の教会にはエリヤが描かれていることが非常に多い。

小品の大成功

聖書の中の、長いこと歴史を書いていると思われていた四つの短い物語、すなわち『ルツ記』、『トビト記』、『ユディト記』、『エステル記』は大変な人気を博した。

『ルツ記』

『ルツ記』の魅力は、その素朴な雰囲気がもつ穏やかさと、ボアズが彼の畑で落穂拾いをしているル

プッサン《四季：夏（ルツとボアズ）》（ルーヴル美術館）

ツを見て、刈り入れをしている農夫たちにルツをそっとしておくように命じ、そればかりか、わざと麦穂を落としてやるように命じるようなボアズの厚意にある。ボアズがルツと結婚してオベドが生まれるが、オベドはダビデの祖父であり、キリストの先祖である。プッサンの絵《四季：夏（ルツとボアズ）》（一六六〇―一六四年）から発する雰囲気は、まさにこのようなものである。

『ルツ記』の一節（第三章）に想を得て、ヴィクトル・ユゴーは『諸世紀の伝説』（一八五九年）の最も美しい詩の一つ「眠れるボアズ」を書いたが、これはペギーの『ユゴー伯ヴィクトール・マリー』で讃えられる。夜の空を眺めながら、ルツはいぶかしむ。

動かず、ヴェールの下で目を半ば開き、
どの神が、終わらぬ夏の、どの刈り入れ人が
去りながら、ぞんざいにこの金の半月鎌を
星の原に投げていったのだろう。

『トビト記』

長いあいだ人々に愛された『トビト記』に想を得て、たくさんの版画が作られた。レンブラントは《ペリシテ人に目をつぶされるサムソン》の一年後、超自然的な光に満たされた《トビアスやその家族と別れる天使》を描く。画家たちが特に好んだのは、若いトビトの出発、サラとの結婚、失明した父親トビトの治癒という三つのシーンである。最後のシーンには、生まれつき目が見えない人を見えるようにしたキリスト（『ヨハネによる福音書』第九章）の予兆が見られる。アスモデは、ルサージュのユーモラスな物語『跛の悪魔』（一七〇七年）の立役者である。フランソワ・モーリアックも、『アスモデ』というタイトルの劇を書いている（一九三七年）。現代でも、一九九八年のシルヴィ・ジェルマン『沼地のトビト』には『トビト記』の雰囲気がみなぎっている。

『ユディト記』

クラーナハ《ユディト》（ウィーン美術史博物館）

『ユディト記』は、劇に何度も使われている。たとえば、ヘッベルの悲劇（一八四一年）では、ユディトはホロフェルネスを気に入りはしたが、侮辱されたので殺した、ということになっている。見かけは『ユディト記』のままであるが、その行為には宗教的なものはもはやまったくない。二〇世紀には、オネゲルのオペラ（一九二六年）、ヘッベルの影響を受けたジロドーの劇（一九三一年）が続く。ユディトを讃えているほかの音楽作品の中で抜きん出ているのは、ヴィヴァルディのオラトリオ《勝利のユディータ》（一七一六年）である。
造形芸術も負けてはいない。ドナテロのブロンズ像（一四五四年）、ボッティチェリの絵（一四七三年）、ヴーエやカラヴァッジョの作品がある。ルーカス・クラーナハの《ユディト》はミシェル・レリスを魅了し、レリスは素晴らしい自己探究の作品『成熟の年齢』（一九三一年）をものした。

『エステル記』

『エステル記』も『ユディト記』と同様、劇作家の関心を引いた。ロペ・デ・ベガ（『美しきエステル』一六一〇年）やラシーヌ（一六八九年）、グリルパルツァー（一八六三年）らである。また、これもユディトと同じく、映画界の気も引いた。ラオール・ウォルシュの『エステルと王』（一九六〇年）がある。
造形芸術で題材にされたものでは、聖母マリアのとりなしと戴冠を予兆しているエステルの祈りが断然多い。

第４章　預言者にして作家

イスラエルでは、中近東の古代文明の見神なるものは目立たない役割しか演じず、預言体系が重要な位置を占めていた。預言体系はごく早期に現れたので、ギリシア語聖書では「歴史書」と呼ばれた文書をヘブライ語聖書が「初期の預言者たち」と命名することができたのも当然である。実際、ここではサムエル、ナタン、エリヤ、エリシャといった最高級の人物たちのことが大いに話題になっている。アレクサンドリア聖書では、「預言者の書」という呼び名は後世に文書を残した預言者たちの預言集だけを指した。そのうちの三人が、並はずれたスケールをもっている。イザヤ、エレミヤ、エゼキエルである。この三人の突出した人物には、特別なケースであるダニエルは別として、ホセアからマラキに至る一二名の「小預言者たち」が付随しているのが慣例である。

一般に広がっている単純な見方とは違って、預言者というのは、未来をかいま見る者、預言によって聞き手の好奇心を満足させる者であるだけではない。預言者とは、出来事を神の視線で見つめ、したがって出来事を判断し、その意味を明らかにする霊能者である。パスカルが「預言するとは、外的証拠によってではなく、内的で直接的な感情によって神について語ることである」〔断章三六〇〕と見事に書いているように。

預言は、まず口頭で広まり、次に書かれ、集められる。時にはイザヤ学派のような、まさに預言者学派において、内容が豊かになったり、続きが書かれたり、時代に合うように手直しされたりする場合もある。したがって、「霊感を受けた伝承」と言えた。

イスラエルの預言体系は、書き手がさまざまであったにもかかわらず、唯一で改竄されていない啓示に統一されているのが印象的である。絶えず、神が聖なることを思い出させ、神を忘れることを激しく非難し、神の約束を讃える。モーセからマラキまでの七世紀間、紀元前八世紀を頂点として預言者（ミカ、アモス、ホセア、イザヤ）が絶えることなく一種のリレーとして続いていることが、まず目を引く。これらの預言者たちの多くは、不思議な存在メシア（「神に聖別された」という意味）がやって来ることを予告する。メシアは神の王国を現出させるのである。

『イザヤ書』

ユダヤ地方出身のイザヤは、紀元前七四〇年頃、まだごく若い時から預言者となって、およそ四〇年間続けた。伝説によると、イザヤは不信心の王マナセに殺されたらしい。マナセはイザヤを鋸《のこぎり》で二つに切らせたようだ。彼の名をタイトルにもつ『イザヤ書』の六六章すべてが、この並はずれた人物の手になると何世紀ものあいだ、されてきた。しかし、聖書解釈学の進歩によって、そのような単純すぎる見方を詳しく検討する必要があることが分かってきた。

第一〜三九章までの大部分は、間違いなく紀元前八世紀の預言者イザヤに結びつけられる。しかし、第三四〜三五章は捕囚の時代（前六世紀）のことであり、「イザヤの黙示録」と呼ばれる小さなまとまり（第二四〜二七章）もまた時代が下がることが分かっている。名高い第六章は、青年イザヤの召命を感動的に語っている。

第四〇章では、いきなり捕囚の最後の数年のことが語られ、『イザヤ書』の第二部が始まる。この

第二部はイザヤと同じように才能ある一人の弟子によって書かれたとすべきである。この第二『イザヤ書』（第四〇～五六章）は「慰めの書」とも題される。なぜなら、イスラエルに輝かしい未来を予告しているからである。また、「主の僕《しもべ》の歌」（第四二、四九、五〇、五二～五三章）と呼ばれる抒情詩が四篇含まれ、キリスト自身、みずからの到来がそこに予告されているのを見た。

『イザヤ書』の末尾（第五六～六六章）は、捕囚から帰還後のことである。第二『イザヤ書』を範として書かれている。

『イザヤ書』は文学的にとても美しい作品である。はじめはぎくしゃくした激しい調子で、次に「慰めの書」になると、穏やかでゆったりした様子を見せる。また、あまりに深く宗教的な作品なので、聖ヒエロニムス（紀元四世紀）は、著者はキリストの主要な神秘を予告する「福音記者にして使徒」だと考えた。また、『イザヤ書』は『詩編』と並んで新約に最もしばしば引用される書である。カトリックの典礼は、年間サイクルでいちばん密度の高い時期の諸儀式に『イザヤ書』の助けを求める。すなわち、クリスマスに向かう待降節、クリスマス、公現祭、聖週間の時である。また、ミサのサンクトゥスは音楽つきで美化されることが大変多いが、これはイザヤが召命を受けた時に聞いた天使の祈りの三回の呼びかけ（六・三）を再現している。

『エレミヤ書』

エレミヤの内的生活、すなわち孤独感、神の言葉との苦しい格闘は、数多くの打ち明け話によって知られている。そのうち、最も有名なものは「告白」（一一・一八～一二・六、一五・一〇～二一、一七・一四〜一八、一八・一八〜二三、第二〇章）と呼ばれてきた。

エレミヤの最初の預言が行われたのは、紀元前七世紀のごく終わりの頃である。最後の預言は、バビロニア軍によってエルサレムが占領（前五八七年）されたあとになる。この破局に直面して、ある集団全体がエレミヤをともなってエジプトに亡命した。それ以降のエレミヤの消息は分からない。

『エレミヤ書』は、三部から成る。まずユダ王国に反対する預言と象徴的行動（第一〜二五章）、次に救済の予告（第二六〜四五章）、最後に異国民に対する威嚇（第四六〜五一章）。これらの預言すべては、紀元前六世紀後半に、『申命記』の精神に深い影響を受けた氏名不詳の校閲者によって集められ、形を整えられた。

エレミヤの人柄、作品は人を惹きつける。エレミヤは、苦悩し、心の奥底に刻まれた新しい契約を予告し（三一・三一〜三七）、神に従うことによって、キリストのメッセージと人格を予告している。

『エゼキエル書』

エゼキエル——その名は「神は強める」という意味——は、ネブカドネツァルの初期のエルサレム攻撃のとき、紀元前五九八年には早くも捕えられて、バビロニアに捕囚になった。エゼキエルが紀元前五九三年頃に預言を始めたのは流刑の土地においてであり、その後もずっと、その地で預言を行った。

『エゼキエル書』の構成は明快である。彼の預言者としての召命の物語（第一〜三章）のあと、ユダヤ人に敵対する預言（第四〜二四章）、異国民に対する威嚇（第二五〜三二章）が続く。再興の予告（第三三〜三七章）は広大な地平に通ずる。すなわち、悲惨な戦いの果て（第三八〜三九章）に新しい神殿が建てられる山の幻が見えてくる（第四〇～四八章）。

しかし、この論理的な継起は、さまざまな異常な出来事で遮《さえぎ》られる。テクストは、微小な細部をふくらますか、ほとんど超現実的な幻とのあいだを揺れ動く。神の戦車（第一章）、巻物を食べる（第三章）、エルサレムの罪（第八章）、亜麻布をまとった男（第一〇章）、エルサレムにおける売春（第一六章）、ティルスの失墜（第二六～二八章）、大杉（第三一章）、枯れた骨（第三七章）という具合である。エゼキエルは、他の聖書作家の誰よりも謎（第一七章）やアレゴリーやたとえ話（第一五～一六章）を使って書いたが、それらは力強く風変わりで、読者を魅了するとともに、当惑させた。

エゼキエルの中には、預言者的精神と祭司の細心とが溶け合っていた。彼は祭司の家系に属していたのである。それで、熱意（一八・三二）あるいは一人一人の責任（一八・一～三〇）についての素晴らしい数節と同時に、典礼や神の〈栄光〉、儀式についての強い願いが書かれる。「罪びとの死を望まない」という表現は、彼から来た。なぜなら、神は「罪びとの死ではなく、罪びとが心を入れ替えて生きる」（三三・一一）ことを、罪びとの「石の心」を「肉の心」と取り替える（三六・二六）のを望むからである。

一二人の小預言者たち

ヘブライ語聖書とキリスト教聖書は、一二人の「小預言者たち」シリーズについて同じ順番を採用している。彼ら一二人が「小預言者」と呼ばれているのは文書が他と比較して短いせいであり、彼らの預言が華々しくないということではない。

ホセア

ホセアは、このグループの中で最も古参に属する。彼の預言者としての活動は、紀元前七五〇年から七三〇年まで、北王国でなされた。この時期は宗教的にも政治的にも退廃の時期で、アッシリアの侵攻の脅威が現れ始め、ついには首都サマリアの破壊に至った時である。「風の中で蒔き、嵐の中で刈り取るもの」(八・七)という表現は、彼のものである。

イスラエルの歴史は初めて愛の歴史として解読された。ホセアは姦淫に傾きがちな女を娶《めと》り、数人の子供を得た。同様に、神はイスラエルを娶り、荒野の四〇年のあいだ愛を示したが、不実なイスラエルは神の愛情に応えなかった。だからこそ、神はイスラエルを試練に遭わせた。再び神と一緒になるように。

愛である神というこの啓示は、ユダヤ教徒とキリスト教徒の信仰を照らした。婚約とか婚宴、姦淫、売春のイメージは、聖書を貫通する金の糸である。それらのイメージは『エレミヤ書』(二・二三~二四、三・一、三〇・一四、三一・二二)や『エゼキエル書』(第一六、二三章)、『イザヤ書』第二部(五〇・一、五四・四~七など)にも見られる。そして、『雅歌』では、これらのイメージが書全体に広がるに至る。また、新約のメッセージ全体は『ホセア書』の冒頭の見事なたとえ話を広げて見せているのである。

ヨエル

ヨエルは、全預言者のうち最も謎に満ちた存在である。人柄は知られていない。彼の預言がいつ行われたかについては異論が多いが、『申命記』および『エレミヤ書』との親近性があることから、紀元前六世紀とみなす説が有力になりつつある。一方、ヨエルのメッセージは明快である。アモスの予告――次に見るように――を繰り返しながら、「主の日」を超越的な力の突然の出現として、天変地異のイメージとともに紹介する。そして、一人一人が無一物になって回心するよう呼びかける。ヨエルは、すべての人の心に神の〈霊〉が注ぎ込まれる、と預言する（三・一～五）。そこにキリスト教徒は聖霊降臨の約束を見た（『使徒言行録』第二章）。

アモス

アモスは、書いたものが今日まで残されている最も古い時代の預言者である。ベツレヘム地方で羊飼いの過酷な暮らしをしてから、紀元前七六〇年から七五〇年頃に北王国に赴いた。彼の預言は厳しいものだったので、そこでは煽動者とみなされた。『アモス書』の最後の部分（第七～九章）は、五つの大災害の幻から成る。イナゴ、大火、錫《すず》の武器、夏の終わり、揺り動かされる祭壇である。

アモスは、唯一の神は気難しく、社会の不正義を断罪し、偽善を見るとぞっとするのだということを容赦なく思い出させる。彼は、人間が裁かれることになる恐るべき「主の日」（五・一八）を告げた初めての人である。アモスはまた、イスラエルの「残りの者」は罰を逃れる（五・一五、九・八～一五）、という予告を言い始めた人でもある。

オバデヤ

一章しかない『オバデヤ書』は、旧約の中でいちばん短い書である。オバデヤは、紀元前五八七年のエルサレム占領の少しあと、エサウの子孫であるエドム人たちが惨禍に乗じて略奪に走った卑劣さを告発している。しかし、オバデヤは続けて、イスラエルが勝利する「主の日」がやって来る、と告げる。

ヨナ

ヨナは、紀元前八世紀冒頭の預言者(『列王記』下、一四・二五)であった。『ヨナ書』が預言者の文書の中に数えられるのは、ひとえにそのせいである。実際には『ヨナ書』は、もっとのちの時代、おそらく紀元前四世紀の物語であり、この書がヨナという昔の大人物を後ろ盾にもったのは、『コヘレトの言葉』あるいは『知恵の書』をソロモンの書であるとしたのと同じ文学的技巧によるものである。この物語はおとぎ話に近いが、宗教的に高揚するたとえ話を提供している。この話の中のヨナは、神から突然、預言者としてメソポタミアの都ニネベを回心させに行くように、と言われたのに従わない。神に反抗したヨナは西に向かって逃げるが、神は彼の船を嵐に遭わせ、幻視者ヨナは鯨に呑み込まれる。三日間鯨の中にいたあと、ヨナは外に吐き出される。あきらめたヨナは、ついにニネベに向かった。ヨナが説き始めるが早いか、全住民が回心した。動物たちでさえも粗布をまとい、断食をして悔悛を示した、と著者はいたずらっぽく強調している。この新しいジャンルの預言者ヨナにとっては、いい加減にしてくれ、というところであった。ヨナは、異教徒に対する神の慈悲に憤って、木の下に陣取り、死ぬことを願ったが、神はヨナの考えを変えさせようとした。

このおとぎ話のユーモアは、旧約の最も重要なメッセージの一つを含んでいる。すなわち、「選ばれた民」が誇りとするユダヤ的特性は、神の〈啓示〉を守る盾となるためにのみ歴史的に正当化される。しかし、神の啓示はすべての人々に向けられているものであり、回心と聖性の幸せは万人のためである。

キリストは三回、このたとえ話を参照した。異教徒の回心を予告するためだったのはもちろんだが、〈復活〉し、福音を世界の隅々まで公布する前に墓の中に入りに行った自身のように、鯨の中に三日間呑み込まれていた「ヨナのしるし」に言及するためにも、である（『マタイによる福音書』一二・三八〜四二）。

ミカ

ミカは、イザヤの同時代人である。彼の預言は、紀元前七四〇年から六九〇年のあいだに行われた。脅し（第一〜三章、第六〜七章）や未来の約束（第四〜五章、七・八〜二〇）の中に、エルサレムの腐敗を証言する社会不正義への激しい非難がある。

ミカの預言のうち、最も有名なのは、メシアがベツレヘムに生まれる（五・一〜五）こと、回心した諸国民がエルサレムに殺到する（四・一〜五）ことを告げたものである。同時期にイザヤがたびたびメシアを預言していた（『イザヤ書』七・一四、九・一〜六、一一・一〜九、第三二章）のを知ると驚かされる。

ナホム

ナホムは、紀元前七世紀半ばの暗い時期に慰めをもたらす。あたかも前触れとなる名前をつけられた――ナホムとは「慰め」という意味――かのように、この預言者は希望で輝いている。『ナホム書』は詩編で始まり、ニネベの陥落（前六一二年）のぞっとする幻が続く。この書は、聖書の中でも文学的に成功している例に数えられる。

ハバクク

ハバククの預言は、ネブカドネツァルがパレスチナを次第に従えていく二世紀間、すなわち紀元前六〇五年から五八七年のエルサレムの破壊のあいだに発せられた。イスラエルは、そのとき地図から消され、歴史から一掃されていたとしか見えない。預言者ハバクク〔による主〕の答えは、この深淵の底から昇ってくるのである。「神に従う人は信仰によって生きる」(二・四)という彼の言葉は、新約の中で何度も繰り返される(『ローマの信徒への手紙』一・一七、『ガラテヤの信徒への手紙』三・一一、『ヘブライ人への手紙』一〇・三八)。そして、とりわけルターが好んだものである。

ゼファニヤ

ゼファニヤは、ヨシヤの治世のはじめ、紀元前六三〇年頃にエルサレムで預言を行った。四つの短いまとまりが『ゼファニヤ書』を構成している。まず、恐るべき「主の日」の予告(第一章〜第二章第三節)。これに想を得て、ラテン・カトリック教会の最も有名な詩の一つ「ディエス・イレ〔*Dies iræ*(怒りの日)〕」ができ(一三世紀)、第二バチカン公会議までは、故人のためのミサの半ばで歌われることになった。また、多くの曲になった(モーツァルト、ヴェルディ)。次に反諸国民の預言(二・四〜一五)、次に反エルサレムの預言(三・一〜八)。そして、最後に回心の約束(三・九〜二〇)が来るが、これは心を貧しくするよう執拗に説いている点でごく近い『エレミヤ書』を予告している。

ハガイ

ハガイは、捕囚から帰還の直後、〔人々の〕精神を鼓舞しようとする。彼の預言は、紀元前五二〇年の八月から一二月のあいだに発せられた。エルサレムの〈神殿〉の再建と儀式の再開をなすよう励ましている。霊的改革を呼びかけているのである。ハガイは、後世「ユダヤ教」と呼ばれるものの源、すなわち第二神殿の建設とキリストの出現のあいだに経過する時期に、わたしたちを連れていく。

ゼカリヤ

ゼカリヤは、イザヤと同様、彼の名前をかぶせられた『ゼカリヤ書』のうちの第一部（第一〜八章）だけの著者である。彼の預言は、紀元前五二〇年から五一八年である。八つの幻が次々に現れるが、同時代のハガイの預言と同じ希望を含んだ預言があいだに挟まる。すなわち、宗教的目覚めへの呼びかけである。

第二部（第九〜一四章）は紀元前三三〇年から三〇〇年のあいだに書かれたが、中には紀元前七世紀から六世紀にまで遡れるもっと古い資料を練り直して書かれているところも多い。それで、第二部は第二『ゼガリヤ書』と呼ばれる。メシア待望はさらに強くなっているが、この神秘的なメシアの輪郭は意表を突くものであり、ちぐはぐである。王でありながら貧しい理想的な羊飼いは、勝者でありながら「刺し貫かれて」殺される（一二・一〇）が、この死から命の泉が湧き出るはず（一三・一）である。福音記者たちは、見たところ相容れないこれらの預言の中に、キリストの人となりを見た。とりわけ受難の場面におけるキリストについて、福音記者たちはゼカリヤをしばしば引用する。

マラキ

マラキは旧約の預言集の最後の書の作者である。彼の名は固有名詞ではない。マラキとは「使者」という意味である。彼の預言者としての活動は、紀元前四八〇年から四六〇年のあいだに位置する。再建された神殿の中で、久しい前から儀式が再開されている。捕囚の苦い思い出は、すでに遠い。

この書の二つの節が、並はずれた評価を受けた。まず、不思議な使者の予告（三・一）。キリストは、そこに彼自身の先駆けとなる洗礼者ヨハネを見た（『マタイによる福音書』一一・一四）。次に「至るところで」捧げられる清い献げ物（一・一一）の予告。そこにキリスト教徒は「まことの礼拝をする者たちが、霊と真理をもって父を礼拝する時」（『ヨハネによる福音書』四・二三）だけでなく、世界中の聖体の献げ物をも読み取った。

紀元前二世紀の仮託の二書

『バルク書』

この書は、エレミヤの秘書バルクが捕囚のあいだにバビロンで書いたと長いことみなされてきた。ユダヤの文書の多くは、有名な人物に仮託するのが習慣である。それゆえに、これらの書物は「仮託の書」と呼ばれた。バラクが書いたとされたので、ギリシア語聖書では『エレミヤ書』と『哀歌』の次に出てくる。ギリシア語テクストしか知られておらず、ヘブライ語聖書には当然入っていない。

実のところ、この書はいろいろなものが混合されてできている。第一部分（第一章〜第三章第八節）は暴君アンティオコス四世・エピファネスの迫害（前一六七—一六四年）より少しあとのようである。次いで、知恵を求めるように、という勧告(三・九～四・四)が来る。第三部分(四・五～五・九)は、おそらく紀元前一三〇年代である。『エレミヤの手紙』(第六章)はギリシア語聖書ではバルクのものとされている小品だが、これも紀元前二世紀のもので、フランス語版共同訳聖書では『バルク書』とは別に、『バルク書』のすぐあとに置かれている。

キリスト教の伝承では、神の知恵がイエスの人格の中に受肉する神秘を、ある一つの節が予告しているとした。「その後、知恵は地上に現れ、人々の中に住んだ」(三・三八)というのである。

『ダニエル書』

『ダニエル書』は、紀元前二世紀に書かれ、その時代によく使われた二つの文学ジャンルを独創的なやり方で結びつけている。励ましのための啓蒙的な物語と黙示録の二つである。前者は、歴史の体裁(第一～六章、第一三～一四章〔この二章は、新共同訳では『ダニエル書補遺』「スザンナ」と「ベルと竜」〕)をとって、紀元前六〇六年から五三八年までバビロニアに捕囚されていた、ある(架空の)預言者ダニエルとその仲間たちの冒険を物語る。彼らが見事に試練を乗り越えるのを読者に模範として見せる。その中で特に目立つのは、〔巨大な〕像の夢(第二章)、燃え盛る炉に投げ込まれた三人の若者のエピソード(三・一～二三)、そして有名なベルシャツァル王の宴会のとき壁に書かれた「メネ」、「テケル」、「パルシン」という恐ろしげな文字をダニエルが読み解いたこと(第五章)、最後にライオンの洞窟に投げ込まれたダニエル(第六章)である。

黙示録的な第二部分(第七～一二章)は、衝撃的な啓示、読む者を面食らわせる幻で構成されている。四頭の獣と人の子の幻(第七章)とか、定めの七〇週(第九章)など。このような類いの黙示録は、イザヤやエゼキエルに雛型が見られ、イスラエルですみやかに広まった。福音書（『マタイによる福音書』第二四章、二七・五一～五三、『マルコによる福音書』一三・一四～二三、『ルカによる福音書』二一・二〇～二七）やパウロの手紙（『テサロニケの信徒への手紙』二、第二章）のいくつかの節を色づけし、そして新約の末尾『ヨハネの黙示録』は、はじめから終わりまで黙示録である。

ヘブライ語聖書は、ダニエルのものとしては短いテクストを一つ入れているだけだが、ギリシア語聖書はダニエルを預言者の中に数え、いくつかテクストを追加している。中でも最も知られているのが、炉の中の若者の賛歌（三・二四～九〇〔ポール＝ロワイヤル版の節数による。新共同訳では『ダニエル書補遺』「アザルヤの祈りと三人の若者の賛歌」の全体である。第一～六七節〕）と、清らかなスザンナと長老たちの話（第一三章〔新共同訳では『ダニエル書補遺』「スザンナ」〕）である。

この書は、アンティオコス四世・エピファネスの迫害の時期（前一六七—一六四年）に——おそらく、もっと古い時代の資料を元に——作成された。一人一人、甦るか、地獄に堕ちるかのどちらかである、という信仰がはっきり表明されている（一二・二～三）。人の子が天の雲に乗ってやって来る輝かしい幻（七・一三）が書かれているが、イエスはみずからの裁判の時にそう主張した（『マタイによる福音書』二六・六四）のが直接の原因となって、十字架にかけられることになったのである。

預言者像

預言者たちの生涯は、全体としてよく知られていない。後世の人たちに強い印象を与えるようなエピソードがあまりないからである。したがって、預言者の文化への関わりは、モーセ五書や歴史書のシーンの関わりとは異なる部分もある。預言者の預言は大部分が表象し難いが、彼らの「幻」の中には例外もある。特にエゼキエルとダニエルの場合である。『ヨナ書』は作り話なので、また少し違う。

預言者たちは、大きな全体の中に何人かずつのグループで現れる。ビザンティン様式の円天井のモザイクとか、ゴシック様式の教会の扉やステンドグラス、イタリアに見られる彫刻を施された説教壇などに。預言者たちは肩に福音記者と十二使徒を載せた姿になっていることが多い。ちなみに、一九世紀末、新しい時代の芸術を発信しようとした画家たちのあるグループが「ナビ」（ヘブライ語で「預言者」）と称した。モーリス・ドニ、ピエール・ボナール、エドゥアール・ヴュイヤール、ポール・セルジエらである。

イザヤ

イザヤは、最近まで『イザヤ書』の唯一の作者と考えられていた。彼の人気は驚くべきそのメシア到来の預言によっている。「見よ、乙女が身ごもって」（ギリシア語聖書、七・一四）、「一人のみどりごが、わたしたちのために生まれた」（九・五）、そして「エッサイの株から一つの枝が育ち、その上に一つの花が咲く」（一一・一）。だから、イザヤはダビデの父エッサイ以来のキリストの系図の挿絵になっている多くのエッサイの木と、キリストの母である聖母マリアに結びつけられたのである。イザヤはまた、最後に世界のぶどうの穫り入れを預言している（第六三〜六六章）ことから、最後の審判の予告者とも考えられている。

ちなみに、イザヤの生涯の中の二つのエピソードが、何回も何回も取り上げられてきた。一つは、セラフィムのあいだに神が座っておられ、セラフィムは熱い炭火でイザヤの唇を浄化した、という幻である（六・一〜七）。これは、パリのサント・シャペルのステンドグラスに再現されている。二つ目は、イザヤの殉教である。一世紀の偽書『イザヤの昇天』が伝える後世のラビの伝承によれば、イザヤがヒマラヤスギの幹の中に隠れていたところ、マントの端が外に出ていたので敵に見つかり、マナセ王はイザヤを鋸《のこぎり》で両断させたということである。

また、『イザヤ書』には、なぜか広く伝わった一節がある。イザヤは呪われた荒野を語り、「そこにもリリトが身を隠し、ジャッカルとマムシとハゲワシとともに休息を求める」(三四・一四)と書いた。ユダヤ教の伝承で雌の悪魔と考えられていたリリトはまた、エバよりも前に造られた原始の女性とも見られていた(『創世記』一・二七)。リリトは神に反抗したのでエバに取って代わられ、爾来、人間に害をなすようになった。彼女は妖婦、不幸の渦巻きに男を引き込む女を象徴している。ユゴーは、リリトを「サタンの娘、影の大女」とみなした(『サタンの終わり』一八八六年)。一方、リリトは華やかな姿となってヴェデキントの劇『ルル』(「ルル二部作」と称される『地霊』(一八九五年)および『パンドラの箱』(一九〇四年))に現れている。パブストの手で映画にもなり(一九二八年)、アルバン・ベルクがオペラに変えた。また、この不吉な人物リリトは、小説ではナボコフの『ロリータ』(一九五五年)になる。

エレミヤ

エレミヤは、ケンブリッジのキングス・カレッジのステンドグラスが示しているように、何よりも迫害された正義の人、受難のキリストのような人物像として現れる。好んで描かれるシーンは、泥がたまった水溜めに敵によって沈められるシーン(三八・六)である。それに加えて、彼の死にまつわる伝説起源のエピソードがある。同国人たちがエレミヤの敗北主義と呼ぶ悲観論に激高した彼らに石を投げつけられて殺されたらしい、と言われている（アミアンのカテドラルの黄金の聖母の扉に描かれているように)。

エゼキエル

エゼキエルが絵に描かれる時の目印は、彼が最初に見る幻に出てくる天の戦車（一・一～二八）である。強い印象を与えるが不明瞭でもあるこのイメージをいかに描くかは画家にとって難題だったがゆえにこそ、この目印は多くの画家によって描かれたのである。五世紀からは、第一章の不思議な四つの〈生き物〉――それぞれ人間と、獅子と、牛と、鷲の顔をもった生き物――が、四人の福音記者の目印となった。それ以外の三つの幻も、同じく非常によく知られている。エゼキエルが神から渡された巻物を食べる（二・八～一〇）のは、神からの示唆を示すイメージであり、そこから「本を貪《むさぼ》り読む」という表現ができた。次に、枯れた骨（三七・一～一二）の幻。ここに、ユダヤ教伝承は、捕囚のあいだイスラエルが瀕死の状態にあって、その後、蘇生する（ドウラ・エウロポスのシナゴーグ、三世紀）イメージを見ているが、キリスト教徒たちは最後の審判のあとに全世界が復活すること（シニョレッリ、ティントレット）と解釈している。そして最後に、神以外は入ることができない聖所の閉じた扉（四四・一～四）。これはマリアが処女性を失わずに産んだイエスの驚くべき誕生の予表である。この誕生は、水の上を歩いた瞬間と変容の瞬間と同様、キリストがみずからの存在の栄光を表した、稀な瞬間の一つである。そして最後に、復活のあと、その栄光は永久のものとなる。

一二人の小預言者たち

小預言者たちの一二の書は、十二使徒と関係づけられることが多い。ヨエルは、ヴェニスのサン・マルコ大聖堂の円天井に描かれているように、聖霊降臨の時の聖霊の降臨（三・一〜五）に結びつけられる。ホセアは、彼が娶《めと》った遊女の手をとっている（一・二〜三）。牧者アモスは、イチジクの実を食べる羊飼いの姿で表象される（七・一四）。オバデヤは、イゼベルに迫害された一〇〇人の預言者を死から救った者（『列王記』上、一八・一三）と同一視され、その目印は逃げてきて隠れている預言者たちにもっていった水の壺とパンである。

『ヨナ書』は、他の預言者たちの預言集とは大いに異なっているが、驚異的な人気を得た。ユダヤ人の目には、鯨に呑み込まれるヨナは、アッシリアの残忍な王による流刑のあいだ幽閉され、神に解放されるイスラエルの民を象徴していた。一方、キリスト教徒は、イエスの言葉に示唆されて、イエスの埋葬と復活を見た。したがって、このシーンがカタコンベ芸術の中に非常にたくさん見られるのは、驚くにあたらない。迫害されたキリスト教徒もまた、呑み込まれたと感じられたのである（二〜四世紀）。これに加えて、ニネベの住民への宣教とか、木の下での絶望など、他のエピソードも現れる。

ほかの小預言者たちは、ヨナほどは多くの芸術作品の中に現れはしなかった。ただし、ゼカリヤはそのかぎりでない。彼の目印は、第五の幻に出てきた七本に枝分かれした燭台である（第四章）。ゼカリヤが見た、ほかの幻のいくつかも、芸術家たちに想を与えた。七つの目をもつ石（三・九）、エファ升（五・八）と戦車（六・一〜八）である。

ダニエル

『ダニエル書』も『ヨナ書』のように想像力を刺激するため、並々ならぬ人気を得てきた。四つのグループが特に強い印象を与えた。炉の中に投げ込まれた三人の若者たち（第三章）とライオンの洞窟に入れられたダニエル（第六章）の試練、陶土の足の巨大な像（第二章）――陶土の足の巨大な像という表現は現在も残っている――と山から切り出された石（二・三四）と切り倒すべき木（四・一一）の夢、黙示録の幻（七・一～二八、八・一～二七）、そして最後に前代未聞の人気を博した二つの物語、すなわちベルシャツァル王の宴（第五章）と清らかなスザンナ（第一三章〔ポール＝ロワイヤル版の章数。新共同訳では『ダニエル書補遺』「スザンナ」〕）である。

スザンナの水浴びの様子は、バト・シェバのそれと同様、とても重要な視覚的モティーフだった。この話の幕開けは、こうである。富裕なヨアキムの妻スザンナが無心に水浴びをしている時に、好色な老人二人がスザンナの庭に忍び込んだ。老人二人はスザンナに言い寄ったが、抵抗されたのでスザンナを脅した。しかし、スザンナが叫び声をあげたので、老人たちは逃げ出さねばならなかった。意趣返しのため、老人たちは、スザンナが庭の木の下で若い男と情を交わした、と告発する。このような姦通は、律法によれば死罪である。若者ダニエルは、二人の年寄りの告発を怪しみ、一人ずつ尋問した。「どの木の下に恋人たちは寝ていましたか？」「マスチック〔乳香樹〕の下だ」と、一人は断言した。「セイヨウヒイラギガシ〔カシワ〕の木の下だ」と、もう一人は証言した。偽証の証拠を突きつけられた二人は、スザンナの代わりに石を投げつけられて死んだ。

美しい裸のスザンナの魅力に取りつかれた画家は、中世末期から今日まで数知れない。ヴェロネーゼから、ティントレット、バッサーノ、ルーベンス、ファン・ダイク、ゲルシャン、ヴァン・ロー、シャッセリオなどである。その他、ジオルジョーネのようにダニエルの裁きに関心をもった者もいれば、老人たちの石打ち刑のほうに気を惹かれた者もいる。

個々の像を超えて

イスラエルの預言者たちは、その華々しさと永続性によって、魔法使いや祭司とは違うタイプの宗教的人格を表すモデルとなった。一人一人の霊感が信仰の生きた源になることを証明したのである。預言者には三つの特性がある。超越的な意思に従うことによってのみ預言者になるのであるから、召命であり、何らかの制度に属するものではなく（祭司職とは違って）替え難い才能である。預言者となる才能をもつ者は、結果が予見できない冒険に否応なく身を投じて、「わたし」が「別人」になる。預言者が受け取ったメッセージは、共同体に向けられる。

いわば並はずれた存在が出現するのを、わたしたちは目の当たりにするのである。預言者たちは住処を定めず、ほとんどいつも孤独であり、さらには迫害を受ける（エリヤ、イザヤ、エレミヤなど）。迫害は、預言者たちが時に激しく非難する宗教組織の側からも来る。

イエス自身やマホメットも、イスラエルの預言体系の流れに組み込まれて、預言者として位置づけられた。宗教学の中で非常に重要な「預言者」概念が形成されたのは、この中心からである。この概念は、次いで他の多くの人物たちにも応用された。古代世界（ゾロアスター）、中世（一二世紀のフィオーレのヨアキム）、近代（一六世紀はじめのトマス・ミュンツァー）、現代（アフリカやラテンアメリカで）という具合である。

もう一つ、これまた重要なものになったメシア信仰という概念についても同様である。この概念は、両世界大戦間には、すでにある混乱を消滅させて正義と幸福でできた新秩序を打ち立てる奇跡的な人物が到来する、という信仰として定義された。しかし、この遅ればせの定義は、明らかにイスラエルにおけるメシア待望の強力な運動から出てきたものである。ヘブライ語の《mashiah》は「神に油を注がれて聖別された者」という意味である。そのギリシア語訳が《christos》で、そこから「キリスト」という語ができた。そういうわけで、宗教に関する人文科学——民族学、人類学、社会学、歴史学——では、ユダヤ・キリスト教のメシア信仰から目を離さずに研究が行われてきた。これら二つの宗教に支配される文化圏では、メシア待望が何度も出現してきたからである。

第5章　詩の書

この章で紹介する四書は、いずれもヘブライ語聖書の文書の中にある。ギリシア語聖書は、これら四書を「詩の書と知恵に関する書」というまとまりの中に入れている。ただし、エレミヤが書いたのではないのにエレミヤに帰されている『哀歌』は『エレミヤ書』に入れられている。しかし、知恵に関する書の性質から考えて、『詩編』および『哀歌』、『ヨブ記』、『雅歌』を知恵に関する書と一緒にするのは不可能であるように思われる。

『詩　編』

かつてはほとんど全編が音楽家王ダビデ（前一〇一〇—九七二年）のものとされていた『詩編』は、一五〇篇の詩で成り立っていて、シナゴーグでもキリスト教会でも祈りの中の主要な役割を果たしてきたし、今も果たしている。今日の聖書解釈学では、これらの源は確かにダビデであるにせよ、全体は紀元前一〇～四世紀にわたることが証明された。『詩編』のヘブライ語タイトル『テヒリーム〔*Tehillim*〕』は「賛美」という意味である。ギリシア語聖書は、歌の伴奏に使われる弦楽器プサルテリウム〔*psalterion*〕の名で呼んだ。« Psautier »〔詩編集〕という語は、そこから来た。

『詩編』には、イスラエルの歴史の特筆すべき時の祝賀、預言、試練の時の祈りと神の律法を願い求める、または誉め讃える、といった内容が交互に出てくる。したがって、『詩編』の中に旧約の要約を見ることもできた。そして、素晴らしい節が多数ある『詩編』は、キリスト教の祈りへの導入となる。とはいうものの、大部分の詩は本質的にユダヤ教のものであり、宗教的意識が洗練されてくると、反復進行の多くに違和感を覚えることになる。たとえば、みずからの聖性への自信過剰、敵に対する恐ろしい呪い、「悪人」に対する嫌悪、善行がこの世で報われることへの待望、イスラエルを特別視すること、などである。キリスト教徒となった世代は、これらの詩を完全にわがものとすることは決してできなかった。『詩編』全体が修道士や宗教者、祭司、多くの在俗信者の心の中に定着したものの、朗唱するものとしてはさまざまな戦略によって初めてキリスト教にふさわしいものになった。時代遅れを意識しつつイスラエルの祈りを取り入れたり、敵を霊的な対立存在（悪魔、熱情など）に変じる、といった戦略である。そして、何世紀ものあいだ、寓意的な解釈が好まれたため、数多くの文書がキリスト教化に抵抗しているのが目立たなかった。

『哀　歌』

『哀歌』を構成している素晴らしい悲歌は、エルサレム破壊（前五八七年）からまもなく陽の目を見た。したがって、これらの悲歌は預言者エレミヤの時代のものであり、『哀歌』はエレミヤの作だと長いこと考えられていた。しかし、今日では、その説は受け入れ難い。エレミヤの思想にふさわしくない節もあるし、『哀歌』の学者風の形式はエレミヤのスタイルに一致しない。

五篇の詩のうち、四篇はアルファベット順である。すなわち、二二の各節がヘブライ語アルファベット順の一文字から始まっている。

『哀歌』は、おそらく紀元前五八七年のあと、紀元前七〇年のティトスのエルサレム占領に続いて、神殿の廃墟で行われた記念祈禱に使われたものである。カトリックの典礼では、キリストの死を嘆くための、聖週間の頂点の一つを形成する。キリストを排斥した町は再び荒廃することになり、同じくキリストを排斥した民は再び流刑されることになる。

『ヨブ記』

『ヨブ記』は、韻文と散文が交互に現れ、はっきり異なる五つの部分から成る。

- プロローグ。散文。ヨブを紹介する。正しい人ヨブは満ち足りた人生を送っていたのに、不幸が次々に降りかかる。財産を失い、家族を失い、潰瘍性の皮膚病にかかり、潰瘍をかきむしって、汚物の上に横たわった(一・一〜二・一三)。
- 韻文。ヨブを慰めようとして彼の苦しみの意味に関する仮説を唱える三人の友人たちとの対話(三・一〜三一・四〇)。
- 韻文。四人目の友人エリフの一連の言葉(三二・一〜三七・二四)。
- 韻文。ヨブと神の対話(三八・一〜四二・六)。
- エピローグ。散文。主人公ヨブが健康、富、家族、名声を取り戻す。

おそらく、死海の南東またはアラビア北部のひとかどの人物であるヨブの物語を材料にして、この『ヨブ記』は作られたのだろう。作成されたのは、紀元前四五〇年頃のことである。当時、エゼキエルの明白な預言(『エゼキエル書』第一八章)があって以来、道徳的責任は一人一人が負うものとなった。先祖の過ちが子孫の上に罰を引き起こす、という考えは捨てられた。そうなると、もし正しく善い神が世界を支配しておられるのであれば、ヨブの運命はどのように説明されればよいか？　神が遍在している中でもう一つの生がありうる、という考えは、『詩編』のいくつかにぼんやりと現れ始めているだけで、確立されるのは二世紀になってからである。イスラエルの人々は、死者が生き続けるのは神がいない世界であり、喜びもなく幼生のような形で生きる、と想像し続けていた。影が地の下で、シェオール〔黄泉の国〕の暗闇の中で細々と生きる、というわけである。正しいユダヤ人は、だから神からこの世の幸福を与えられるのを期待する。悪という躓《つまず》きの石に対して、たとえばエリフの答えのように、試練に遭わせるという意味があるというように、いくつもの答えが対立している。しかし、躓きを解決することに至った答えはない。『ヨブ記』は、人格神に対する信仰の中で部分的に不明瞭であるもの、ありのままの信仰の中で不可知であり続けるものを考察するという点で、わたしたちを魅了し続けている。『ヨブ記』はまた、使徒ヨハネが「〈永遠のいのち〉」と呼ぶもの、すなわち肉体の死からは何の影響も受けないような、この世にあるうちから感じられる信頼と喜びを啓示するものである。

『雅歌』

『雅歌』――（ヘブライ語の表現によれば）典型的な〈歌〉――は、世界文学の中でも最も美しい愛の歌のように、インドのエロティックな素晴らしい田園詩『ギータゴビンダ』（一二世紀）よりもさらに輝かしい愛の歌のように思われる。この燃え上がるエロティシズムは、神秘家やシュルレアリストの詩人の誰彼を魅了したものの、注解者や翻訳者をしばしば悩ませてきた。一七世紀の厳律シトー会修道院の改革者である厳格なランセは、これらの歌を修道女たちの手から取り上げた。

しかしながら、この婚姻の歌を聖書に入れることで、ユダヤ共同体、次いでカトリック教会が、これをすぐさまたとえ話の地位に引き上げたのは明らかである。最も強い人間の愛の幸せは、魂とその神とのあいだの愛、あるいは信仰者の共同体とそれが苦悩と幸福感をもって探し求める信仰の〈対象〉とのあいだの愛という大きなイメージになったのである。『雅歌』の中には、婚約のイメージを借りて人格神との出会いの喜びを寿《ことほ》ぎ、聖書全体を駆けめぐる金の糸が編まれている。『エレミヤ書』第二章、『エゼキエル書』第一六章、『詩編』第四四章〔新共同訳では第四五章〕、『ヨハネによる福音書』三・二九、『ヨハネの黙示録』二一・九を見よ。キリスト自身、『雅歌』の花婿をもって任じている（『マタイによる福音書』第二五章など）。これらの詩には、神の名は決して出されないが、それゆえにこそ神のことしかもはや語られていないのである。

長いあいだ『雅歌』はソロモン王の作品とされてきたが、現代の聖書釈義では紀元前三八〇年から三五〇年のものとされている。優雅な文体を見ると、一人の作者によって書かれたと思われ、より古い婚礼歌に霊感を受けたのだろうと思われる。短いプロローグのあとに五つの詩が続くが、欲望と愛の期待、かくれんぼ遊びのような行き違いと再会の時の並はずれた喜びとを、めくるめくような変奏曲に織り成している。

『雅歌』は、カトリック教会の歴史において、オリゲネスから聖ベルナルドゥスあるいは十字架の聖ヨハネに至るまで、最も頻繁に、しかも最も熱心に注解されてきた聖書文書の一つである。キリスト教徒として生きる経験の太陽として感じられたのである。

『詩編』の栄光

『詩編』ほどの反響と普及を見た詩集がほかにあっただろうか。ユダヤ教信仰およびキリスト教共同体の祈りとして、『詩編』は世界中で飽くことなく唱えられてきた。ごく早い時期にキリスト教修道士が、次いで聖職者が、毎週『詩編』を全編詠唱する習慣をつけた。文脈から切り離されたたくさんの節が、あたかも宝石のように典礼の司式を引き立たせる。ユダヤ教の大祭——過越祭、五旬祭、幕屋祭——にあたっては、受難の前にキリストと弟子たちが過越の食事を終える（『マタイによる福音書』二六・三〇）時の「小ハレル」（『詩編』第一一三～一一八章）が唱えられる。ハレル〔Hallel〕は「称讃」を意味し、典礼の歓呼アレルヤ〔Alleluia!〕「神への称讃」はキリスト教典礼に入った。ヘンデルは《メサイア》（一七四二年）の中で、これを荘厳にオーケストラ用に編曲した。キング・ヴィダーは、アメリカ黒人たちの沸き返るような典礼で知られている映画（一九二九年）のタイトルを『ハレルヤ』とした。「大ハレル」は『詩編』第一三六章で構成されている。また、週ごとの安息日の祈りには数多くの詩編が使われている。

中でも三グループの詩が、とりわけ人気を博した。まず、都に上る歌あるいは巡礼の詩編と呼ばれるもの（第一二〇～一三四章）。これらは祝日にエルサレムに上る時に歌われたからであろう。次に、悔悛の七詩編（第六、三二、三八、五一、一〇二、一三〇、一四三章）。そして最後に、メシアの詩編。その数は注釈者によって異なる（第二、二二、三一、四五、七二、一一〇章）。キリストは『詩編』第一一〇章のメシア的解釈をみずからのことだと主張し（『マタイによる福音書』二二・四一～四六）、十字架の上で『詩編』第二二章のはじめの節「わたしの神よ、わたしの神よ、なぜわたしをお見捨てになったのか？」を口にした（『マタイによる福音書』二七・四六）。この叫びは、十字架のヨハネやペギーなど、キリスト教徒たちの思索をかき立てた。そして、ハインリヒ・シュッツ、ヨハン・セバスティアン・バッハ、ハイドンらの「十字架につけられたキリストの七つの言葉」に捧げられた音楽作品の中に収まり、トゥルヌミールの《キリストの七つの言葉のための七つのコーラル詩》（一九三七年）に至る。これら七つの言葉の最後のもので、イエスが息を引き取る時に叫ばれた「わたしの霊をあなたの御手にゆだねます」（『ルカによる福音書』二三・四六）は、『詩編』三一・六を繰り返し、その前に「父よ」という加護を求める呼びかけをつけたものである。（一日がひとたび「終わって」）夕べの寝る前の祈りを唱える人たちは、毎晩眠りにつく前に、この節を繰り返す。

『詩編』は、旧約のうち新約に最も多く引用されている書で、その頻度は他の文書を大きく引き離している。新約での引用全二八六回のうち、『詩編』は一一六回である。聖書の中でフランス語にいちばん先に訳された書でもある（一一〇〇年頃）。ポール＝ロワイヤルによって二回訳され（一六六五年）、一八世紀には『キリスト教徒の手引き』という作品の中に入った。これは近代の『ミサ典書』ができるまで、一般カトリック信者の生活の基盤となるものだった。『ミサ典書』の中にも相変わらず数多くの詩編が現れている。

このように、あらゆるところで『詩編』の詩句に出会うため、西洋文学の中に『詩編』の詩句が詰まっているのも当然である。パスカルでは、『詩編』は『イザヤ書』とともに、いちばん多く引用されている（それぞれ七三回）。続いては『ヨハネによる福音書』（六四回）であるが、もっともこちらは『詩編』に比べてずっと短い。ラシーヌの宗教的悲劇『エステル』と『アタリ』では、『詩編』の引用回数は聖書の他の部分全体の引用回数に匹敵する。もっと現代に近いところでは、かのヘンリー・ジェイムズが彼の傑作の一つのタイトルを『鳩の翼』（一九〇二年）としている。これは『詩編』五五・七の場面から提起される問い「誰がわたしに鳩の翼を与えてくれるか……?」に拠っている。この『鳩の翼』には、『詩編』第六八章（第一四節）と第九一章も引かれている。

カントが『実践理性批判』（一七八八年）の中の有名な一節「内省がもっぱら行われるにつれて、絶えず新たになり、絶えず大きくなる讃嘆と尊敬の中心を、二つのものが満たす。すなわち、わたしの上の星空とわたしの中の道徳法則である」を書いたとき、彼は『詩編』第一九章を要約したのである。第一九章は、全編が「天は神の栄光を物語る」と「主の律法は完全である」という二つの感嘆の上に構成されている。

最も有名な詩の中には、キリスト教徒たちが受難の予告として読む『詩編』第二二章、「主はわたしの羊飼い」の第二三章、「水を求める鹿のように」の第四二章がある。また、第四五章はキリストと教会の祝婚歌、また聖マリアの祝賀の歌ともされてきた。「娘よ、聞け。耳を傾けて聞き、そしてよく見よ。あなたの民とあなたの父の家を忘れよ。王はあなたの美しさを慕う」。

第九〇章は『コヘレトの言葉』の色合いを帯びていて、神の永遠に対して人生のはかなさを嘆く。「一〇〇〇年といえども、御目には昨日が今日へと移る夜の一時にすぎません。あなたは眠りの中に人を漂わせ、朝が来れば人は草のように移ろいます。朝が来れば花を咲かせ、やがて移ろい、夕べにはしおれ、枯れていきます」。これらの有名なイメージは『ヨブ記』の中や異教の古い詩の中にも見出され、ボシュエは『アンリエット・ダングルテールの追悼演説』（一六七〇年）の中にはめ込んだ。アンリエット・ダングルテールは「マダム」と呼ばれた若い王女で、ルイ一四世の義妹にあたり、王に大変愛され、敬意を払われた。彼女は若さと名声のさなかに亡くなってしまったのである。

マダムは、しかし朝から夕べに野の花のように移ろわれた。朝、彼女は花開いていた。どんなに美しかったか、皆さんご存じです。それが夕べには枯れてしまった。人事のはかなさを強調する聖書のこの強烈な表現は、この王女にとってはまさにそのとおり、文字どおりだったに違いありません。

『詩編』第一一九章は長大なアルファベット詩で、喜び溢れるさまざまな形で神の律法を寿《ことほ》ぐ。それはキリスト教徒たちによって福音書の愛の掟に応用された。モーリス・バレスが一九一〇年に「反復、東洋的隠喩にほかならない。すなわち、あけっぴろげの信仰告白であり、涸れることのない〔信仰心の〕湧出である」と書いたように。パスカルの姉ジルベルトは、その著『パスカル氏の生涯』の中で「パスカルは、友人たちとこの詩編の美しさについて話している時には、自失しているように見えた」と言っている。

『詩編』第一三七章に「バビロンの流れのほとりで、シオンを思ってわたしたちは泣いた」と書かれた流れは、西洋のイマジネーションの中に流れ続けてきた。聖アウグスティヌスも、この流れにインスピレーションを受けて、最も美しい散文詩の一つを書いた(『詩編注解』の中に)。呪われた都市の不吉な河は恐るべき時の流れを象徴し、その激しい沸騰は人間の情熱のすさまじい強さを表す。すべては過ぎ去り、すべてはすり抜け、すべては逃げ去る、ということを河は明示しているのである。このようなめくるめく流れの中にあって、わたしたちの生の定点をどこに見つければよいのか。すべてにおける流動性を前にしたこの苦悩は、ヨーロッパのバロック時代(特に一六～一七世紀)には絶えず喧伝されたし、二〇世紀になってもモーリアックのような人物はその小説の一つを『火の河』と名づけた。

『詩編』第一三九章は、『詩編』の中でおそらく最も美しいもので、何もかも見通す神の前にいる人間を描いている。第一六節は、まさに文学的な神話を生んだ。「わたしが形をなさない胎児だった時でさえも、あなたの目はわたしを見ておられた」。「形をなさない胎児」とは、ヘブライ語の《golem》を訳したものである。ユダヤ人は、この言葉を、神の息吹で命を与えられる前に粘土で造られたアダムになぞらえた。一七世紀末には、ポーランドのユダヤ人たちが粘土で作った人間の像に神の名を呼ばわって命を吹き込むことに成功し、召使いとして働かせた、という伝説が生まれた。一九世紀はじめのプラハで、この話に恐るべき展開が加わった。命を与えられたゴーレムが巨大になり、作り出した人の手を離れて、まわりのものをすべて破壊する、というのである。ドイツ・ロマン派では、アヒム・フォン・アルニムが一八一二年に、ホフマンがその『短編小説集』（一八二〇―二二年）の中の二編で、このシナリオをふくらませたが、このシナリオは一九世紀のあいだ中、何度も繰り返し現れた。最も長く評判になった作品は、グスタフ・マイリンクの『ゴーレム』（一九一五年）である。その影響は顕著で、ジュリアン・デュヴィヴィエの同名の映画（一九三六年）にまでなった。

『詩編』は並はずれた普及を見せたし、祈りの中で重要な役割をもったが、造形芸術のモティーフとしてはあまり使われなかった。しばしば詩の特徴とされる物語要素が『詩編』にはないことがその原因だと容易に考えられる。しかしながら、ダビデ王が作者とされたため、音楽家であり王でもある人物の絵は多数ある。多くの場合、アサフ、ヘマン、エタン、エドトンの四人の聖歌隊指揮者に囲まれて竪琴やプサルテリウムを弾いているダビデ像が見られる。この四人は、さまざまな楽器でダビデの

ジョルジュ・ルオー《ミゼレーレ》版画28

伴奏をしているのである。このダビデと四人の聖歌隊指揮者のグループは、四人の福音記者に囲まれているキリストを予表している。ちなみに、『詩編』第五一章、そのよく知られた冒頭がウルガタ聖書のミゼレーレ「神よ、わたしを憐れんでください。御慈しみをもって」にとられた、この第五一章は〔絵画のモティーフとなった〕例外である。この悔悛の詩編——サヴォナローラが牢獄で拷問を受ける前に思いめぐらした——は画家ジョルジュ・ルオーに霊感を与え、一連の五八枚の銅版画を第一次世界大戦のはじめから一九五八年にかけて描かしめた。この銅版画は、陰鬱な悲嘆と、十字架にかけられたキリストへの信仰とのあいだを揺れ動いている。両側に頭蓋骨が積み重なっている夜の道をたどると、ほのかな光を放っている黒い十字架に行きつく（版画二八）。

『詩編』には楽器がともなっていたし、典礼はしばしば歌に頼るから、『詩編』を音楽にするのはごく自然なことである。グレゴリオ聖歌時代以後の偉大な先導者は、『詩編』から見事なモテットを作ったジョスカン・デ・プレ（一四四〇頃—一五二四年）である。彼のモテットには、とりわけ《新しい歌を主に歌え》（『詩編』第九六章）、《われ深き淵より汝を呼べり》（『詩編』第一三〇章）、そして何よりも素晴らしい五声の《憐れみたまえ》（『詩編』第五一章）がある。あとの二つの詩はキリスト教徒にとってはわかりやすいものであるが、多くの音楽家たち（アレグリ、スカルラッティなど）によって数えきれないほどたびたび曲にされてきた。《われ深き淵より汝を呼べり》は葬儀や悲嘆の時の詩編となったし、《憐れみたまえ》は過ちを犯したあとの悔悛の歌とか自分が過ちを犯しやすい存在であることを自覚している者が神の助けを呼ぶ歌となった。

一六世紀には、ユグノーの詩編集が作り上げられた。まずクレマン・マロの模倣詩、次にテオドール・ド・ベーズ（一五三九―六二年）の模倣詩に、グディメルやジャヌカン、そのほか数多くの音楽家が曲をつけた。こうしてできた貴重な遺産は、今日まで保持されてきた。カトリック側では、『詩編』の模倣詩が大量に作られた（ベルトー、デポルト、シャシニェ、マレルブなど）。一六四八年にはゴドーの模倣詩が出現し、作曲されて、大成功を収めた。曲をつけられた詩編は、多くの音楽家たち、とりわけモンテヴェルディ、ヨハン・セバスティアン・バッハ、ヴィヴァルディによって花開いたのである。二〇世紀には、ストラヴィンスキーがコーラス付きの交響曲《詩編交響曲》（一九三〇年）を、ダリウス・ミヨーが《詩編カンタータ》（一九六七年）およびユダヤ教徒としての信仰を表明する《ダビデの三つの詩編》を作曲した。

『哀歌』のこだま

『哀歌』には、旧約のうち最も痛ましい抒情詩の一つがある。ラシーヌのような大詩人は、それを見逃がすことはなかった。だから、ラシーヌは『エステル』と『アタリ』の合唱を詩編と、次の哀歌でふくらませたのである。

　痛ましいシオンよ、お前の栄光はどうしたのか？
世界全体がお前の栄華を感嘆していたのに。

今や、お前は塵でしかない。そして、かの威光の
悲しい記憶しか残っていない。
シオンよ、かつては天まで上げられていたのに、
今や地獄まで貶《おとし》められた、
わたしは声をあげずにいられようか、
たとえわたしの歌の中で、お前のこれまでの苦悩が最後の吐息までの
わたしの思いを占めはしなくとも！

ウェルギリウスの『アエネーイス』や、ほかの有名な作品のように、エレミヤの作とされた『哀歌』は、高尚な作品を低俗な文体に移し替えるのが流行した時期（一六五〇年頃）に、ビュルレスク劇を誕生させた。長たらしい嘆きを指す「泣き言」という軽蔑的な言い回し（フランス語では「エレミヤぶり」）が現れたのは、この時である。『哀歌』は一八世紀にルフラン・ド・ポンピニャンによって翻訳されたが、これにはヴォルテールから辛辣なエピグラムを呈された。

エレミヤが生涯なぜ
あんなに泣いたか、ご存じか？
預言者たる彼は見通していたのだ、
いつかルフランが自分の作品を翻訳することを。

画家たちはどうかといえば、ルーベンスのあと、レンブラントが聖書に題材をとった絵の一つをエレミヤに捧げた《エルサレムの滅亡を嘆く預言者エレミヤ》（一六三〇年、アムステルダム国立美術館蔵）。ぐったりと肘をついたエレミヤの顔は、同年に描かれ、現在ルーヴル美術館にある《読書する隠者》の顔と同じように光輝いている。

音楽にも『哀歌』の詩はしばしば使われてきた。ベルギーのオルフェウスであるオルランド・ディ・ラッソは《預言者エレミヤの哀歌》を作曲した（一六世紀末）。復活祭の日曜日に先立つ三日間の朝のカトリックの典礼の読誦は『哀歌』からとられるので、『暗闇の朝課の読誦』に曲をつけられたものは数えきれないほど多い。たとえば、一七世紀から一八世紀に移る時期に、シャルパンティエやドゥラランド、クープランなどが作曲した。もっと現在に近いところでは、一九五八年の《預言者エレミヤの哀歌によるトレニ》は、ストラヴィンスキーの完全に十二音階法による最初の作品で、彼の宗教曲の頂点を示すものの一つである。荘厳かつ悲劇的なこの曲は、大作曲家ストラヴィンスキーの深い信仰を証している。

レンブラント《エルサレムの滅亡を嘆く預言者エレミヤ》（アムステルダム国立美術館）

「ヨブのようにかわいそう」

ヨブの人物像は、大人気を博した。キリスト教徒たちは、ヨブをキリストの似姿と考え、試練に耐える模範とみなしたのである。第一九章の末尾（第二三〜二六節）は、義人ヨブがシェオール〔黄泉の国〕の影たちのあいだにおかれてほとんど消え去ることを予想している詩のただなかで、不思議な仲介者の介入と肉身の甦りを信じるひらめきである、と解釈されてきた。一七世紀には、パスカルが『ヨブ記』と『コヘレトの言葉』の中に人間の悲惨が最も衝撃的に描かれていることを見た。

ソロモンとヨブは、人間の悲惨を誰よりもよく知り、誰よりもよく語った。一方は誰よりも幸せで、他方は誰よりも不幸だった。一方は快楽の空しさを経験によって知っており、他方は苦難に満ちた現実を知っていた。

ロマン主義は、この『パンセ』（断章二二）を敷衍してやまなかった。ロマン主義は、ヨブの嘆きと問いかけに取りつかれているのである。シャトーブリアンの壮大な企て『墓の彼方からの回想』（一八四八年）は、人間の存在は「雲のように」消え去り、「船のように流れ去り、影のように移ろう」（三〇・一五、九・二六、一四・二）というエピグラフ付きで、全体がヨブの足跡をたどっている。ヴィクトル・ユゴーは、娘レオポルディーヌの死に打ちのめされて、『静観詩集』（「わたしは来た、見た、世を去った」）において、聖書の中のほとんど絶望していた者にみずからをなぞらえた。

どんな翼も開かぬこの地上の徒刑場で、
愚痴をこぼさず、血を流し、手から落ちて、

元気なく、疲れ果て、徒刑囚たちに嘲笑《あざわら》われ、
わたしは永劫の鎖の一つを担った。

今や、わたしの目は半眼にしか開かない
わたしの名を呼ばれても振り向かない
呆然とし、けだるく、ちょうど夜明け前に
起き上がって眠らなかった人のように。

暗い怠惰の中にいるわたしはもはや
その口がわたしを傷つける嫉《ねた》み屋にも答えてやらない。
おお、主よ、わたしに夜の扉を開いてください、
わたしが立ち去って消えられるように。

ロートレアモンも『マルドロールの歌』（四・四）の中でヨブを思い出させる。「わたしは汚い。虱《しらみ》がわたしを刺す。［…］瘡蓋と痂皮が、わたしの皮膚を覆っている」。しかし、モーリス・ブランショが喝破したように、ヨブの主張の力強さは、マルドロールでは無気力と死を静かに願う気持ちに取って代わられている。

二〇世紀に起きた惨禍のせいで、ヨブが文化の中に姿を現すことがもっと多くなった。たとえば、カフカとかベケットである。第二次世界大戦の直後、エリ・ヴィーゼルは「ヨーロッパのあらゆる道

の上に」ヨブを見つけて（『ハシディスムの祭儀』一九七五年）、ヨブの恐るべき試練はショアに一致する。また、絶望したモラリストであるシオランは、一九七三年の著作のタイトルをヨブに借りている。『生誕の災厄』（三・三）。

最近では、二〇〇三年にリシャール・ミエのタイトルが内容をそのまま表している説得力のある小説『影のあいだの私の一生』が、エピグラフに『ヨブ記』の三節（八・八～一〇）をポール＝ロワイヤル版聖書の流麗な翻訳で掲げている。

過去の種族に尋ねなさい。父祖の歴史を注意深く調べなさい。
（わたしたちはほんの昨日から世に生きているのだし、わたしたちの日々が影のように流れているのを知らないのだから。）
そして、わたしたちの祖先はわたしがあなたに言うことを教えるだろう、彼らはあなたに話しかけ、彼らの心の中の感情を明かすだろう。

まさしく、わたしたちが自分を超えた記憶の中をさまようのであって、それはあたかも死者がわたしたちの中で夢見続けるかのごとくであることを、作者ミエは確信しているのである。

今日の言語には「ヨブのようにかわいそう」という表現が残っているし、ワニに似ていて神に敵意をもつ神話上の怪獣リヴァイアサン（四〇・二五～三二）のイメージも残っている。フランス語で言うリヴァイアサンは、怪物のような外見の巨大なものである。イギリスの哲学者トマス・ホッブズは、完全に唯物主義に貫かれた論説に『リヴァイアサン』（一六五一年）とタイトルをつけた。そこで描かれるのは、力が法を作り、全員と全員の戦争を鎮圧できるのは冷酷な怪物である国家の全能のみ、という世界である。本の口絵には、片方の手に剣を、もう一方の手にあらゆる権力を象徴する杖をもつ巨人が描かれている。

音楽では、オルランド・ディ・ラッソが《『ヨブ記』によるレクツィオ》を作曲した（一五七五年から八五年のあいだ）。ロシア人ニコラス・ナボコフは、一九三二年にオラトリオ《ヨブ》を作曲した。造形芸術には、ヨブの苦しみを表した作品が数多くある。彩色挿絵、ステンドグラス、柱頭、聖職者席、タンパン、フレスコ画などである。大画家たちも、ヨブを描いた。ルーベンス、ラ・トゥール、リベラ、ブレイク、ココシュカ（《ヨブ》一九一七年）。主役たるヨブは「堆肥」（ヘブライ語テクストの「灰」をギリシア語聖書はこのように訳した）の上に座っていることが多い。そして、シャルトルのカテドラルの北タンパンに見られるように、傷を陶器のかけらでひっかいていることも多い。三人の友人たちや妻に理解されなかったことも絵のテーマになっている（デューラー、ボス）。

雅歌の花輪

シュラム――乙女に与えられた名前（七・一）であるが、これはヘブライ語の「平和」を意味する語根に基づいて作られた――と恋人のあいだの愛の語らいは、ニュッサのグレゴリウスからアヴィラのテレジア、またフランソワ・ド・サル（『神愛論』一六一六年）に至るまで、神秘家たちによって飽くことなく取り上げられてきた。雅歌では婚約者の乙女を包む詩的なイメージでできている花輪が、聖母マリアを取り囲むことになった。すなわち、「茨の中の谷間の百合」（二・一）、「ダビデの塔」（四・四）、「しっかり閉ざされた園」と「封じられた泉」（四・一二）、「命の水」（四・一五）のように。恋人を心配して探すのは、復活の朝、消えたイエスを探すマグダラのマリアにあてはめられる。
ピエール・ド・ベリュールの見事な『聖女マグダラのマリア称揚』(一六二七年)のように。
ルイ一三世時代の詩人たちは「わたしは黒いけれども愛らしい」(一・五)をベースに数多くのソネットを作った。美しい女性とはブロンドで青い目であった時期に、人々は「美しきエジプト女」(ジョルジュ・ド・スキュデリ)の「黒い輝き」やトリスタン・レルミットの「モールの美しい女奴隷」の「磨かれた黒檀」に驚嘆し、バロック的なパラドックスや逆のものの遭遇を楽しむ。

美しきエジプト女

色黒の美女よ、その黒い輝きは
すべてを焼き尽くす暗い火で輝く。
雪にはお前に肩を並べられるものはない、
そして、黒檀は今日、象牙にまさる。

お前の暗い肌色から栄光のひらめきが来る。
また、お前の目の中には、曰く言い難い、
今にも飛び立たんとするアフリカの愛があり、
また黒檀のアーチからお前の勝利を切望している。

お前は悪魔を連れない魔女、未来を予言し、手を眺めて、われわれに希望をもたせるのだ。
そして、見せかけのお愛想で、われわれの五感を捉える。

お前は言い当てる術に長《た》けているとは見えない。
が、もはや未来を占う暇つぶしはしなくても、
色黒の美女よ、お前はわれわれに未来を与えることはできるのだ。

一七世紀後半のあいだに、神秘思想の中には疑わしいとされる流れが出てきて、『雅歌』の人気は衰え始め、二世紀あまりあとの一九二〇年代に復活する。だからといって、不可知論者や無神論者をも含む数多くの作家が、この愛の歌を作品の中で敷衍しなかったわけではない。ゾラの『ムーレ神父のあやまち』（一八七五年）も、そうである。この作品は『創世記』のエデンの園の物語にも想を得ている。ルイ・アラゴンは「雅歌」と題した詩を作った。クローデルは『辱められた神父』（一九一六年）の中でシュラムを思い出しているし、小説家リシャール・ミエの作品の登場人物の一人による愛の告白には『雅歌』の数節を下敷きにしているものがある（『名の中のキツネ』二〇〇一年）。

ギュスターヴ・モロー《雅歌》
（大原美術館）

「夢や愛情、恋愛、熱狂、そして卓越した

領域に向かおうとする宗教的高揚を望む気持ちなどのすべて」をかき立てるのは芸術であるとして、ギュスターヴ・モローは《雅歌》（一八五三年）を描いた。マルク・シャガールは空中の風景やダンスを好んで描き、《聖書のメッセージ》（ニース市に一九七三年に寄贈された）のうち五枚は『雅歌』をテーマにしたものである。

音楽家たちも、パレストリーナやモンテヴェルディからオネゲルに至るまで、当然シュラムの魅力に降参している。一九三七年には、ダリウス・ミヨーが《結婚カンタータ》を作曲した。一方、ダニエル＝ルシュールは、一九五三年に作品《雅歌》の中で、「男と女のカップルの愛の結合は、神とその民の結合、次いでキリストとその教会の結合をはっきり示すイメージとして役立つ」として、官能的な詩とその象徴的効果を切り離すことを賢明にも拒否している。

第6章　知恵に関する書

ヘブライ語聖書には、『箴言』と『伝道の書』(ヘブライ語では『コヘレトの言葉』)という、生き方としての知恵に関する瞑想の書が二つある。ギリシア語聖書には、これらに加えて、同様の文学ジャンルである〈シラの息子の知恵〉(あるいは『シラ書』)と『知恵の書』がある。これらはすべて、古代オリエントに広まっていた、個人の運命を全体の歴史の中におかずにその意味を問う文学タイプに属する。このような性格ゆえに、イスラエルの重大事件や契約、祭儀は前者の二つでは言及されず、後者の二つではごく部分的にのみ扱われているのである。

そして、擬人化された神の知恵がこれらの書の中ではたびたび称讃されているので、キリスト教徒たちはこの擬人化の中に永遠の知恵であるキリスト自身の予告を見ていた。

『箴　言』

『箴言』は、イスラエルの知恵に関する文書の最も典型的なものである。『箴言』は、プロローグ――擬人化された知恵が見事な詩の中で話し始める(第八～九章)――とエピローグ(第三一章)に挟まれた文書の集まりからできている。最も古い二つの文書は「ソロモンの箴言」として紹介されている。一つは三七六の格言(第一〇章～第二二章第一六節)、もう一つは一二七〔新共同訳で数えると一三八〕の格言(第二五～二九章)である。後者は紀元前七〇〇年頃にヒゼキア王の書記によって書写された。しかし、これらの文書が『列王記』上（五・一二）において三〇〇〇の格言の作者とされた優れた賢人ソロモンのものであると推測しても、まったくおかしくない。

この古い部分に、何人もの賢人が書いたコレクションが接木された。全体が最終的な形をとったのは、紀元前五世紀である。こうして『箴言』は数世紀にわたる瞑想を提供している。その瞑想がエジプトやアラビア、メソポタミアの知恵にまで開かれているのは驚くべきことである。金言は、固有の一貫性を失わずにイスラエルの信仰の中に受け入れられている。それゆえ、この書の格言のうち直接宗教的なことに関わるのは七つのうち一つの割合にすぎず、その特徴は人間の知恵、生き方を説いていることにある。

新約は、これらの格言を軽んじるどころか、これらの引用やその内容のほのめかしは約五〇にのぼる。

『コヘレトの言葉』〔『伝道の書』〕

『コヘレトの言葉』は、西洋に最も強くショックを与えた書の一つである。何度も繰り返される「何という空しさ、すべては空しい」や「太陽の下、新しいものは何もない」は、その名も「ヴァニタス」という一七世紀に黄金時代を迎える絵画ジャンルを生み出した。そして、それより前にモンテーニュのような大文学人が読書室の梁に『伝道の書』から一四の格言（全体で五七のうちの）を刻んでいたのである。

『コヘレトの言葉』は金持ちが書いたものとしかみなされなかったので、第一節にダビデの息子である王と書いてあることを根拠として、ソロモンが書いた、とずっと思われてきた。だが、それはすでに見たように、有名な人物を後ろ盾に据える、ユダヤの書かれたものの多くの習わしなのである。「仮託の書」と呼ばれる所以である。実際には、言語の状態や、義人がこの世で報われるという従来の信仰への異議申し立てから考えると、この書が作られたのは捕囚からの帰還よりずっとあとであり、おそらく紀元前三世紀半ば頃、パレスチナにおいてである。

ヘブライ語のタイトル『コヘレトの言葉』は、« Ecclésiaste » すなわち「集会者〔ギリシア語では「エクレシア〔Ecclesia〕」で、「教会〔Eglise〕」というフランス語はそこから来た〕に話しかける人」および——数多くの注釈者が言っているように——「人類の説教師」によって発せられた。

『コヘレトの言葉』は、歴史〔イスラエルの歴史も含めて〕、地理、神学を忘れさせ、人間の経験の中心に普遍的なものをおこうとした。そして、生全体の上に広がる死の影を考える。『コヘレトの言葉』は、今日のモラリストであるジョルジュ・ロディティが『完徳の精神』〔一九八四年〕の中で「目標の人」と名づけたものを断罪する。努力することやあくせくすることは空しい。知恵は気晴らし〔divertissement〕の中に〔五・一九〕、生きてあることのささやかな喜びに見出される楽しみの中に〔二・二四、三・一二、五・一七、八・一五、九・七〜一〇〕ある。わたしたちの子孫にとっても、明るい未来があるわけではない。

しかしながら、いくつかの節をありきたりの享楽主義と単純化するのは正しくないだろう。なぜなら、この世の慎ましい楽しみに触れようという呼びかけは、神の青白い光の中にあるからだ。禁欲主義も激しい熱狂もいずれも退け、穏やかな楽しみにいささか心惹かれる、というのが知恵である。穏やかな楽しみは、たとえはかないものであっても、神からの贈り物なのだ。

理解し難い神〔三・一一〕について神学的な考察はまったくない。神は単に創造主であり、道徳的法を作ったものであり、裁くものである（三・一七、一一・九、一二・一四）。しかし、神はどんな価値に基づいて、いつ裁くのか？　『コヘレトの言葉』は、束の間言及されるこの世での報い（八・一二〜一三）を従来のように思い出させるか、それとも、義人はこの世で長く幸せに生きるという古くからの説は実際の経験に一致しないという辛辣な総括をあえて述べるかで迷っている。とりわけ、この総括が瞑想を前進させるばねの一つになって、強迫観念のように繰り返される。そのため、イスラエルの賢人である著者は――ベケットよりも前に――行く手にはシェオール〔黄泉の国〕の亡霊の夜しかない生をあくまで生き続けることを運命づけられているのを悲しむ。驚くべきことは、そしてラメント〔死者に哀悼の意を示す音楽〕の最も胸を打つ矛盾は、それでもなお道徳律を守れ（一二・一三）、という呼びかけが一種の実践理性の要請、すなわち神の審判があることをおおよそ示していることである。しかし、コヘレトは、カントとは違って、イスラエルでは紀元前二世紀より前には知られていなかった魂の不死をはっきり前提とするには至っていない。

『コヘレトの言葉』がわたしたちに残すメッセージは、移ろうものの中の平穏をやむなく称讃することにある。『コヘレトの言葉』は、不信仰の模範を示しているのではなく、知恵に関する旧約の諸書におよそ特徴的な弱い信仰規律とでも呼べるものを提示している。そこから、これら『知恵の書』の継承者の一人で、『知恵について』（一六〇三年）の著者であるピエール・シャロンの宗教的正統性が疑われることになる。イスラエルと神の契約について語らないテクストにある弱い信仰規律、モーセ五書への熱狂もなく、祈りの中で喜びをほのめかすものは一つもない。『コヘレトの言葉』は、預言者たちの熱情をまったく欠いており、イスラエルの不実を嘆くのではなく、生きるという刑罰を嘆く。ヨブの反抗、そのエネルギー、そして神に対して起こそうという訴訟、それらすべては『コヘレトの言葉』とは無縁のものである。憂えるコヘレトの言葉は、あたかもラ・ロシュフーコーのように、「すべては空しい、風を追うようなものだ」というたった一つのテーマのあらゆる類いのヴァリエーションを生み出してやまない。

『シラ書』の知恵

シラシド、あるいはシラの息子は、紀元前一八〇年頃にヘブライ語で書いたエルサレムの律法学者である。紀元前一三二年の少しあと、彼の孫がエジプトで彼の書を翻訳した。ヘブライ語の原稿があまり確かなものと思われなかったためか、それとも書かれた時が遅かったせいか、いずれにせよ、彼の書はヘブライ語聖書の正典とはされていない。カトリック聖書の中にはギリシア語訳が入っている。

タイトルは長いあいだ《Ecclésiastique》として広まっていたが、これは「集会の書」という意味で、その起源は紀元前三世紀はじめに遡る。このタイトルの所以は、改宗者の洗礼準備の中の典礼で使われるからである。

『シラ書』は、系統だった構成をまったくとっていない。とはいえ、二種のまとまりが見て取れる。まず知恵を執拗に称讃する。そのために多様な格言を援用するが、あちこち脱線もする（第一章～第四二章第一四節）。次いで、一種の聖史。ネヘミヤまでの旧約の最重要人物を並べ立てる（第四二～五〇章）。また、全世界における神の栄光を讃え（第四二～四三章）、知恵についての詩で終わる（第五一章）。

紀元前一八〇年には――『コヘレトの言葉』での言及にもかかわらず――義人はこの世で報われ

る、という確信が生きていたのは驚くべきことである。イスラエル人たちの不死思想が確言にまで至ったのは、四半世紀後の暴君王アンティオコス四世・エピファネスの迫害のせいであり、それはプラトンよりかなりのちのことである。この書の著者は、ヘブライ語聖書の正典が三つの部分、すなわち律法、預言者の書、その他の書から成るのを知っていた（序言、三九・一）。この書は、遅咲きのギリシア文化の影響に脅かされていたイスラエルの信仰の現状を調べ、さらにそれを擁護する意思を表している。

『シラ書』の知恵は、ヘブライ語聖書には入っていないが、数世紀にわたってシナゴーグの黙想を育《はぐく》んだ。『ヤコブの手紙』の中に、この知恵を見ることができる。この書は、明快さゆえにカトリックの典礼において最も利用されている旧約のテクストの一つである。

『知恵の書』

『コヘレトの言葉』と同じく、『知恵の書』はソロモンに仮託されている（第七〜九章）が、『知恵の書』の場合は文学的技法にすぎない。紀元前一世紀末頃に直接ギリシア語で書かれたこの書は、ヘブライ語聖書には入っていない。カトリック聖書では、旧約のうち最も新しい書である。

著者は、おそらくアレクサンドリアのユダヤ人である。この著者はギリシア文化に精通しており、その影響に抵抗している。そのために三つの視点からイスラエルの信仰を再度明確に示す。まず、不信心者は罰を受けてやり込められるのに対して、義人には不死の幸せな運命が約束されることを詩的に思いめぐらす（第一〜五章）。次に、物事の核心に隠されている知恵、全存在をかけてそれを探し求める人には現れる知恵を讃える（第六章〜第一一章第三節）。最後に、この知恵の表出として出エジプトを想起する（第一一～一九章）。

『知恵の書』の思想は高みを目指し、魂の不死についてのプラトンの『パイドン』の考察をも含む（二・二三、六・一八～一九）。知恵は創造者でもあり、神のあらゆる業の協力者でもある。知恵は全世界を統《す》べ、義人に霊感を与える。キリスト者は時として知恵を強く擬人化するあまり、神の人格あるいはキリストあるいは聖霊と同一視することもしばしばあった。

「知恵」を手に入れるのを理想とすると、静謐、世界の秩序の遵守を求めることになる。これは、とりわけストア派哲学の特徴である。モンテーニュやスピノザのような人物においても、この「知恵」を求める理想はまだ非常に強かったが、人間のプロメテウス的野心や「世界を変える」（マルクス）とか、社会を社会政治的に組織化しようという欲求が明らかになるにつれて弱まってくる。おまけに、一九世紀の後半から、文人や哲学者たちは賢者の隠棲よりも燃えるような生を生きるように呼びかけるようになる。ボードレールは、ぶどう酒にせよ、麻薬にせよ、旅にせよ、酔うこと（『パリの憂鬱』の中の「酔いたまえ」）と「旅への誘い」を詩に歌った。ランボーは「風の靴底をもつ男」と綽名された。ニーチェは踊れる神を欲したようだし、アルトーはトランス状態を勧めた。エロティシズムや激しいリズムの音楽、「快楽にふける」夢など、すべては知恵の威信を減じるものだった。しかしながら、知恵の魅力がまったく消えたわけではない。前述のような興奮状態には飽きてしまうものである。誰でも孤独と静寂を必要とする。そのため、インドへの巡礼に向かったり、仏教に惹かれたりする者たちも見られた。しかし、そのようなまったく個人的な生き方に少し戻ろうという風潮があっても、聖書の『知恵の書』の類いはそのおかげはあまりこうむらなかった。いつの世にも人を惹きつけてきた『コヘレトの言葉』を別として。

フランスでは、『知恵の書』の類いの黄金時代は一七世紀である。バロック詩の中にも、ヴァニタス絵画にも、これらの書の影響は大きい。一六五〇年代からは、いわゆる「フランス・モラリスト」と呼ばれる人たちの列の先頭が現れる。ラ・ロシュフーコー、パスカル、ラ・ブリュイエールである。ポール＝ロワイヤルが旧約の翻訳を企てるのは、このような空気の中である。ゆえに、まず『箴言』から始めて（一六七二年）、次に『コヘレトの言葉』（一六七三年）にとりかかったのは驚くにあたらない。また、マリー＝エレオノール・ド・ロアンが『箴言』、『コヘレトの言葉』、『知恵の書』について書いている『賢人のモラル〔*La Morale du Sage*〕』（一六六七年）や、ミシェル・ブトーの『知恵の教え〔*Les Conseils de la Sagesse*〕』（一六七七年）のような著作も現れる。ラ・フォンテーヌの『寓話』第二集（一六七八年）には『知恵の書』の類いの影響が如実に表れている。大世紀が終わる間際に、フェヌロンが『テレマックの冒険』を刊行（一六九九年）した――これはペローの『童話集』と並んでフランスのベストセラーとされている――が、この中の主人公は擬人化された知恵に導かれるのである。

『知恵の書』の類いの大部分は短文形が支配的であること、格言や箴言のあいだにつながりがないことから、「フランス・モラリスト」は簡潔と不連続の選択を習わしとし、ニーチェもまたそれらをよしとした。

『箴言』の二つのテクストについて

知恵は隠された宝（二・一～四）であり、キリストはそのイメージからたとえ話を作り出した（『マタイによる福音書』一三・四四)。すなわち、真のキリスト教徒は、この宝が埋められていると知っている土地を手に入れるために、もてるものをすべて売り払うというのである。第八章と第九章——この二つが『箴言』の極致である——では、知恵は主の創造の業に結びつけて、以下に見るような節で讃えられた。これらの節は甚大な人気を博する。

神はその道のはじめにわたしを造られた。
いにしえの御業になお先立って。
永遠の昔、わたしは祝別されていた。
太初、大地に先立って。
わたしは生み出されていた
深淵も水のみなぎる源も、まだ存在しないとき。[…]
わたしはそこにいた
神が天をその位置に備え[…]
大地の基《もとい》を定められたとき。
御もとにあって、わたしは巧みな者となり
日々、神を楽しませる者となって
絶えず神の御前で楽《がく》を奏し
神の造られたこの地上の人々とともに楽を奏し
人の子らとともに楽しむ。

大方の推察するように、キリスト教徒たちはこれらの節をキリストに向けた詩として読んだ。イエスは、自身が神の知恵であるとそれとなく言っていた（『マタイによる福音書』一一・一九）し、『箴言』のこれらの章の中の知恵の呼びかけを何度も繰り返している。「わたしのところに来なさい。〔…〕わたしに来る者は決して飢えることがなく、わたしを信ずる者は決して渇くことがない」（『ヨハネによる福音書』六・三五、『箴言』九・一〜六）。『ヨハネによる福音書』と『コロサイの信徒への手紙』の荘厳な冒頭は、創造の源にキリストがいることを讃えている。

パスカルが『パンセ』（断章一八二）で見事な擬人法による文章をものしたのは、『箴言』に倣って神の知恵に話させたことによる。また、『テレマックの冒険』の中で真の知恵の陽気さを讃え、女音楽師に模すようなインスピレーションをフェヌロンに与えたのも、まさにこれらの節である。二〇世紀には、冒険家アラビアのロレンスが、その代表作『知恵の七本の柱』（一九二六年）で第九章の冒頭を引いている。「知恵は自分のために家を建て、七本の柱を刻んだ」、すなわち——七という数字が象徴するように——知恵はその尊厳にふさわしく王侯の住まいにいる、ということである。

そして最後に、数千年を貫く知恵と愚かさの弁証法がある。愚かさもまた人格化されることがある（九・一三〜一八）。聖パウロによって整えられた——知恵か、それとも十字架の愚かさか（『コリントの信徒への手紙』一、一・一八〜三一）——この弁証法の最も権威のある礼賛者は、人文主義の第一人者にして、かのきわめて有名な『痴愚神礼賛』（一五一一年）の著者であるエラスムスである。痴愚神は人間の仮装舞踏会を朗《ほが》らかに風刺し、次いで不思議にも十字架の愚かさになりきる。エラスムスは、ソロモンとソクラテスとキリストの和解を図るのである。

こういった知恵の肖像（第八、九章）に対して、エピローグには有能な女の肖像、女性の中の性格の力を賛美するアルファベット詩がおかれる。今日のわたしたちの目にはもう文化的に時代がかった感じがするとしても、この肖像は女性の偉大さを明示するのに重要な役割を果たした。ルイ一三世の治世の終わり頃は、アンヌ・ドートリッシュが摂政（一六四三年から）を務め、教養豊かなスウェーデンのクリスティーナが一六四四年に即位するという時代であって、ローマのクレリア、ユディト、ジャンヌ・ダルクなどの名高い女性たちを賛美する作品が次々に出された。著名な作家ピエール・ル・モワーヌが一六四七年に『有能な女性たち一覧』を刊行し、この書はその後もたびたび版を重ねた。

「神を畏れることは知恵のはじめ」という格言（一・七）は、ユーモラスに世俗化されて「憲兵を恐れることは」となって残っている。二〇世紀には、音楽家ダリウス・ミヨーが《箴言カンタータ》を作曲した。

「何という空しさ、コヘレトは言う」

モンテーニュは『エセー』の最も重要な章の一つ「空しさについて」を、彼にとって大切な本への賛辞で次のように始めている。「神がわたしたちにこれほどはっきり示されたことを、理解力のある人たちは注意深く、絶えず思いめぐらさなければならないだろう」。そして、一世紀弱ののち、パスカルはカトリックの世界観を擁護する（断章七〇）のに、『コヘレトの言葉』の繰り返し「何という空しさ」の一連のヴァリエーションで戯れることから始めようとした。学問の空しさ、恋愛の空しさ、絵画の空しさなどを、以下のような視点で描くのである。

この世の空しさを見ない者は自分自身が空しい。騒がしさや気晴らしにかまけ、また未来のことを考えている若者たちを除いて、いったい誰が空しさを見ないだろうか。彼らから気晴らしを取り上げれば、たちまち退屈でまいってしまう。
するると、彼らはそうと知らずに彼らが無であると感じる。なぜなら、自分のことだけを考えざるをえなくなって、そこから気を紛らすことが全然できなくなるや否や、耐え難い悲しみに襲われる、というのはまったく不幸なことだからだ。

モンテーニュからパスカルまでの時期にも、バロック詩は『コヘレトの言葉』のテーマを絶えず敷衍していった。たとえば、シャシニェは一五九四年に次のように書いた。

虚偽の夢、つかのまの、とりとめもない
移り気な夢より空しいものがあろうか？
しかしながら、生は、とりとめもない、
移り気な、つかのまの夢のごとし。

一六六〇年には、ブレブフが書いた。

物質の底の全壊した魂、

傲慢な灰、横柄な埃、
不遜な虚無、果敢な亡霊、
ついにお前の低俗に目を開こうとせよ。

ここには、『創世記』(三・一九)に影響されたコヘレトの一節「すべては塵から来て、すべては塵に帰る」(三・二〇)を認めることができる。この節は、四旬節、すなわちキリストの受難と復活の儀式を行う準備のために、キリスト教徒が祈りを込めて大斎を守る四旬節のはじめの日である灰の水曜日の典礼に使われる重要なものである。このたった一つの節が、多くの詩を生み出した。たとえば、一六〇一年のピエール・モタンの以下の詩のように。

お前は灰にすぎないことを思い出せ
そして、まもなく降りていかなければならないことも
暗い墓の底に、
そこでは土がお前を引き取り
そして灰がお前を迎えるはずだ。

文学と造形芸術のあいだの絆がこれほど緊密だったことは珍しい。絵画では、〈ヴァニタス〉と呼ばれる作品が数多く描かれたが、この名称自体が――すでに見たように――『コヘレトの言葉』から来ていて、しばしば画面に〈ヴァニタス〉という名称が書かれたり、「何という空しさ」という繰り

返しの文句が書かれた帯状飾りがつけられていたりもする。〈ヴァニタス〉には、頭蓋骨とか砂時計、枯れた花、半分壊れた本、弦の切れた楽器などが描かれていて、はっきりそれと分かる場合もあるし、画面には一見楽しそうなものが数多くあるのに、そのただなかに死の作用が見て取れる、というように暗々裏に示されている場合もある。空しさを描いた文学のうち、衝撃的な二作が数年の間をおいて刊行された。一つは空しさが明示されている『アンリエット・ダングルテールの追悼演説』（ボシュエ、一六七〇年）で、全体が『コヘレトの言葉』のエピグラフのもとにあり、もう一つは暗々裏に空しさが表されているラファイエット夫人の小説『クレーヴの奥方』（一六七八年）である。後者のヒロインは、はじめ祝祭や舞踏会、馬上試合などの華々しさに心を奪われ、のみならず恋愛沙汰の魅惑にもつきまとわれさえしていたが、次第に「社交界」から離れていき、多くの絵に描かれたマグダラのマリアのように、されこうべ〔頭蓋骨〕と砂時計にたった一人で対峙することになる。

『コヘレトの言葉』のライトモティーフのうち、三つが今もフランス語の表現に残っている。うち二つは、すでに指摘した「何という空しさ、すべては空しい」（一・二など）と「太陽の下、新しいものは何一つない」（一・九）であるが、もう一つ「何事にも時がある」（三・一〜八）。加えて、もう二つのライトモティーフが残っている。「一人者は不幸だ」（四・一〇）と「犬でも、生きていれば、死んだ獅子よりましだ」（九・四）。

音楽の領域では、癌にかかってすでに病状が進んでいたヨハネス・ブラームスが《四つの厳粛な歌》（一八九六年）の中に精神的遺言を込めたが、これは宗教に着想を得たロマン主義音楽の傑作の一つである。これら四つのリート〔歌〕の歌詞は、ブラームス自身が選んだ。最初の二つは『コヘレトの言葉』から来ていて（三・一九、四・一）、三番目は人を解放する死の賛歌で『シラ書』（第四一章）

から来ている。そして、最後の歌詞は聖パウロの『コリントの信徒への手紙』一（一三・一）を借りている。ブラームスは、こうして愛徳を賛美して終わる。最近では、一九六〇年代にジョルジュ・ミゴが、カンタータ《コヘレトの言葉》を作曲した。

『シラ書』の明快さ

『シラ書』は典礼の中に数多く使われている。それは、その明快さと、格言が単純で一般受けすること、聖史全体を通して神の偉大さを讃えている最後のセクションがあることによる。『シラ書』には、しばしば引用される部分が二箇所ある。知恵の賛歌（二四・一〜二二）および人間の惨めさの喚起（四〇・一〜一一）「重い軛《くびき》がアダムの子孫にのしかかっている」である。知恵に関する他の書と同様、『シラ書』もルイ一四世時代のフランスの作家たちによく知られていた。あらゆる種類の典拠から材料を集めたラ・フォンテーヌにして、『シラ書』の第一三章の中だけでも、彼の『寓話』の土鍋と鉄鍋、狼と子羊、「ペストにかかった動物たち」に登場するロバとライオンなど、少なくない主人公に出会うのはまことに興味深い。

しかし、かくのごとく一般受けするために、また中身が部分的に引用されがちであるために、まるごと影響力のある取り上げ方はされなかった。

『知恵の書』の慈しみと力

『知恵の書』は、そのあたたかい抒情で人を魅惑する。この書にある多くの表現が、人々の記憶に刻まれた。知恵は「神の力の息吹であり、全能者の栄光から発する純粋な輝きであり［…］、永遠の光の反映、神の威厳を映す曇りのない鏡、神の善の姿である」(七・二五〜二六)。第八章の第一節は、知恵を「力と慈しみをもってすべてをつかさどる」ものとして描く。慈しみと力を結びつけることは、フェヌロンが『テレマックの冒険』の中で理想としたところである。パスカルは、宗教に関して強制に訴えることをいかなる場合もきっぱりと否定するために知恵に頼る(断章二〇三)。

すべてを穏やかに按配される神の導きの結果、宗教は理性によって精神に入り、恩寵によって心情に入るものである。しかし、力と脅しによって宗教を精神と心情の中に入れようとすると、宗教ではなく、恐怖が入ってしまう。「宗教ヨリモムシロ恐怖ヲ」。

知恵は「長さや、数や、重さにおいて」すべてに均衡がとれるよう計らわれた(一一・二一〔新共同訳では、一一・二〇〕)。この節は、自然は数学の言葉で書かれている、というガリレオの確信を予告するものである。

『知恵の書』には、ユダヤ一神教とギリシア哲学の融合の兆しが見える。おそらく『知恵の書』は、この融合が完全に実現するはずの大都市アレクサンドリアで書かれたのである。プラトン主義の影響は、たとえば、よく引用され、とりわけ聖アウグスティヌスが親しんだ「朽ちるべき身体は魂の重荷となり、この地上の幕屋は悩む心を圧迫します」(九・一五)というような表現に表れている。

一六九四年には、ラシーヌが『宗教的頌歌』の第二幕を『知恵の書』第五章「義人の幸福について、および神に見放された者の不幸」に捧げた。

いかなる深き苦しみに
ある日、浸されることか
主よ、この世で酔い暮らしている
これら無分別な者は、
突然終わりが来て
空しき影の過ちを悟り
影は去り、決して戻らない、
彼らの目は深淵の底から
あなたの気高い王座の傍らに
選ばれた者たちが輝くのを見ることになる！

この頌歌は、作られるとほとんどすぐドラランドによって、またパスカル・コラッス（リュリの弟子の一人）によって作曲された。

旧約についての説明を終える前に、旧約全体を見渡してみよう。旧約が西洋文化の中で計り知れないほどの大きな役割を果たしたことは明白である。『創世記』のはじめの一一章——アダムとエバ、エデンの園と楽園からの追放、カイン、ノアの洪水、バベルの塔——は、西洋文化において神話の役をなした。この宇宙生成の物語は、のちの世代に、彼ら自身がおかれている状態、すなわち彼らは偉大と悲惨のあいだにあり、神の似姿でありながら死にも直面していることを教えたのである。

族長たちの物語は、彼らの時代の穏やかな夢想を育《はぐく》んだが、それはたとえばクロード・フルーリなる人物が『イスラエル人たちの風俗』（一六八一年）の中で展開して大成功を収め、ジャン゠ジャック・ルソーのテーマを予告したようなものである。すなわち、かつて質素と徳の時代があったが、文明の進歩によって堕落した、というのだ。しかし、ヤコブ、ヨセフ、それにとりわけアブラハムこそが、キリスト教徒の信仰を絶えず支えてきた。

荒野の横断は、新しい人生に入るため試練に打ち勝って成長するのを手ほどきするもので、キリスト教徒のあらゆる歩みのモデルとして読まれ続けてきた。ダビデの詩編は人類に類い稀な抒情詩集だが、これこそが魂にとっての理想的な糧《かて》である。そして、ソロモンは知恵の模範を提供した。数千年という限られた歴史の枠の中で、他にもわたしたちの心を落ち着かせるあらゆる類いのなじみの登場人物が戦いと夢の中に宿ってきた。ヨブとコヘレトの言葉は人生の暗い時期に、そしてもっと明るい時期にはユディト、エステル、トビト、ダニエルなどが……。

預言者たちは冴えた言葉で、唯一神の卓越性と富者による貧者の抑圧という破廉恥な行為とを、同時に喚起した。内面性と個人的責任を肯《うべな》うことで、人格の絶対性をかいま見せた。一方、彼らの預言が地方主義的でイスラエルの小さな民族に限定されるものという性格は消えた。

この豊かなテクスト世界を照らした太陽は、ほかならぬ雅歌、すなわち新約の核心となる愛なる神の賛歌である。

新約聖書

第1章　新約の極致——四福音書

「イエスが宣教を始められた時は、およそ三〇歳だった」(『ルカによる福音書』三・二三)、もっと正確に言えば、三二歳くらいだった。イエスの宣教は、およそ三年間続いた。イエスは、ポンティオ・ピラトがユダヤ地方のローマ総督だった時に亡くなったが、それは紀元三〇年四月七日金曜日のことで、三五歳くらいだった。

数ヵ月後、イエスの弟子たち——イエスが墓に入れられてから三日目に復活したことを信じていた——は、すでにおびただしい数になっていた。弟子たちは、まずユダヤ人たちに、イエスの出現は彼らが待ち望んでいたメシアの到来であることを告げ、その後、特に四五年からは、宣教の範囲を地中海沿岸の異教徒にまで広げた。受肉した神が歴史の中に現れたことの「良き知らせ」——「福音〔évangile〕」の意味——の公表については、『使徒言行録』がさまざまな例を提供している。

当然考えられるように、キリストの地上生活をともにした人々は、彼らが衝撃を受けたエピソードやキリストの最も際立った言葉をいつもよりどころとしていた。それゆえ、短い話または「ペリコペー」と呼ばれるものが人から人へ伝わるようになった。すなわち、象徴的価値のある癒しが行われたとか、懐疑的あるいは敵対的なユダヤ人グループと論争したとか、召命とか、信仰のしるしとか、決定的な瞬間(〈変容〉と〈ゲッセマネの園での苦悶〉のごとく相反する二つのエピソードのような)の話である。また、同時にイエスの「ことば」集が作られ始めた。これらの小エピソードがどんなものか知りたい人は、『マルコによる福音書』をよく読みさえすればよい。この福音書では、パズルのピースが容易に見て取れる。一方、「ことば」集については、『マタイによる福音書』の中に五つ見出される。

四人の福音記者は、福音書を書き始める前に、大部分が書きとめられていた口述伝承をすでに手にしていたことになる。手にしていたそれらの材料を、彼ら一人一人はどのように系統立てたのか？　彼らが採った順序は、それぞれの記者の性格にも影響されたし、どういう人たちに向けて書くか、目標が何かによっても異なった。ただし、一つの例外がある。イエスの受難の推移、すなわちエルサレムへの祝祭的な入場から墓に入るまでのことは、四つの福音書にほとんど同じように書かれている。それほど、これらの決定的な日々のことは強く記憶され、こまごまと正確に伝えられたのである。

この作成の過程を詳細に明らかにしようとすれば、まず年代が古い三福音書――マタイ、マルコ、ルカ――に取り組むことになる。なぜなら、この三福音書の共通点はすぐ目につくからである。これら三福音書はしばしば同一のエピソードを語っているので、三つの欄を作ってそれらのエピソードが比較されるに至った。そのため、これら三福音書は「共観」福音書と呼ばれる。すなわち、これら三つをまとめて読むことができるのであり、相互の類似と相違を研究することを指して「共観問題」と呼ぶ。たとえば、イエスの物語や言葉のうち、三人の福音記者全員によって紹介されているものもあり、二人の場合も、ただ一人の場合もあるのだ。これらのデータを厳密に検討して到達した結論は、今日全面的に承認されている。すなわち、『マルコによる福音書』が最も古い。マタイとルカは『マルコによる福音書』を知っていた。マタイとルカは『マルコによる福音書』以外にそれぞれ固有の資料をもっていただけでなく、今日失われてしまった「Q資料」と呼ばれる（ドイツ語の« Quelle »

「源」という語から）ことば集も使うことができた。これらの状況を示すと、上のような図になる。

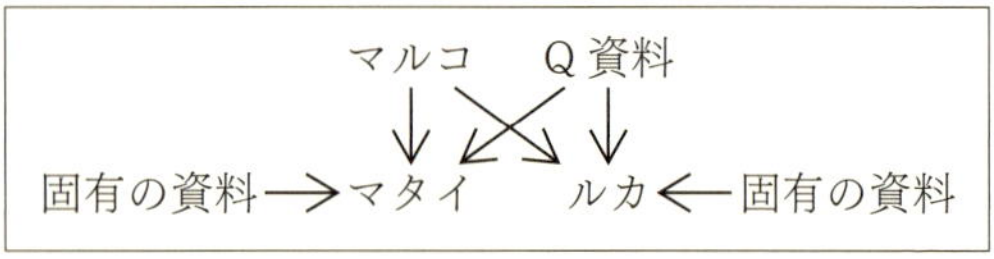

この総括は、一八三二年にドイツの聖書学者シュライエルマッハーによって提示され、共観福音書を厳密に読もうとする時に最も役立つものであり続けている。第二次世界大戦以降、この図をもっときめ細かいものにする仮説が立てられはしたが、仮説にとどまっている。

共観福音書は、イエスのエピソードや発言をキリストがガリラヤからエルサレム、そして受難に向かって次第にのぼっていく過程に沿って整理している。一方、一世紀末の九〇年代に使徒ヨハネはみずからのイエス体験に応じて、また、よくよく考えた少数のエピソードに限定して、共観福音書を補充しようと決めた。使徒ヨハネのおかげで、わたしたちは主の移動についての正確な事実を数多く知ることができる。彼はイエスの教えをたくさんの内容豊かな言説にまとめている。中でも最もよく知られているのは、イエスが逮捕されて死に至る前の遺言とも言うべき素晴らしい対話である（第一三章第三一節～第一七章）。

これら四つの福音書は、正統な信仰表明として、また、すべての人にとって生き方を律するものとして、原始キリスト教共同体から認められた。二世紀から洪水のように出現する「聖書外典」と呼ばれる空想的あるいは常軌を逸した文書とは一線を画しているのである。

キリスト教美術では、四人の福音記者を表すのに四つのシンボルが使われた。人間としてのキリストの系図とヨセフに現れた主の天使の夢から話を始めたマタイは天使あるいは人、荒野から始めたマルコは獅子、動物を捧げる場所である神殿から始めたルカは牛、福音書のプロローグからすでに感じられる至高の気高さがあるヨハネは鷲、という具合である。

『マタイによる福音書』

『マタイによる福音書』は、長いあいだカトリック教会で特別扱いされてきた。それは、とりわけ主の数多くの言葉が五つのまとまりになって書かれているからである。その中には、有名な山上の説教（第五～七章）がある。

聖エイレナイオス（一八〇年頃）の証言によれば、マタイは「ペトロとパウロがローマで福音を説いていた時期」にヘブライ語で福音書を書いたということである。この文書は失われたようだが、のちにギリシア語で、おそらくシリアで八〇年頃に内容を増やして再度書かれたようである。著者はしばしばマタイ＝レビとされ、収税吏をやっていた彼をキリストは弟子の一人になるよう招いた（『マタイによる福音書』九・九～一三）。ともかく、マタイはユダヤ教の伝統を非常によく知っていて、宗教的権威者たちを非難し、キリストの受難におけるその責任を強調している。マタイは、ユダヤ教徒からキリスト教徒になった者たちのために書いており、イエスこそ預言者たちが予告したメシアであって、イエスはモーセの律法を廃したのではなく、その精神的完成をもたらしたのである、と明示している。イエスが設立した教会は、全世界に広がっていく。すなわち、イエスは燃えるような生き方を提案し、一つ上の現実、「神の王国」に入るよう、あらゆる人に提案しているのである。

『マタイによる福音書』全体の配置は、一つの神学的ねらいに従っている。幼年時代（第一～二章）

と先駆け洗礼者ヨハネ（第三章）の紹介のあと、ガリラヤでの宣教が始まる（第四〜一三章）。そこから主はエルサレムに向かう（第一四〜二〇章）。エルサレムでは苦しみと死と復活が自分を待っていることを、主は知っている（第二一〜二八章）。

この進展のあいだに、五つの中断部分が置かれている。そこにマタイはキリストがさまざまな状況で発したことばを集めている。山上の説教（第五〜七章）、弟子たちによる天の国の予告（第一〇章）、この不思議な天の国についての七つのたとえ（第一三章）、天の国の子供たちについての話（第一八章）、最後の審判とともに世の終わりが来るのを待つことについての話（第二四〜二五章）である。

マタイによって描かれたキリストは、知恵と、聞く者に強い印象を与えて戸惑わせる権威に満ちた典型的な主として現れる。

『マルコによる福音書』

「ペトロとパウロの死後、ペトロの弟子にして代弁者であるマルコが、ペトロの宣教内容を書き残した」とするリヨンの聖エイレナイオスの証言は、聖書解釈研究の進展によっても否定されることはなかった。マルコはイエスが死んだとき、ごく幼かったが、彼の母親が初期の弟子の一人だった。はじめパウロの同行者であったマルコは、六二年から六三年頃、ペトロとともにローマにいた。パウロとペトロが悲劇的な死を遂げたことから、マルコはイエスの軌跡を文書で完全に残そうという考えを強めた。どの福音記者も、確かに網羅したとは言い難いにせよ、主の足跡全体をたどった物語を提示しているからである。

マルコは、六四年頃にローマにおいてギリシア語で福音書を書いた。そのせいで彼の福音書にはラテン語風の言い回しがあり、ユダヤの習慣を知らないことが多い人たちに説明しようとする傾向がある。この頃はキリスト教徒迫害の空気があったから、『マルコによる福音書』のほぼ半分をキリストの受難と復活が占めている（第八章第三一節〜第一六章）のも当然と思われる。受難についての以下の一節には、おそらくマルコの自伝的な筆致を見るべきだろう。「皆はイエスを見捨てて逃げてしまった。一人の若者が布を身体に巻いただけの姿でイエスに従った。捕われたが、布を脱ぎ捨て、全裸で逃げ去った」（一四・五〇〜五二）。

『マルコによる福音書』の中心には、イエスと一緒にいる者たちの心を離れない疑問と困惑が支配している。いったいぜんたい、この男は誰なのか？　この前代未聞の人物の秘密を解明するのに成功した者は誰もいない。イエスに最も近い弟子たちといえども、少なくとも長いあいだできなかった。当初、主はみずから覆いのかかったようなやり方でしか話さなかったので、その霊的メッセージは人間として勝ち誇ったメシアを待望していたユダヤ人を失望させた。神がこうして秘匿していた身分は、イエスが予想外のメシア、神の子であることが明らかになる最期の時（一四・六一〜六二）に初めて明かされる。マルコは、使徒たちの無理解、信ずるに遅いことを強調する。復活の出来事だけが、次いで復活したイエスが一度ならず出現したことが、彼らの疑いを一掃し、人である神が現存した三年間に弟子たちが感じていた不可解を解明するのである。

『ルカによる福音書』

『ルカによる福音書』は、キリスト教信仰の源、すなわち洗礼者ヨハネの生誕から六〇年代はじめの聖パウロのローマへの到着にまたがる時期を描いた作品の第一巻をなしている。この第一巻はまもなく第二巻と切り離され、後者は『使徒言行録』というタイトルになった。この福音書の著者がパウロの同行者ルカであるとされたのはごく古い時期で、決定的に疑問に付されたことはない。福音書が書かれたのは、六五年から七〇年頃である。ルカはおそらくシリアのアンティオキア出身で、他の福音記者たちよりもきれいなギリシア語で書いている。

他の二つの共観福音書と同様、ルカはイエスの幼年時代（第一～二章）の物語のあと、地理的かつ神学的な進み方を採っている。ガリラヤでの宣教始め（四・一四～九・五〇）からエルサレムに向かってのぼっていき（九・五一～一九・二八）、受難と復活の前の最後の教えまで（一九・二九～末尾）。ルカのキリストが印象づけているのは、神の慈愛、疎外された人の迎え入れ、そして「富んでいるあなたがたは不幸である」（六・二四）という恐ろしい言葉で解脱と貧困をよしとしていることである。ルカの控えめな技巧とその感受性が、この福音書の文章全体に生気を与えている。心の中には聖霊が強く働いていると確信しているルカは、喜びの福音記者である。ルカだけがイエスの生の最も感動的なエピソードの多数に言及している。マリアへの受胎告知（一・二六～三八）、飼い葉桶の中での誕生（二・一～二二）、神殿で律法学者たちのあいだにいる少年イエス（二・四一～五二）、マルタとマリアの姉妹（一〇・三八～四二）、悔い改めた犯罪人への許し（二三・三九～四三）、エマオの弟子たちの忘れられない話（二四・一三～三五）。同じくルカだけが最も美しいたとえ話のいくつかをわたしたちに残してくれた。善いサマリア人（一〇・二九～三七）、放蕩息子（一五・一一～三二）、不正な管理人（一六・一～一三）、ファリサイ派の人と徴税人（一八・九～一四）のたとえである。

『ヨハネによる福音書』

第四の福音書は、おそらく九〇年頃にエフェソで書かれた。これが使徒ヨハネの作であることは、すでに二世紀末に聖エイレナイオスによって証明されていた。三つの共観福音書とは大変異なっており、より正確であることが多い。受難と復活を除けばわずかな出来事を語っているにすぎないが、その及ぶ範囲は深くなっている。そのせいで、多くの頁でゆっくりと思索が行われる。ヨハネはイエスの神性を強調する。一世紀末からすでに現れていた前期グノーシス的傾向には対立する。

この福音書の物語はいくつかのはっきりまとまった部分に分かれているが、全体の構成については議論が多い。印象的なのは、年代に言及することが頻繁にあることと、祭りの果たす役割である。そういうわけで、『ヨハネによる福音書』が新しい契約を持ち上げるために旧約の祭儀の廃止を表明している、といった典礼的な解釈が呈された。稀に見る高揚したプロローグのあとに、第一「週」は、人間のところに来てとどまる神の知恵の華々しい出現を紹介している（一・一九～二・一二）。次いで、エルサレムで初めて迎える過越祭（第二章第一二節～第三章）、サマリアの女との素晴らしい対話（第四章）、何の祭りか確定されていないがエルサレムにおけるもう一つの祭り（第五章）、命のパンについての談話（第六章）、仮庵祭《かりいお》と姦通の女の許し、生まれつきの盲人の癒し（七・一一～一〇・二一）、神殿奉献記念祭とラザロの復活（一〇・二二～一一・五四）、そして最後に受難の過越祭（第一一章第五五節～第一九章）。『ヨハネによる福音書』は、始まりのごとく終わりにもある一つの「週」が書かれて終わる。復活したキリストのさまざまな現れ（第二〇章）が書かれる。最後の章（第二一章）は、ヨハネのまわりの人たちの加筆であるらしい。

『ヨハネによる福音書』は、あらゆる創造に先立つ、神の子の受肉を賛美する。「アブラハムが生まれる前から、わたしはある」（八・五八）。神の言葉であるイエスは、証人であり、遣わされた者であり、使命を帯びた者である。その使命とは、この世の闇の中に神の栄光を明らかにすることである。この世は、みずからを疑問に付すメッセージに反対し、敵対する勢力なのである。人間の時間に完全に組み込まれたイエスは、一見挫折でありながら、死を通って神を賛美することでもある十字架の時に向かって進む。イエスを信ずる者は、まったく別の存在に生まれ変わる。永遠の生は、この世にある時にすでに始まっている。そして、目に見えない審判が行われる。歴史の終わりには、復活したキリストの帰還が心の奥底、自由が選択したものを明らかにすることになる。

幼年時代の二つの物語

広く知られていることだが、イエスの幼年時代の物語はマタイとルカにしか書かれていない。幼年時代を物語る章の神学的重要性をつかむためには、部分的に民間伝承化されているクリスマスを遠ざけることが重要である。

マタイはイエスの幼年時代の出来事をヨセフの目から語っている。主の天使（神ご自身）のヨセフへのお告げ、イエスの誕生と占星術の学者たちの礼拝、エジプトへの逃亡、罪なき子供たちの皆殺し、ナザレに帰国して住みつくこと。イエスがこの世に現れるとすぐユダヤ人の中には彼を拒絶する者たちがいたが、異邦人たちはイエスを認めた。誕生直後から脅かされたモーセの再来、かつモーセを超える者と思われた。

ルカはイエスのルーツ、すなわちマリアについて多くの言及を行っている。そして、旧約を閉じる洗礼者ヨハネとイエスを対比している。ヨハネの父親であるザカリアへの天使のお告げとマリアへの受胎告知、ヨハネの母親エリサベートをマリアが訪問すること、イエスの誕生、神殿におけるイエスの奉献、律法博士のあいだにいる少年イエス。『ルカによる福音書』の多くの節には、サムエルの再来としてのイエス、サムエルを超えるイエスが示されてもいる。

聖書外典である『ヤコブ原福音書』（二世紀）には、マリアの出産は洞窟で行われた、と書かれている。牛やロバは、イザヤの一節（一・三）から想を得た『偽マタイの福音書』（六世紀）から来ている。

マタイに出てくる学者は、おそらく占星術師であろう。もう一つ別の外典『幼年時代のアルメニア書』（六世紀）は、彼らを王として、ガスパール、メルコン（のちにメルキオールになる）、バルタザールという名で呼んだ。聖書には三つの贈り物と書いてあるので、三人になった。そこから、この三という数は当時知られていた世界の三つの部分（ヨーロッパ、アジア、アフリカ）を象徴するようになった。学者のうちの一人は黒人の王の姿になっているが、このような人物の特徴づけが美術に広まるのは一四世紀以降である。

教皇リベリウスがキリストの生誕祭を冬至の祭りの日に定めることにしたのは、三五四年である。ちょうどこれから日が長くなる時には、新しく昇る太陽がその勝利を明らかにするように見える。同じく、正義の太陽であるキリストもこの世に現れた、というただ一事によって闇に勝ったのである。〔フランス語でクリスマスを意味する〕「ノエル〔Noël〕」という言葉は、ラテン語の《Dies natalis》「生誕の日」から来ている。〔クリスマス恒例の〕真夜中のミサが始まったのは、エフェソス公会議（四三一年）からである。

次に、「クレーシュ〔crèche（馬小屋）〕」が現れるのは、一三世紀のアッシジのフランチェスコを待たなければならない。クリスマス・ツリーについては、ドイツでは早くも一七世紀初頭には例が見られたとはいえ、もみの木を立てる習慣がヨーロッパを手始めに広まったのは、一九世紀からにすぎない。最後に来るのは、サンタクロース。長い白鬚をはやして、フードをかぶり、袋を背負い、暖炉の前に子供たちへのプレゼントをおいていくサンタクロース。親たちがお利口さんではない子供たちを脅かすのに利用する鞭打ちじいさんを連れていることもある。サンタクロースというコマーシャル的な創作物は、二〇世紀はじめにアメリカ合衆国からフランスにやって来た。

山上の説教

どの福音書も、一章全体をイエスの言葉の紹介にあて、しかもそれをあちこちで繰り返している。たとえば、マタイでは第一〇章または第一八章である。聖ヨハネは命のパンについての談話を紹介している（第六章）が、聖体に言及しているその内容のおかげで、この秘儀を記念する祭儀が行われるようになった。それで、最後の晩餐の時の〔聖体の秘跡の〕制定の話は共観福音書とパウロの手紙によってすでによく知られているので、ヨハネは繰り返していない。ヨハネは、この最後の晩餐のあいだにイエスに長々と話させている（一三・三一～一七・二六）。この「今際《いまわ》の談話」はキリストとの神秘的な結びつき、三位一体の神とキリスト教徒の喜びについて語っており、宗教的にきわめて豊かなものであるため、キリスト教徒の最も内奥の瞑想と観想を育《はぐく》むものだったが、文化の中に真に広がりはしなかった。

しかし、有名な山上の説教や神の国の待望、世の終わりについてのたとえ話や講話はそうではない。

山上の説教は『マタイによる福音書』の第五〜七章を占めている。それらは、さまざまな機会に述べられた言葉を集めたものである。マタイは啓示の場所として山という象徴を好んだので、この講話を山の一つに位置づけたのである。おそらくティベリアス湖に沿っている至近の山脈のことだろうと思われる。ラテン語の《sermo》は「会話、談話」であって、現代の意味の「説教」ではない。この説教全体がキリスト教徒としてのあり方の真の憲章となっており、日常語の中にあらゆる種類の痕跡を残している。

説教は九つの有名な真福八端〔至福〕で始まっている。

心の貧しい人々は幸いである、
天の国はその人たちのものである。
柔和な人々は幸いである、その人たちは地を受け継ぐ。
悲しむ人々は幸いである、その人たちは慰められる。
義に飢え渇く人々は幸いである、
　その人たちは満たされる。
憐れみ深い人々は幸いである、
その人たちは憐れみを受けるからである。
心の清い人々は幸いである、その人たちは神を見る。

平和を実現する人々は幸いである、
その人たちは神の子と呼ばれる。
義のために迫害される人々は幸いである、
天の国はその人たちのものである。
わたしのために罵《ののし》られ、迫害される〔…〕とき、あなたがたは幸いである。
喜びなさい、大いに喜びなさい、天には大きな報いがあるからである。

真の幸福は、人々が探す場所にはない。逆説的な神が、この世の劇の見かけは幻想にすぎず、「先にいる者が後になり、後にいる者が先になる」（『マルコによる福音書』一〇・二八～三一）、「金持ちが神の国に入るよりも、駱駝が針の穴を通るほうがまだやさしい」（『マルコによる福音書』一〇・二五）ことを啓示しにやって来る。

真福八端のあと、キリスト教徒について、「先にいる者が後になる」に倣って、やはり日常語の中に入っている二つの言葉が来る。「あなたがたは地の塩である」と「あなたがたは世の光である」という二つのイメージである。これらは、よく知られた「ともし火をともすのは升の下におくためではない」という表現を導く。升は円筒状の入れ物で、「升の下におく」、「升の下においておく」、「升の下にしまう」、「升の下にとどまる」という比喩的成句は、視線にさらされるべきものを隠す、という意味で使われる。

イエスはユダヤの律法を完成し、超える（『マタイによる福音書』五・一七～四八）

「わたしが来たのは、廃止するためではなく、完成するためである」とキリストはまず注意する。「天地が消え失せるまで、律法の文字から一点一画〔iota〕も消え去ることはない」。《iota》は、ギリシア語アルファベットの九番目の文字で、最も小さい。福音書のギリシア語版は、ヘブライ語のこれまたアルファベットのうち最小の文字《yod》を《iota》に翻字した。今日でも「一つのiotaも変えずにテクストを写す」とは「どんな小さな改竄も行わずに」の意味である。

解釈の鍵がこのように与えられたのち、イエスは律法がさらに高いところに超えられるものである例を多数示す。「殺してはならない」は、他人に対するいかなる敵意の表明も断罪される、に替わる。「姦淫してはならない」は、他人の妻を手に入れようと企てることすらしてはならない、という禁止に替わる。自分の妻を離縁することを認めたモーセの許可は廃される。以前の、偽りの誓いはするな、という禁止は、決して誓ったりせずに真実を言うように、という勧めに替わる。「目には目を、歯には歯を」という犯した罪と同等の刑を与えるという古い同等刑法は、歯止めなく復讐するという蛮行よりは進んだものとかつては考えられていたが、不十分だとされた。キリストは「悪人には手向かわない」よう勧め、「誰かがあなたの右の頬を打つなら、左の頬をも向けなさい」という有名な掟を発するのである。そこから来たフランス語の「他方の頬を向ける」という成句は、何らかの侮辱を受けた人が再び侮辱を受ける危険を冒す、という意味である。

超越を促すこの呼びかけを突きつめたものが、はなはだ困難な「あなたがたの敵を愛しなさい」という勧めである。これをフロイトは『文化の中の居心地悪さ』（一九二九年）の中で、人間としては実現不可能とみなしている。イエスは、旧約の律法の説く最低限の義務が不十分になったからといって、それらを投げ捨てるわけではなく、逆説的に疑問に付した。ライトモティーフのように何度も繰り返し「モーセが言ったのを、あなたがたは知っている。しかし、わたしはあなたがたに言う……」とイエスは権威をもって述べるので、こちこちの信心家たちを憤慨させずにはおかなかった。『マタイによる福音書』のもっと先のほうでも、イエスは同じことを「新しいぶどう酒を古い革袋に入れる者はいない」（九・一七）と断言するが、この表現も現在のフランス語に残っている。

施し、断食、祈り（『マタイによる福音書』六・一〜一八）

施しと断食を行う時、また祈る時には、慎み深く、ひそかに行うようにしなさい、と言うイエスは、旧約の中に頻繁に出てくるこの三種類の行いを集めて、一つの強力な三幅対とした。これらはイスラムの「五つの柱」のうちの三つとなる。ひそかに行うように、というこの勧めは、偽善の断罪とセットになっている。偽善は、金銭への隷属とともに福音書の中で最も厳しく断罪されているものである。

たいていの場合、できるかぎりひそかに、人に見られることなく、くどくどと述べずに祈らなければならない。なぜなら、神は心の中にこだわるので、言葉が多ければよいとするわけではないからである。神とのこの心の底の対話で何を神に言うべきか？　弟子たちに教えるために、イエスはキリスト教徒の祈りを七つの特徴的な要求にまとめた。神の超越と聖性を思う三つと、人間存在に心を向ける四つである。この全体が、世界中の全キリスト教徒の基本的な祈りとなっている。冒頭の文句をとって「主の祈り」（ラテン語では « Pater »）と呼ばれる。

天におられるわたしたちの父よ、

御名が崇《あが》められますように、
御国が来ますように、
御心が行われますように、
天におけるように、地の上にも、
わたしたちに日ごとの糧《かて》を今日お与えください、
わたしたちの罪をお赦しください、わたしたちも人を赦しますから、
わたしたちを誘惑に陥らせず、
悪からお救いください。アーメン。

飽かず唱えられ、注釈された、この祈りは、日常語に三つの表現を遺した。「日ごとの糧」は、通常の生活に必要な物を指すが、時に、絶えず感じていること（いらいらはわたしの日ごとの糧〔いらいらはわたしにとっていつものこと〕）をも指す。残りの二つは、理想としての「罪の赦し」と「誘惑に陥る」である。同様に、施しに関しても、フランス語には「右の手のすることを左の手に知らせてはならない」（『マタイによる福音書』六・三）という表現が残っている。「やもめのオボル」〔少額の献金〕は、「イエスがご覧になった情景」にその源がある。イエスは神殿に座って、通行人が賽銭箱に献金を入れる様子を見ておられた。金持ちたちがたくさんの金を入れていた。そこへ貧しいやもめがやって来て、小額の銅貨を二枚だけ入れた。イエスは弟子たちに言われた。「はっきり言っておく。この貧しいやもめは、誰よりもたくさん入れた。皆はありあまる中から入れたが、この人は乏しい中から入れたからである」（『マルコによる福音書』一二・四一〜四四）。フランス語では、この節は「やも

めのオボル」と題されていた。オボルはごくわずかな小額の通貨を指したからである。

究極の教え（『マタイによる福音書』六・一九〜七・二九）

山上の説教は、次々に発される一二の教えで終わる。滅ぶべき宝を積もうとせず、消えない宝を求めなさい。単純な心で神を見なさい。世に言う「聖書の単純さで」。金銭の奴隷になるのを拒みなさい。なぜなら、「誰も二人の主人に仕えることはできない。あなたがたは神と富に仕えることはできない」（ルカはアラム語を使って「〔神〕とマモン」と書いている（一六・一三））からである。不安で熱に浮かされたようになるな。すなわち、「何よりもまず神の国と神の義を求めなさい。そうすれば、すべてのものは皆、加えて与えられる。だから、明日のことまで思い悩むな。その日の苦労はその日だけで十分である」（これは格言となり、また、よく使われる表現「明日の思い煩い」にもなった）。他人を裁くな。「偽善者よ、兄弟の目にある藁《わら》は見えるのに、なぜ自分の目の中の梁《はり》に気づかないのか。まず自分の目から梁を取り除け。そうすれば、はっきり見えるようになって、兄弟の目から藁を取り除くことができる」。

犬や豚があなたがたを踏みつけることを恐れて、聖なるものを犬に与えたり、真珠を豚に投げ与えるな。「求めなさい、そうすれば与えられる。探しなさい、そうすれば見つかる。門を叩きなさい、そうすれば開かれる」。なぜなら、あなたがたの天の父は、あなたがたをご自分の子供のように愛しておられるからである。

そのあとに「人にしてもらいたいと思うことは何でも、あなたがたも人にしなさい」という黄金律が来る。これが律法と預言者の教えの核心である。

この規範は恐ろしく厳しいものであり、多くの者はそれに従う気がない。イエスは、だからこそ「狭い門より入りなさい。滅びに通じる門は広く、その道も広々として、そこから入る者が多い。しかし、命に通じる門は何と狭く、その道も細いことか。それを見出す者は少ない」と続ける。イエスは少し先で似通った指摘を行う。「招かれる人は多いが、選ばれる人は少ない」(『マタイによる福音書』二二・一四)。

偽預言者を警戒しなさい。彼らは羊の皮を身にまとってあなたがたのところに来るが、その内側は貪欲な狼である。悪い木は悪い実を結ぶように、あなたがたはその実で彼らを見分けなさい。

わたしに向かって「主よ、主よ」と言えば十分なわけではない。言葉や信心では十分ではない。あなたがたは行動し、わたしの天の父の御心にかなったことを行わなければならない。わたしがあなたがたに今言ったことを実行し、砂の上ではなく岩の上に家を建てなさい。

イエスがこの教えを語り終えられると、群衆は驚きに打たれた。イスラエルの律法学者のようにではなく、権威ある者として教えられたからである、とマタイは続けている。

山上の説教は、造形芸術にはあまり向かないが、作家や音楽家に霊感を与えた。最近の時代に限れば、セザール・フランクがオラトリオ《至福（八福）》を一八七九年に作曲し、ストラヴィンスキーが《主の祈り》を二種、一つはスラヴォニア語の歌詞で（一九二六年）、もう一つはラテン語で（一九二九年）作った。また、ジョルジュ・ミゴがオラトリオ《山上の説教》（一九三六年）を作曲。

ジッドは、彼の小説のうち最もよく読まれた一つを『狭き門』というタイトルにした（一九〇九年）。その中で、彼はキリストの崇高かつ恐ろしい呼びかけについて自問する。ヒロイン、アリサは、愛する男と結ばれることをあきらめる。彼とともにもっと高みにのぼるために。「主よ、あなたが教えられた道は、狭い道、二人が横に並んで歩くことができない狭い道です」。

ペギーの『ジャンヌ・ダルクの慈愛の神秘』（一九一〇年）は、冒頭、ヒロインが不意に口にする「主の祈り」から始まる。「われらの父よ、天におられるわれらの父よ、御名が尊まれるのにはいかに遠いことか、御国が来るのもいかに遠いことか、〔…〕ただ、あなたの正義の太陽が昇るのが見えさえしたら！　しかし、まるで、ああ、ああ、お許しください、あなたの御国は去っていくようです」。

たとえ話

単純な人たちを聴衆にすることが多かったので、イエスはイメージや比喩に富んだ短い物語であるたとえ話の助けを頻繁に借りた。ぶどうの木や雌羊、あまり正直でない管理人などの話である。例の素晴らしい「ぶどうの木のアレゴリー」（『ヨハネによる福音書』一五・一〜一七）のように、一つ一つの部分がはっきり何かを指しているようなアレゴリーとは異なり、たとえ話はまるごと理解しなければ、その意味が分からない。たとえ話のある部分は、話し手がつける潤色にすぎないこともある。たとえ話の意味を理解するには、たとえ話のいわゆる「切っ先」を捉えなければならない。したがって、不正な管理人の短い話は、詐欺を推奨しているのではおよそなく、「光の子たち」が傾けるべき有効なエネルギーをよしとしているのである（『ルカによる福音書』一六・一〜八）。

キリストは数多くのたとえ話を話すことで、パスカルの言う「心情の秩序」を実行したのである。筋立てに沿って、概論を打ち立てる代わりに、あるテーマから別のテーマへと軽々と飛んでいるように見えながら、唯一の中心のまわりをいつも回っているのにほかならない。ここには、人間を愛に招く、愛の神の神秘がある（『パンセ』断章三二九）。「心を尽くし、［…］あなたの神である主を愛しなさい。［…］隣人を自分のように愛しなさい」（『マタイによる福音書』二二・三七〜三九）。

たとえ話の中には、キリスト教徒にしかよく知られていないものもある。たとえば、魚網と真珠のたとえ（『マタイによる福音書』一三・四五〜四八）、からし種のたとえ（『マタイによる福音書』一三・三一〜三二）、愚かな金持ちのたとえ（『ルカによる福音書』一二・一三〜二一）、うるさいやもめのたとえ（『ルカによる福音書』一八・一〜八）、仲間を赦さない家来のたとえ（『マタイによる福音書』一八・二三〜三五）などである。そのうち芸術家たちの人気を博した六つの話は、次章で紹介する。それらのタイトルそのものも言語表現の中に残っている。たとえば、見失った羊とか、放蕩息子、善きサマリア人、貧しいラザロと金持ち、良き羊飼い、賢い乙女と愚かな乙女など。ここでは、広く文化——山のようにある造形芸術の領域は除いて——に強い影響を与えた他のたとえ話を見よう。

種を蒔く人（『マルコによる福音書』四・三〜二〇）

この短い話は、イエスがティベリアス湖のほとりで話されたものである。さて、種蒔く人が種蒔きに出ていった。まず種を道端に落としていったので、鳥がそれを食べてしまった。次に、石だらけの土地に種を落とした。良い土がないので麦は根を張ることができず、太陽の光で枯れてしまった。また、茨の中に落ちた種は、覆いふさぐ茨のせいで伸びることができなかった。しかし、良い土地に落ちた種は無事に成長し、一つの種が三〇〜一〇〇の実を結ぶ。「聞く耳のある者は聞きなさい！」イエスは弟子たちの問いに答えて、ほとんどアレゴリーとも言うべきこの話に出てくるものの意味を明かした。蒔かれる種は、神の言葉である。道端に落ちた種は、神の言葉に注意を払わない人々の状況を表している。石だらけの土地は、神の言葉に心を開きはするが、しばしのあいだしかそこにとどまらない人たちである。ごく小さな試練に遭うと負けてしまう。茨は、異邦人が熱中するもの（金銭とか他のものに対する欲望）を象徴しており、それに抵抗できない者を窒息させてしまう。最後に、良い土地とは、神の言葉を迎え入れ、そこから豊かな実を結ぶ者たちの心である。

良い種と毒麦（『マタイによる福音書』一三・二四〜三〇）

このたとえ話は「良い種と毒麦を分ける」という人口に膾炙した表現の源である。「毒麦〔ivraie〕」というのはラテン語で、ギリシア語では《zizania》と言うが、フランス語では「それとなく不和やごたごたを起こす」と言う時に「zizanie を蒔く」という言い方がある。

イエスは、種蒔く人のたとえのすぐあとで、「天の国は、自分の畑に良い種を蒔いた人のようなものである」と言われた。しかし、皆が眠っているあいだに、この人の敵が来て、毒麦を蒔いていった。僕《しもべ》たちが気づいて主人に尋ねた。「毒麦を抜きましょうか？」しかし、主人は答えた。「いや、毒麦と一緒に麦まで抜いてしまうかもしれない。刈り入れの時を待とう。その時が来たら、毒麦を刈り取って束にし、火に投げ入れなさい。麦の穂のほうは、集めてわたしの倉に入れなさい」。

聖アウグスティヌスは『神の国』（四一三―四二七年）の中で、このたとえ話を大々的に展開させて、神の国と悪の国、善人と悪人が、明もあり暗もあるこの世が続くかぎり共存して混在しているさまを描いている。良い麦と毒麦が分けられるのは、世の終わり、最後の審判の時なのである。

パン種（『マタイによる福音書』一三・三三）

このたとえ話は一節にまとめられた短いものだが、「〔粉の〕生地の中のパン種となる」という表現の元となり、「動かす」、「不活発なグループを活気づける」という意味になる。「天の国はパン種に似ている。女がこれを取って三サトンの粉に混ぜると、やがて全体がふくれる」。

粉の生地をふくらませるパン種のイメージは、人間の諸文化の中でキリスト教の福音書がなす、ゆっくりとした働きの性格を示している。こうして、太古の昔からの政治と宗教の絡み合いとも言える奴隷制度が少しずつ問題視された。それは、カトリック教会自体の妥協にもかかわらず、キリストが打ち立てた原則「皇帝のものは皇帝に、神のものは神に返しなさい」（『マタイによる福音書』二二・二一）のおかげなのである。

隠された宝（『マタイによる福音書』一三・四四）

宝のたとえ話もまた短いが、キリスト教徒の黙想においてしばしば取り上げられる。「天の国は、次のようにたとえられる。畑に宝が隠されている。見つけた人は、そのまま隠しておき、喜びながら帰り、持ち物をすっかり売り払って、その畑を買う」。

キリストの弟子になるために持ち物をすべて手放しなさい、というこの呼びかけは、ルカによって詳説され（『ルカによる福音書』一四・二五〜三三）、多くの人の心の中に響き続ける。四世紀の荒野の教父の一人は、すべてを売りなさいと言っているその本までをも売らなければならないと断言し、もっていた福音書まで売り払いに行ったほどである。

席の選択（『ルカによる福音書』一四・七〜一一）

イエスは弟子たちに、いい気になって上席につかないよう、むしろ末席を選ぶよう促す。そうすれば、上席についてください、と言われる可能性があるからである。一方、自分から上席についた者は、そこを譲るように言われるおそれがあるからである。なぜなら、「誰でも高ぶる者は低くされ、へりくだる者は高められるからである」。

宴会への招待を断る客（『ルカによる福音書』一四・一五〜二四）

ある人が大宴会を催し、多くの人たちを招いた（天の国へ多くの人が招かれているように）。しかし、招かれた人々は皆、さまざまな口実をつけて招待を断った。そこで、家の主人は怒って僕《しもべ》に言った。「貧しい人々のところに行って、急いでここに連れてきなさい。はじめに招かれた人たちは一人もわたしの宴会に参加させないのだから」。

このたとえ話の切っ先は、いちばんはじめに宴会に招かれたのに異教の他の民族にその特権を譲ったユダヤ人たちに向けられている。この話は深刻な誤読の対象となった。「彼らを急いで入らせなさい」という表現は、ラテン語では« compelle intrare »であるが、「彼らをむりやり入らせなさい」という意味に理解され、信仰を得させるためには強制という手段に訴えてもよい、ということの根拠に使われた（とりわけ聖アウグスティヌスにおいて）のである。新約の中で暴力を断罪している節はたくさん見つかるのに、暴力をよしとしている節は探しても一つも見つからないが、この表現はたった一つの奇妙なケースとされてきた。

一一時間目の労働者たち（『マタイによる福音書』二〇・一〜一六）

あるぶどう園の主人が、何人かの労働者を同じ一日のあいだに雇った。一一時間経った時――すなわち夕方五時頃――にも主人は数人の労働者を雇った。一日の労働が終わると、主人はすべての働き手に同額の賃金を払った。夜明けから働いて疲れた者たちは怒って激しく文句を言った。しかし、主人は答えて「友よ、わたしがあなたに約束した賃金を払ったではないか。あなたの目は悪いのか、わたしは善いのだから」と言った。

このたとえ話は、神の賜物が無償であること、会計係の論理とは異なる論理があることを示し、神と契約を結ぶのに遅く来た者たち、すなわち異邦人たちも迎えることを予告している。「一一時間目の労働者たち」という表現は、時に嘲笑的なニュアンスで、仕事が終わる頃にやっと手伝いに来る人たちのことを言うのによく使われる。

タラントン（『マタイによる福音書』二五・一四〜三〇）

主人が三人の僕《しもべ》に多額の金を預けて殖やすように言いおいた。二人は預かった元手を二倍に殖やすことに実際に成功した。三人目は懸念を口実に、受け取った額をそのまま主人に返して罰せられた。このたとえ話が目しているところは明快である。わたしたちは、一人一人神から受けた賜物を果敢に増やさなければならない、というのである。

このたとえ話は、「タラントン」という語を、元の意味（六〇〇〇フラン金貨）から現在の「賜物」、「才能」という隠喩の意味に移した。

ぶどう園の人殺し農夫（『マタイによる福音書』二一・三三〜四六）

ある家の主人がぶどう園を作り、垣根をめぐらし、その中に搾り場を掘って、見張りのやぐらを立てた（たとえ話の典型的な舞台装置である）。そして、このぶどう園を農夫たちに貸して、主人は旅に出た。ぶどうの収穫の時に、主人は収穫の取り分を受け取るために僕《しもべ》たちを送った。しかし、農夫たちはこれら遣わされた者たちをひどい目に遭わせたり、果ては殺してしまったりした。主人は万策尽きて自分の息子を送った。しかし、強欲な農夫たちは跡取りを見て、彼を捕まえ、亡きものとした。「この父親はどうすべきか？」と、イエスは自分に罠をしかけるユダヤ人の権力者たちに尋ねた。権力者たちは「父親はこれらの悪人たちを殺し、彼のぶどう園を別の農夫たちに貸すべきである」と答えた。イエスはそこで「聖書にこう書いてあるのを読んだことがないのか。『家を建てる者の捨てた石、これが隅の親石となった』。神の国は、あなたがたから取り上げられ、それにふさわしい実を結ぶ民族に与えられる」。

聞いていた者たちは憤激し、イエスが自分たちのことを言っているのだと理解した。そして、いっそうイエスを亡きものにしようという決意を固めたのである。

キリスト教会はみずからを新しいイスラエル、神の契約で優遇される新しい民族とみなすために、このようなたとえ話をよりどころとしたが、このたとえ話はエルサレムの崩壊に、そして世の終わりに関するイエスの言葉を予告しているのである。

待つことと世の終わり（『マタイによる福音書』第二四〜二五章）

山上の説教とさまざまなたとえ話以外では、他にキリストの言葉が記憶されて日常語に入っている例は明らかに少ない。それでも「預言者は自分の故郷では歓迎されないものだ」（『ルカによる福音書』四・二四）、「山をも動かすほどの信仰」（『マタイによる福音書』一七・二〇）、「躓《つまず》きをもたらす者」（『マタイによる福音書』一八・七）、悪魔のベルゼブルの名、あるいは格言「内輪で争えば、どんな国でも荒れ果てる」（『ルカによる福音書』一一・一五～一七）などを拾い集めることができる。しかし、少なからぬ痕跡を残している教えのグループがもう一つ、三番目で最後のグループがある。待つことと世の終わりに関する言説である。イエスは、一つの文学ジャンル、ユダヤの黙示文学に特徴的なイメージに拠っているが、黙示文学は新約の最後の文書である『ヨハネの黙示録』において花開く。おまけにイエスは七〇年のエルサレムの崩壊と世の終わりという二つの大変動を重ね合わせて予告している。

イエスの弟子たちがみとれているこのエルサレムの神殿は、まもなくその「石の上に石」しか残らなくなる（『マタイによる福音書』二四・二）。この神殿の中を「憎むべき破壊」が支配するのだ（『マタイによる福音書』二四・一五）。

突然世の終わりが来ることについては、「目を覚ましていなさい。あなたがたは、その日、その時を知らないのだから」とイエスは警告する（『マタイによる福音書』二五・一三）。この警告は、賢い乙女と愚かな乙女のたとえ話を用いて分かりやすく説明される（『マタイによる福音書』二五・一～一三）。このたとえ話は絵画のテーマにたびたび採用されるが、それは次章で扱う。最後の審判の有名なシーン（『マタイによる福音書』二五・三一～四六）についても同様である。言語の中には「審判のラッパ」（『マタイによる福音書』二四・三一）と、地獄を意味するヘブライ語「ゲヘンナ〔géhenne〕」が残っているが、« géhenne » からは「邪魔する〔gêner〕」（géhenner）という動詞ができた。

四つの福音書が新約、そしてキリスト教聖書全体の極致をなしているのは、世界を造り、歴史を動かす神の知恵がナザレのイエスという人格の中に受肉しているからである。たとえイエスが特定の言語で語り、限られた文化の中に身をおいて、聴き手に分かるようなやり方で話さなければならなかったとしても、イエスのメッセージがその文化によって受けた屈折はごく小さかった。あとに続く世代は、福音書の明快さに絶えず打たれてきたのである。福音書を理解するために視線を調節する必要は、とりわけ小さかった。黙示的な比喩のいくつかの要素を入れ替え、病の原因を悪をなす力のせいと解釈し、ユダヤ世界の状況についていくつかの知識を得れば足りる。そうすれば、イエスのメッセージは少しも古びていないことに気づくのである。

第2章　イエスの生涯と芸術——幼年時代と公生活

キリストは美形だったか、それとも醜かったか。新約は、その点についてまったく口を閉ざしているし、世に広められたイエスの姿は伝説的なものであるから、この質問への答えに正反対のものがあるのは当然である。そして、今日でもそれが同様なのは、クローデルとモーリアックが互いに対立する立場をとっているからである。エイレナイオスとテルトゥリアヌス、および四世紀にはエルサレムのシリキウスとバシレイオスが、『イザヤ書』による「乾いた地に埋もれた根、視線を惹く美しさや輝かしさがなく、人を魅惑する外観はまったくない」（『イザヤ書』五三・二）という救世主の紹介を根拠にして、キリストは醜かった、と結論している。しかし、ギリシア芸術をよく知ることが多かったキリスト教徒には、この難解な文章を信じるのは難しかった。むしろ、『詩編』第四五章の中でメシアに向けられた一節「あなたは人の子らの誰よりも美しく、あなたの唇は優雅に語る」を主張するのを好む者が多数である。そして、オリエントでも西洋でも、とりわけルネッサンス以降、この美しいキリストという見方が勝利した。

イエスの表象の主要なものは、イエスの生涯の四つの局面に集中している。幼児イエス、教えを説くキリスト、この二つは本章で詳説する。苦しみに遭う神の僕《しもべ》キリストと栄光のキリスト、この二つは次章で扱う。

これらの局面は一つの軌跡を描いていることが見て取れる。作家も画家も多くの人々も、特定のかくかくのエピソードがあったというイエスの生涯を、それぞれ自分用に作り上げてしまうのを抑えきれない。であるから、聖書学者の批判にさらされても、イエスの誕生から復活までのエピソードの継起を導くのは、この「モデル」なのである。

誘惑は消えず――『イエスの生涯』作品群

四つの福音書は、まったく伝記ではない。証言を紹介し、「福音」を宣《の》べているものである。福音書の側からの抵抗はあっても、読むと、福音書が提供する材料を伝記の軌跡をたどって統合しようという誘惑がほとんどすぐに湧いてくるし、いつまでも消えない。その最も古い形は、四つの福音書を単に融合して一つの筋の通った物語にしようというものだった。キリスト教徒のタティアノスが一八〇年頃に書き上げた作品につけたタイトル『ディアテッサロン〔*Diatessaron*〕』――「四つから」――は、そういう意味である。この作品は途方もなく評判を呼び、ギリシア語からさまざまな言語に翻訳された。この類いの企ては、次いで『調和福音書』とか『福音書和合』というタイトルで、しばしば行われた。一六五五年にパスカルが書いた『要約イエス・キリストの生涯』も、この伝統の中におかれる。今日『シノプシス〔福音書異同一覧〕』と呼ばれるものが、四つの福音書を縦四つの欄に並べて、それぞれの記述を年代順に比較した表を示している。

タイトルが『イエスの生涯』となっている最初の書は、カルトゥジア会のザクセンのルドルフス（一四七四年）のものである。これによって一つの文学ジャンルが創設され、非常に多くの『イエスの生涯』がまもなく陽の目を見ることになった。しかし、一八世紀末以降に出てきた、キリストに関わる出来事の史実性に関する論争が、二つの有名なチャレンジに行きつく。まず、ドイツ人ダーフィト・フリードリヒ・シュトラウスの『批判の光をあてて再考されたイエスの生涯』（一八三五年）、これはエミール・リトレ——『フランス語辞典』の著者——によって一八三九年には早くもフランス語訳された。次に、内容のいい加減さと甘ったるい宗教性を聖書注釈者の多くから厳しく断罪された、エルネスト・ルナンの『イエス伝』。その後もなお、挑戦は終わらなかった。エルサレム聖書学院の創立者ラグランジュ神父が一九二八年に『イエス・キリストの福音書』の中で、慎重に「福音書はイエスの生涯について書かれうる唯一の書である」と書いたにもかかわらず、一九世紀末以降イエスに関する作品の数は増えた。ドミニコ会の学者であるラグランジュ神父自身は、もてる膨大な知識を使って新しい『イエスの生涯』を書くように促されたにもかかわらず、ルカの〔話の展開の〕順序、およびとりわけヨハネの年代記録に立脚した『シノプシス』を刊行するにとどまった。

ラグランジュ神父の警告があったものの、このジャンルの強い魅力に変わりはなかったので、「イエスの生涯」本は続いた。一九四六年、アカデミー会員のダニエル＝ロップスの書いた『イエスとその時代』は、破格の成功を見た。そのため、ある夜、パーティでダニエル＝ロップスがミンクのコートを着た妻と一緒にいたところ、思いやりのあるアカデミー会員仲間であるフランソワ・モーリアックが毛皮をなでて「イエスのおかげだ！」と叫んだ。「イエスの生涯」本は、聖書批判の中の疑う余地のない要素を次第に取り入れるようになる。この「生涯」の各時期をたどってみよう。

キリストの幼年時代

それ以前にも絵画など造形の表象はあったが、キリスト教会の瞑想や観想が幼きイエスに愛着を見せたのは、中世末のベルナルドゥスやアッシジのフランチェスコ、そしてフランチェスコ会士たちが最初である。この潮流は一七世紀はじめに、まずピエール・ド・ベリュール、次にボーヌのカルメル会士たちの影響のもとに強められた。爾後、幼きイエスへの信心は強くなるばかりだった。一七世紀から一八世紀にかけての有名な神秘家ギュイヨン夫人は、幼きキリストに枢要な地位を認めた。約一〇の修道会が幼きキリストに奉献され、一九世紀末にはカルメル会の若い修道女リジューのテレーズが修道名を幼きイエスのテレジアとした。

最も普及した表象は、プラハの幼きイエスである。これは小さな像のイエスが右手で世界を祝福し、左手には地球をもっている。頭には力のシンボルである冠を載せている。この御絵が大部分のカトリック国に一七世紀以降広まった。像は一六二八年と日付があるが、おそらくボーヌのカルメル会の影響下に彫られたものである。

一八五〇年から五四年にかけて、ベルリオーズはきわめて穏やかで澄んだオラトリオ《キリストの幼年時代》を作曲し、みずから歌詞を書いた。一世紀後、メシアンがピアノ曲《幼きイエスへの二〇のまなざし》を作った（一九四四年）。

エッサイの木

エッサイの木は、無数の彫刻、絵画、ステンドグラスに彫られたり描かれたりしていて、キリストがダビデの父エッサイの子孫であることを思い出させる。この木は二つの系図に一致している。すなわち、『マタイによる福音書』（一・一〜一七）にある系図と『ルカによる福音書』のもの（三・二三〜三八）であるが、『イザヤ書』の預言（一一・一〜三）にも一致している。木の根はエッサイである。

幹から出ている枝は、キリストの祖先の王たちや、預言者たちの誰彼を擁していることも多い。花は最初は救世主だったが、次に主の母「イスラエルの花」になった。

マリアの誕生と幼年時代

正典の福音書には出てこない以下のエピソードは、キリスト教徒の好奇心に応えるために三つの外典に記されている。すなわち、『ヤコブ原福音書』、『偽マタイの福音書』、『聖母マリアの誕生の福音書』である。後者二点は、一三世紀にボーヴェのヴィンケンティウスおよび、何よりもドミニコ会士ヤコブス・デ・ヴォラギネの例の有名な『黄金伝説』によって一般に知られるようになった。これらの物語は、旧約のエピソードを繰り返しているにすぎない。マリアの両親は、ヨアキムとアンナという名前だった。アンナは結婚後二〇年経っても子供を産まなかったので、ヨアキムは神殿から追われ、羊飼いの群れに身を投じて隠遁する。しかし、天使ガブリエルが彼らに子供が生まれると予告する。夫婦は喜んでエルサレムの金の門でおちあい、接吻を交わし、そこから奇跡的にマリアが生まれたという。唇に接吻するというこのシーンは、中世唯一のものである。唇の接吻が芸術史に入るのは、一六世紀になってからである。

絵画の中で最もよく見られるエピソードは、マリアの誕生、神殿への奉献、神殿での生活、母親アンナとの読書の学習（ルーベンス、プッサン、ジョルジュ・ド・ラ・トゥール、ムリーリョ、ドラクロワなど）、そして最後に結婚である。多数の絵がマリアの無原罪のお宿り、すなわちマリアが人間にとりついている悪に染まらず、「まったく清らかに」生まれたことを賛美している。

洗礼者ヨハネ誕生のザカリアへのお告げ

祭司ザカリアはエリサベトを妻にしていたが、彼女には子ができなかった。ある日、彼がエルサレムの神殿で祭司の務めをしていたところ、天使が現れ、彼に息子が生まれること、その子をヨハネと名づけるべきこと、ヨハネはイスラエルの大預言者の一人となるであろうことを告げた。ザカリアは年取っていたので、この約束を信じなかったため、天使は子が生まれるまで彼が口をきけないようにした。

この予告は、まず細密画や柱頭に描かれ、のちにアンドレア・デル・サルト（一五二三年）やウィリアム・ブレイクの作品が生まれた。

受胎告知（『ルカによる福音書』一・二六〜三八）

ガリラヤの小さな町ナザレで、天使ガブリエルがマリアに神の子の受肉の神秘を告げる。すなわち、世界の始まりには、神の霊が大洋の上を漂っていたように、同じく「聖霊があなたに降り、いと高き方の力があなたを包むはずである」。もう一つの創造が起きることになる、と。

受胎告知を描いた最も有名な絵画のうちには、フラ・アンジェリコ（一四四〇年）、ハンス・メムリンク、ル・コレージュ、ティティアン、ズルバラン、プッサンのものがある。モーリス・ドニは、二〇世紀のはじめに《受胎告知》を二点描いた。

マリアは答えた。「お言葉どおり、この身になりますように」。この言葉は、ウルガタ訳ラテン語聖書では《Fiat mihi secundum verbum tuun》となっている。そこから、《Fiat》は信者が神の意思に従うことを表すようになった。

「天使祝詞」は、カトリックの祈りのうち最もよく知られているものになっている。「おめでとう〔マリア〕、恵まれた方、主があなたとともにおられる」(『ルカによる福音書』一・二八)。その続きは、洗礼者ヨハネの母がマリアにかける言葉を借りている。「あなたは女の中で祝福された方です。胎内のお子様〔イエス〕も祝福されています」(『ルカによる福音書』一・四二)。この祈りの最後の部分「神の母、聖マリア、罪びとのために、今も、死を迎える時も、お祈りください、アーメン」はずっとあとになってから付け加えられたもので、世に広まり、不可欠の部分となったのは一六世紀のあいだのことである。天使祝詞のラテン語の形——アヴェ・マリア——は、何度も作曲された。最もよく知られた二つのアヴェ・マリアは、シューベルトとグノー(一九世紀)のものである。この祝詞は、マリアへの祈りの二つの「花飾り」を構成する。すなわち、コンタツ〔chapelet〕とロザリオである。もともと《chapel》は花の冠である。コンタツを唱える(主の祈りと栄唱のあいだに一〇回の天使祝詞を五回唱える)と、マリアに花の冠を編むことになる。この慣行は一三世紀に遡る。一〇の天使祝詞を一五回唱えることによって《chapelet》が「ロザリオの祈り」に拡大するのは一五世紀である。それぞれの天使祝詞がイエスの生涯の一つの「秘義」またはエピソードに捧げられる。一五〇回の天使祝詞は、一般信徒の詩編書と呼ばれた。

さらに、受胎告知はもう一つのよく知られた祈りに想を与えた。朝、昼、晩と唱えられる「アンジェラス〔お告げの祈り〕」である。この名前は、冒頭の「主の天使はマリアに告げた……〔Angelus

ミレー《晩鐘》(オルセー美術館)

Domini nuntiavit Mariæ ...」」から来ている。バルビゾン派の画家ミレーは、この祈りを唱えている農民たちをテーマに《晩鐘》を一八五八年に描いた。そして、『マリアへのお告げ』は、クローデルの最もしばしば上演される劇の一つのタイトルとなったのである(一九一二年)。

カトリックの多くの祈りのうちで、天使祝詞とアンジェラスが主の祈りのすぐあとに続くのは、キリストの受肉の神秘を現前させるのに、この二つは他に比類なきものだからである。

ヨセフの夢(『**マタイによる福音書**』**一・一八〜二四**)

神は、ダビデの子孫ヨセフに対して、(アレクサンドリア聖書における)イザヤの預言「見よ、乙女が身ごもって、男の子を産み、その名をインマヌエルと呼ぶ」、すなわち「神はわれらとともに」(『イザヤ書』七・一四)が実現し、イエスをマリアが身ごもった神秘には聖霊の力が働いていることを明らかにした。

福音書にはほとんど出てこないヨセフの表象は、長いあいだ、瞑想にふける老人とされてきた。中世には馬鹿にされることもあった。しかし、一六世紀に、フランチェスコ会士、カルメル会士、イエズス会士の影響によってヨセフへの信心は急激に高まった。特にイエズス会士は「イエス、マリア、ヨセフ」という三者のセットを普及させ、驚きや恐れを表す時にしばしば叫ばれるようにさえなった。この名前をつけることも広がった。ヨセフの祭日は、ピウス九世によって三月一九日に定められた（一八七〇年）。

ヨセフの夢は、モザイク（五世紀）、フレスコ画、ステンドグラスのテーマになり、一七世紀の大画家たち、ヴーエ、ラトゥール、フィリップ・ド・シャンパーニュ（《聖ヨセフの夢》一六三八年）らを魅了した。

マリアのエリサベト訪問（『ルカによる福音書』一・三九〜五六）

妊娠したマリアは、ユダの町の従姉妹エリサベトを訪ねる。エリサベトもまた、預言者にしてイエスの先駆者となる洗礼者ヨハネの出産を待っているところだった。このシーンが早くも五世紀からラヴェンナの石棺を飾った。そして、ジョット（一三〇五年）、ポントルモ、ルーベンス、レンブラントによっても描かれる。マリアは歌で神を賛美するが、その賛歌はラテン語の歌詞冒頭の語「マニフィカト〔Magnificat〕」からそう呼ばれる非常に有名かつその後も繰り返し作られた歌である。

フィリップ・ド・シャンパーニュ《聖ヨセフの夢》（ナショナル・ギャラリー、ロンドン）

一六世紀のポリフォニーの大家オルランド・ディ・ラッソ一人で実に一〇一の《マニフィカト》

を作曲し、ヨハン・セバスティアン・バッハの《マニフィカト》（一七二三年）は彼の作品の頂点の一つをなしている。

イエスの降誕（『ルカによる福音書』二・一〜二一）

ローマ帝国皇帝アウグストゥス（紀元一四年没）から全領土の住民に、登録をせよ、という勅令が出たので、ヨセフはナザレから彼の一族の出身地ユダヤのベツレヘムに向かわなければならなかった。ヨセフと妻マリアがベツレヘムにいるあいだに、マリアは男の子を産み、産着でくるんで飼い葉桶に寝かせた。隊商宿の広間には場所がなかったからである。

その近くでは、羊飼いたちが羊の群れを見張っていた。天使が彼らを光で包んで言った。「恐れるな。わたしはあなたがたによい知らせを告げるのだから。今日ダビデの町で、あなたがたのために救い主がお生まれになった。この方こそ、主メシアである」。そして、天使のコーラスが歌い始めた。「いと高きところには栄光、神にあれ、地には平和、御心にかなう人にあれ」。

天使たちが去ってから、羊飼いたちはベツレヘムに向かった。そして、そこでマリアとヨセフと飼い葉桶の中の子供を探しあてた。羊飼いたちは見たこと聞いたことを〔マリアとヨセフに〕話して聞かせた。それから神を崇《あが》め、賛美しながら帰っていった。

天使の歌からグロリア・イン・エクセルシス・デオ〔Gloria in excelsis Deo（栄光の賛歌）〕が生まれた。これはカトリックのミサのはじめに歌われ、非常にしばしば楽曲化されている。このシーンは一般に好まれている多数の讃美歌に入っている。たとえば「天使たちは、われらが里の中で、天の賛歌を歌い始めた［…］。グロリア……」。また、ヨハン・セバスティアン・バッハは素晴らしい《クリスマス・オラトリオ》（一七三五年）を作曲し、オリヴィエ・メシアンは《主の降誕》のテーマでオルガンのための瞑想曲九曲を作った（一九三五年）。

四世紀以降、何世紀ものあいだ、主の降誕の絵には、若い産婦が横たわり、その近くに生まれた子供が描かれていた。一三世紀になると、もっと生き生きとした情景が多くなる（マリアがイエスを抱き上げ、授乳する……）。マリアと羊飼いたちが主である幼児を礼拝する、というようなイエスを礼拝するモティーフが西洋に広がるのは一四世紀である。羊飼いたちの礼拝は、絵画だけでなく、クリスマスの装飾の馬小屋やプロヴァンス地方のサントン人形においても大きな成功を収めた。文学では、ディケンズのかの有名な『クリスマス・キャロル』（一八四三年）のように、多くのクリスマス物語が作られた。

東方の学者礼拝（『マタイによる福音書』二・一〜一二）

イエスがヘロデ王（前四年没）の時代にベツレヘムに生まれたので、東方から学者たち——おそらく占星術師——がやって来て、エルサレムの権力者たちに尋ねた。「お生まれになったユダヤ人の王はどこにおられますか？　王の星が昇るのを見たので、わたしたちは拝みにやって来ました」。聖書の知識に精通した者たちが答えて、預言者ミカの預言によれば「メシアが生まれるはずなのはベツレヘムです」。そこで、メシアの到来をすでに知らされていたヘロデは不安になり、ひそかに学者たちを呼んで言った。「ベツレヘムに行って、その子のことを詳しく調べ、わたしに教えてくれ。わたしも行って拝めるように」。

学者たちは出発した。すると、星が再び現れて、イエスがいるところまで彼らの先に立って進んだ。入ってみると、幼児〔イエス〕は母マリアとともにおられた。彼らはひれ伏して幼児を拝み、宝の箱を開けて、黄金、乳香、没薬を贈り物として捧げた。

次いで、ヘロデのところに報告しに帰るな、というお告げが夢であったので、学者たちは自分たちの国へ帰った。

東方の学者たちの礼拝は、公現祭において祝われる神の三つの公現のうちの最初のものである。次がイエスの洗礼（『ルカによる福音書』三・二一～二二）、最後にカナの婚礼（『ヨハネによる福音書』二・一～一二）である。したがって、一月六日に定められているこの祭り〔日本では一月二～八日のあいだの日曜日〕は、王たちの祭日とも呼ばれる。このお祭りの時には小さな人形が隠されているガレットを食べる習慣ができた。人形にあたった人が女性なら女王になり、王を選ぶ。男性なら王になり、女王を選ぶのである。

東方の学者たちの図像は、ありあまるほどある。エルサレムへの旅行とヘロデとの会見、そして何よりも幼児〔イエス〕を礼拝するシーンが描かれる。ルーベンスは、彼一人だけで少なくともこの図像を六回は描いた。

小説家ミシェル・トゥルニエは、学者たちに『ガスパール、メルキオール、バルタザール』という物語を捧げた（一九八〇年）。

神殿への奉献（『ルカによる福音書』二・二二～四〇）

ユダヤ教の律法に従って幼子は生後八日目に割礼を受け、同時にイエスという名前をつけられた。ヘブライ法は、土地で最初に穫れた作物または「初物」（『申命記』二六・一～一一）を神に供えるよう、また初子《ういご》の男の子を捧げるよう（『出エジプト記』一三・二）命じている。イエスの両親は、命じられていないにもかかわらず、四〇日目にエルサレムの神殿にイエスを奉献しようと決めた。それはイエスの母親の清めの儀式が行われるのと同時にである（『レビ記』第一二章）。

そこには、シメオンと呼ばれる老人がいた。この老人に対して、彼がメシアに会わないうちに死ぬことはない、と聖霊が告げていた。聖霊に励まされて、老人は幼子を腕に抱きとり、神を賛美し始めた。「今や、主よ、あなたの僕《しもべ》は安らかに去らせていただきます。わたしの目は、あなたの救いを見、すべての民族への光を見ましたから」。それから、シメオンはマリアに言った。「この幼児はイスラエルの多くの人を倒したり立ち上がらせたりするために来た。あなた自身も剣で心を刺し貫かれるだろう」。

マリアの清めとイエスの奉献の祝日はカトリックの典礼で二月二日に定められており、ろうそく祝別の日またはろうそく祭（Dies festus candelarum）とも呼ばれている。ろうそくをもって行列が行われるからである。ろうそくの炎が世の光イエスの到来を象徴しているのである。

シメオンの歌（Nunc dimittis）〔「今こそあなたは去らせてくださる」〕（ウルガタのラテン語訳聖書の冒頭句による）を、毎晩就寝前の祈りの務めのあいだに聖職者や修道士が繰り返す。冒頭の文句から、フランス語で「Nunc dimittis を唱える」というと、世を去ること、姿を消すことを受け入れる、という意味になる。

カラヴァッジョ《エジプトへの逃避途上の休息》（ドーリア・パンフィーリ美術館、ローマ）

このシーンは、五世紀になると、絵画や彫刻において多すぎるくらいの作品に再現される。パドヴァのジョットをはじめとして、このシーンを描いた大画家は数えきれない。シメオンの預言が、マリアの苦しみの賛美および七つの悲しみの聖母の数多くの表象の源である。

エジプトへの避難（『マタイによる福音書』二・一三〜一五）

東方の学者たちの訪問のすぐあとに、主の天使がヨセフの夢に現れて言った。「起きて、子供とその母親を連れてエジプトに逃げなさい。ヘロデがこの子を探して殺そうとしているから」。ヨセフはそれでエジプトに逃げ、ヘロデの死までそこにとどまった。その後、故郷に帰り、ナザレに落ち着いた。

芸術家たちは、このエピソードにいろいろ尾ひれをつけた。もちろん、夢を描きはした（ジョット、レンブラント）。マタイは彼らが夜に出発したとははっきり言っているが、マリアと幼子を運ぶロバは付け足しであるし、ときどき一行三人を先導する天使も同じく。果ては、ヨセフが小樽をもって元気を回復するためにのどに流し込むさまさえ想像する者もいた。外典の物語に依拠して、ヨセフたちが旅の途中で追いはぎやドラゴンに襲われる光景が付け加わりもする。のみならず、彼らの途中の休息とか宿泊地も、一六世紀以降、多くの作品にインスピレーションを与えた。コレージュ（《小鉢をもつ聖母》一五三〇年）、カラヴァッジョ（《エジプトへの逃避途上の休息》一五九六年）、プッサン（《聖家族》）、ブーシェ（一七五〇年）、ルオー（《エジプトへの逃避II》一九四六年）。

幼子殉教者の虐殺（『マタイによる福音書』二・一六〜一八）

ヘロデは占星術の学者たちにだまされたと知って憤激し、手先を送って、ベツレヘムとそのまわりの二歳以下の子供たちを皆殺しにさせた。学者たちが言っていた王メシアを亡きものにできると思ったのである。

プッサン《嬰児虐殺》（コンデ美術館、シャンティイ）

殺された幼子たちは最初のキリスト教殉教者とみなされて、すみやかに崇敬の対象となる。彼らの祝日は、クリスマスのすぐあとの一二月二八日に定められた。

彼らの姿は、まずモザイクや細密画、柱頭の彫刻、教会の扉のモティーフ（パリのノートルダムのように）に表現されたが、一四世紀以降、ジョット（一三〇五年）とドゥッチョ・ディ・ブオニンセーニャなど、絵画にも現れ始める。ティントレット、グイド・レーニ、ルーベンスも彼らを描いた。最も心を打つ作品の一つは、一六二七年から三三年に描かれたプッサンの《嬰児虐殺》である。ペギーは一九一二年に『聖なる嬰児の神秘』を刊行したが、その最終節でこれら「殉教者の花々」を賛美している。

ダ・ヴィンチ《聖アンナ、聖母、幼子イエス》（ルーヴル美術館）

聖家族（『ルカによる福音書』二・四〇）

「幼子はたくましく育ち、知恵に満ち、神の恵みに包まれていた」という『ルカによる福音書』のたった一つの節が、ヨセフ、マリア、時にはマリアの母アンナの人物像にも結びつき、「聖家族」という名で知られる多くの表象の源になっている。

聖アンナ、マリア、イエスの三幅対は、レオナルド・ダ・ヴィンチにインスピレーションを与え、かの有名な《聖アンナ、聖母、幼子イエス》（一五一〇年）を描かせた。ルーヴル美術館にあるこの作品について、フロイトは『レオナルド・ダ・ヴィンチの幼年期の思い出』（一九一〇年）を書いた。ホルバインは《幼子イエスの歩き始め》という魅力的な絵を描いた。また、この三人の集まりはマサッチョとカラヴァッジョをも魅了した。

アンナ、マリア、イエスの三幅対よりもさらにしばしば見られるのは、イエス、マリア、ヨセフの三幅対であり、その崇敬はルネッサンス以降に広まった。三者のなす聖家族は、ヴェニスの画家ジョヴァンニ・ベッリーニ（一五一六年没）の好んだテーマである。ムリーリョは、この三者を神の三位一体の反映として表現した。

律法学者たちの真ん中にいる幼子イエス（『ルカによる福音書』二・四一〜五一）

イエスが一二歳になったとき、両親はエルサレムへ過越祭の巡礼のために彼を連れていった。イエスが友だちと先に出立したと思って、両親も帰途についた。一日歩いたあと、イエスが知り合いの誰とも一緒にいないのに気づき、両親は不安にかられてエルサレムに戻った。そこで、三日間探した挙げ句、神殿で律法学者の中に座り、学者たちの言うことを聞いたり質問したりしているイエスを見つけた。イエスの言うことを聞いていた人は皆、イエスの賢い答えにうっとりしていた。大いに驚いた両親は、イエスに尋ねた。「なぜこんなことをしてくれたのです。ご覧なさい、わたしたちはとても心配していたのです」。

イエスは両親に答えた。「なぜわたしを探したのですか？　わたしが自分の父の仕事に携わるのは当たり前ということを知らなかったのですか？」　しかし、両親はこれらの言葉の意味が分からなかった。

アングル《博士たちと議論するキリスト》（アングル美術館、モントーバン）

教えを述べるキリストが初めて現れたこのシーンは、中世以降、大変な人気を博した。多くの場合、古いやり方に従って巻物を広げる律法学者たちの前で、現代の書籍の祖である古写本をもっているイエスが描かれる。これは、福音書がモーセ五書を超えたことを強調しているのである。また、このシーンを予告する二つのエピソード、すなわち、ファラオの夢を解読するヨセフのエピソードと、ネブカドネツァルの夢を解読するダニエルのエピソードのあいだに、このシーンがおかれることもある。通俗的な御絵には、小さな説教壇にいるイエスが描かれた。アングルが一八六二年に描いた最後の絵《博士たちと議論するキリスト》は、モントーバンの美術館にある。

公生活

イエスの公生活は、洗礼者ヨハネによる洗礼から受難の直前まで、およそ三年間続き、その間、主に二種類の活動を行った。まずメッセージを伝えること。この活動は入念に芸術作品として練り上げるには不向きなので、むしろすみやかに作品化された。もう一つは象徴的な癒しの奇跡で、これは非常に数多く、しばしば表象の対象となった。以上、二つの大きなまとまりのほかにも、短い公生活の軌跡に痕跡をとどめるあらゆる類いの特異なエピソードがある。その中から文学や造形、音楽といった作品になったものは数多い。それらに加えて、何度も取り上げられた六つのたとえ話がある。貧しいラザロと金持ち、善きサマリア人、放蕩息子、見失った子羊、良き羊飼い、賢い乙女と愚かな乙女のたとえ話である。

先駆者、洗礼者聖ヨハネ

四つの福音書のいずれにも出てくる洗礼者ヨハネは、旧約の最後の預言者であり、キリストによって新しいエリヤに選ばれた。彼は『マルコによる福音書』の冒頭に突如現れる。彼の生誕の状況はルカ（第一章）にのみ語られるが、荒野での宣教には全福音記者が言及している。洗礼者ヨハネは、ヨルダン川におけるイエスの洗礼の時に再度現れる（『マルコによる福音書』一・九～一一、『ヨハネによる福音書』一・二九～三四）。その後、ヘロデ・アンティパスの義妹ヘロディアとの姦通を批判して投獄される。洗礼者ヨハネの死は、多くのイマジネーションをかき立てた。ヘロディアの娘の踊りがヘロデを喜ばせたので、ヘロデは彼女の願いをかなえると約束した。母親にそそのかされて娘は捕らわれているヨハネの首を所望した。すぐにヨハネは首をはねられ、衛兵が首を皿に載せて運んできた（『マルコによる福音書』六・一七～二九）。このエピソードこそ、洗礼者ヨハネの「斬首」として知られているものである。

洗礼者ヨハネへの崇敬は、大衆のあいだに非常に広く流布した。彼の生誕は六月二四日に祝われ、これが長いあいだ夏の降誕祭と呼ばれていた。その日、人々は丘の上に「聖ヨハネの火」をともし、これが夏至を知らせたのである。ヨハネの斬首の記念日は、もう一つの祝日として八月二九日に定められた。

福音書には出てこないが、絵画には幼いヨハネが幼児イエスと遊んでいるシーンが描かれる（ボッティチェリ、レオナルド・ダ・ヴィンチ、ムリーリョ）。しかし、最も多く描かれるのは、成人の苦行者の姿をしたヨハネである。駱駝の毛皮を身につけて、回心を呼びかけている。たとえば、グルノーブル美術館にあるフィリップ・ド・シャンパーニュの素晴らしい絵も、その一つである。そして、洗礼者ヨハネがキリストの洗礼を描いた無数の絵に出てくるのは言うまでもない。ヘロディアの娘サロメの踊り、ヨハネの処刑、斬られた首の顕示は、ティツィアーノ・ヴェチェッリオやカラヴァッジョのような大画家たちの心を動かしたのはもちろんであるが、フローベール（『三つの物語』）に続いて、一九世紀末のデカダンス派の作家たちの心にも訴えた。すなわち、マラルメ（『エロディアード』一八六九年）、ユイスマンス、オスカー・ワイルド（『サロメ』一八九六年）らである。マスネは一八八一年に、リヒャルト・シュトラウスは一九〇五年に、それぞれオペラ《エロディアード》と《サロメ》を作曲した。のみならず、このエピソードはバレエにもなって、フローラン・シュミットの《サロメの悲劇》を一九一三年にディアギレフが上演したというのも驚くにあたらない。

イエスの洗礼

イエスの洗礼は四人の福音記者全員が語っている。洗礼者ヨハネは「わたしのほうは、あなたがたが回心するよう、水であなたがたに洗礼を授ける。しかし、わたしのあとから来られる方は、わたしにまさる。わたしはその方の履物のひもを解く資格もない」と予告した。イエスがヨルダン川のほとりに来られるのを見て、ヨハネは叫んだ。「見よ、世の罪を取り除く神の子羊だ。［…］水で洗礼を授けるようにわたしをお遣わしになった方は『霊が降って、ある人にとどまるのを見たら、その人が聖霊によって洗礼を授ける人である』と言われた」（『ヨハネによる福音書』一・二九、三三）。洗礼者ヨハネの異議にもかかわらず、イエスは――勝利するメシアへのユダヤ人たちの待望を否認し始め――洗礼の儀式に則ることを要求した。マタイは書いている。「川から上がられると、すぐに天がイエスに向かって開いた。そして、イエスは神の霊が鳩のようにご自分の上に降ってくるのをご覧になった。そして、そのとき『これはわたしの愛する子、わたしの心にかなう者』という声が天から聞こえた」（『マタイによる福音書』三・一六～一七）。

神の子羊についての洗礼者ヨハネの言葉は、カトリックのミサに入り、聖体拝領のすぐ前に唱えられる。この「アニュス・デイ〔神の子羊〕」は、歌をともなういかなるミサでも歌われる主要な曲の一つである。イエスの洗礼は、主の公現の三幅対の二番目、すなわち東方の学者の礼拝とカナの婚礼のあいだにある。主の公現の祝日は、一月のはじめに祝われる。

このシーンは、ビザンティン芸術において、たくさんの表象を生んだ。そこでは洗礼の古いやり方に従って、イエスは少なくとも半身を川の中に浸している。洗礼の儀式が単に頭に少々の水をかけるような形になったのは、一二世紀である。ルネッサンス以降、画家たちは洗礼者ヨハネの前にひざまずくキリストを描いてその謙遜を、またはキリストの前にひざまずくヨハネを描いてキリストの偉大さを強調する。ラファエロ、ルーベンス、レストー（一七四五年）、コロー（一八四七年）らである。リュードは、パリのマドレーヌ教会のために、このシーンを彫刻で表した。

荒野での誘惑

洗礼の直後に、イエスは聖霊に促されて荒野に退く。そこで四〇日四〇晩、断食した（この四〇という数は長さの象徴であり、またモーセがシナイ山で断食した時の日数を再現している）。荒野でイエスは悪魔から三つの誘惑を受ける。人間の条件の限界を超えて、石にパンになるよう魔法で命じること、天使が支えてくれるのだから神殿のてっぺんから飛び降りること、誘惑する悪魔にひれ伏して世界のすべての王国を手にすること、の三つである。

はじめの誘惑に対して、イエスは「人はパンだけで生きるものではない。神の口から出る一つ一つの言葉で生きる」(『マタイによる福音書』四・四)とお答えになったが、この言葉は今日も通常使われる表現になっている。最後の誘惑に対しては、礼拝は唯一の神に対してのみするものだと反論し、「退け、サタン!」と悪魔を追い払った。これはラテン語では《Vade retro, Satanas!》——これまた、よこしまな勧めに対する拒否を強調する時の表現になって、よく用いられている。二番目の誘惑の際には、イエスは神殿の上部の軒《のき》に連れていかれた。この軒は、ギリシア語からラテン語に入った語で《pinnaculum》、フランス語で《pinacle〔頂き〕》と呼ばれる。今日、「誰かを他のすべての人々の上に置く」という意味で「誰かをpinacleに連れていく」と言う。

「四〇日間」は四旬節の枠を生み出した。四旬節は四世紀と七世紀のあいだに、キリストの受難と復活を祝うための準備期間として、定められた。「四旬節」という言葉自体、ラテン語の《Quadragesima (dies)》、すなわち復活祭前の「四〇日目」から来た。

絵画芸術においてキリストの誘惑が扱われるようになるのは、一〇世紀から一一世紀以降である。画家たちは、悪魔の外観を描くのにさまざまな工夫をこらした。羽根の生えた黒い子供(ヴェニスのサン・マルコにおいて)、角《つの》が生えた生き物、先の分かれた蹄《ひづめ》をもった足、果てはフランチェスコ会の修道衣をつけている(ボッティチェリ、一四八二年)ものもあった。他方、イエスが神の助けを受けて悪魔に勝つしるしとしての天使の姿(『マタイによる福音書』四・一一)を好んで描き込む、フラ・アンジェリコとかシャルル・ル・ブラン(ルーヴル美術館蔵)といった画家たちもいた。

十二使徒の召集

四人の福音記者たちは、イエスがどのようにして十二使徒のグループを形成したのかを語っている。ヨハネ（一・三五〜五一）は、アンデレとその兄弟シモン（ペトロ）、フィリポ、ナタナエル、そしておそらくヨハネ自身のことを書いている。共観福音記者三人は、アンデレとシモンとヨハネに加えて、ヨハネの兄弟ヤコブに言及している。彼らは全員漁師であったが、「人間をすなどる漁師」（『ルカによる福音書』五・一〜一一）になるよう促される。もう少し先では、徴税人レビ（マタイ）が出てくる。使徒グループの完全なリストは、共観福音書（『マタイによる福音書』では、一〇・一〜四）と『使徒言行録』（一・一三）にある。

使徒たちを選んだあと、イエスは彼らのかしらとしてペトロを任命する。「あなたはペトロ（岩）。わたしはこの岩の上にわたしの教会を建てる。陰府《よみ》の力も、これに対抗できない。わたしはあなたに天の国の鍵を授ける。あなたが地上でつなぐことは、天上でもつながれる。あなたが地上で解《と》くことは、天上でも解かれる」（『マタイによる福音書』一六・一八〜一九）。

「つなぐ／解く」はユダヤ文化では「禁じる／許す」を意味する。この権限は特に罪の赦しにおいて明らかになる。「鍵の権力」、「聖ペトロの鍵」は教皇の権限を示す。大衆の信心ではこのイメージを出発点として、ペトロは天国の門番となった。

画家や彫刻家は、使徒たちの召命をさまざまに表した。ペトロとアンデレは小舟の中にいて、ヤコブとヨハネは漁網をつくろっており、マタイ＝レビは徴税人の勘定場の前にいる。システィナ礼拝堂のペルジーノによるフレスコ画（一四八一年）には、ひざまずいて救い主の手から鍵を受け取っているペトロが描かれている。

ヨハネのナタナエルは使徒バルトロマイ（これは「トルマイの息子」という意味にすぎない）と同一視され、その祝日八月二四日は一五七二年のパリにおけるプロテスタント虐殺によって悲しくも有名な日である。アンドレ・ジッドは、この弟子に対するイエスの判断「見なさい。まことのイスラエル人だ。この人には偽りがない」（『ヨハネによる福音書』一・四七）に打たれて、弟子をナタナエルと名づけ、その弟子に宛てて『地の糧』（一八九七年）を書いた。実際、『地の糧』の序には「ナタナエル［…］、これらのものはお前の名前と同様に虚偽ではない」と書かれている。

クローデルは、『神の年の恵みの冠』（一九一五年）の中で、一二の詩を「使徒グループ」に捧げている。

カナの婚礼（『ヨハネによる福音書』二・一〜一一）

イエスの預言活動がまさに始まる時期に、ガリラヤのカナで婚礼があり、イエスは母と弟子たちとともに招かれた。さて、ぶどう酒が足りなくなったので、母はイエスに向かって言った。「ぶどう酒がなくなりました」。そこにはユダヤ人が清めに用いる大きな石の水甕が六つおいてあった。イエスはそれらに水を満たすよう命じた。次いで、「さあ、それを汲んで宴会の世話役のところにもっていきなさい」と付け加えた。世話役は飲んでみた。このぶどう酒がどこから来たのか知らない彼は、花婿を呼んで「誰でもはじめに良いぶどう酒を出し、酔いがまわったころに劣ったものを出すものですが、あなたは良いぶどう酒を今までとっておいたのですね？」と言った。

これが第一の奇跡、イエスの栄光を表す「徴」であった。それゆえ——東方の学者の礼拝とヨルダン川での洗礼のあとで――カナの婚礼が公現祭、あるいは「主の公現」（一月はじめ）の第三の局面をなすのである。

　このエピソードは、旧約の水から新約のぶどう酒への移行を表すものとしばしばみなされ、四世紀から絵画や彫刻のテーマとなった。パンを増やす奇跡とともに、このエピソードは聖体の象徴ともされた。ビザンティン芸術では、イエスが食卓についているのが最後の晩餐の予告となる。ジョット、ティントレット、ヒエロニムス・ボス、ムリーリョなどが《カナの婚宴》を描いたが、その後ヴェロネーゼの壮大な絵（一五六二年）が生まれる。これはヴェニスのサン・ジョルジオ・マッジョーレのベネディクト会の食堂を飾るためのものだったが、現在はルーヴル美術館に入っている。玉虫色のきらめきや壮麗な内装の中に描かれているこの宴には、宗教色がまったくない。このように宗教的深みの消去が明らかなのは、ルネサンス期によく見られた現象である。

パオロ・ヴェロネーゼ《カナの婚宴》（ルーヴル美術館）

癒しの奇跡

　キリストは数多くの癒しを行った。親切心から、また、みずからの使命を裏づけるため、および象徴的にメッセージを広めるために行ったのである。それは、パスカルが

『パンセ』（断章七六三）に書いているように、

福音書において、病んだ心の状態を表すものは病んだ身体である。しかし、身体は病んだ心をよく表すほど十分に病むことはできないので、病んだ身体がいくつか必要である。それゆえ、聾者、啞者、盲者、麻痺の者、死んだラザロ、憑かれた者、これらすべてが病んだ心の中には一緒にある。

最もしばしば作品化された癒しは、エル・グレコが一五七〇年に描いた生まれつきの盲人（『ヨハネによる福音書』九・一～三五）の癒しと、プッサンを動かしたエリコの二人の盲人の癒し（『マタイによる福音書』二〇・二九～三四）である。カファルナウムの百人隊長の僕《しもべ》の中風（『マタイによる福音書』八・五～一三）がヴェロネーゼの絵にインスピレーションを与えたのは確かだとしても、最も長く、最も広範囲に成功を収めたのは、キリストのおられた家の屋根に穴をあけて病人の床を吊り降ろしたというエピソードの中風の人（『マルコによる福音書』二・一～一二）と、ベトザダの池に入った病人（『ヨハネによる福音書』五・一～一五）との、いずれも目を見張らせる癒しである。癒しの奇跡を受けた女性はといえば、出血で苦しんでいた女（『マルコによる福音書』五・二五～三四）がヴェロネーゼ、ルーカス・クラーナハ、ウィリアム・ブレイクに描かれており、カナン女の娘（『マタイによる福音書』一五・二一～二八）がヴェロネーゼ、アンニーバレ・カラッチの絵になっている。

レンブラントのきわめて有名なエッチング《一〇〇グルデン版画》と言われているものは、試し刷りがこの値段にまでなったということで名前がついたが、遠方の国々からやって来た大勢の病人をイエスが癒しているところ（『マルコによる福音書』三・七～一二）を描いている。

カファルナウムの中風の人のエピソードで、ごちゃごちゃと集まった人たちが家の入り口をふさいでしまっていたので病人の寝ている担架を屋根の穴から下ろしたということから、フランス語の« capharnaüm »を生んだ。この語は、雑多な種類の物をいっしょくたにしまってある場所を指すのにバルザックが導入した。

イエスとサマリアの女（『ヨハネによる福音書』第四章）

イエスはエルサレムからガリラヤに赴く時にサマリアを通った。サマリアの住民たちはユダヤ教からシスマ〔離教〕していたので、ユダヤ人たちは接触を避けていた。「ヤコブの井戸」があるところまでやって来たイエスは、疲れたので井戸の縁石に座っていた。およそ正午の頃であった。そこへサマリアの女がやって来て、水を汲もうとした。イエスは彼女に「水を飲ませてください」と言った。サマリア人の女は驚いて「何ですって！　ユダヤ人であるあなたがわたしに言葉をかけるなんて！」

イエスは答えた。「もしあなたが神の賜物を知っており、また、あなたに声をかけたのが誰であるか知っていたら、あなたのほうから水を飲んでくださいとその人に頼んだだろう。そして、その人はあなたに生きた水を与えただろう。この井戸の水を飲む者は誰でもまた渇く。しかし、わたしが与える水を飲む者は決して渇かない」。

そして、イエスは言われた。「行って、あなたの夫を探してきなさい」。女はイエスに答えた。「わたしには夫はいません」。イエスは続けた。「あなたは真実を言った。今まであなたは五人の夫をもったが、今連れ添っているのはあなたの夫ではない」。サマリアの女は驚きで息が詰まりそうになって叫んだ。「主よ、あなたは預言者とお見受けします。わたしどもの祖先はゲリジム山の上で神を礼拝しましたが、あなたがたユダヤ人はエルサレムで神を礼拝すべきだと言っています」。イエスは答えた。「婦人よ、わたしを信じなさい。その時が来る、そしてその時はもう来ているのだが、まことの礼拝をする者たちが、霊と真理をもって父を礼拝する時なのである。神は霊であり、神を礼拝する者は、霊と真理をもって礼拝しなければならないのである」。

女はイエスに言った。「わたしはメシアが来られるはずと知っています。メシアが来られたら、メシアはわたしたちにいっさいのことを知らせてくださいます」。イエスは女に答えて、「わたしがメシアである。あなたに話しているわたしが」。

この素晴らしい文章は、代々のキリスト教徒を魅了してきた。生きた水のテーマ、「まことの礼拝をする者」、「霊と真理をもって」する礼拝のテーマは、何度も繰り返されてきた。哲学者マルブランシュは『霊と真理をもってする礼拝について』を書いた。

造形芸術においては、オリエントの画家たちはイエスを座った姿で描いたが、西洋ではイエスとサマリアの女が立っている姿のほうを例外なく好んだ。このシーンを描いた大画家は、ヴェロネーゼ（一五八〇年）、アンニーバレ・カラッチ、レンブラント（一六五五、五七年）、フィリップ・ド・シャンパーニュ、ブーシェ、ターナーらである。

パリのデパート、ラ・サマリテーヌの名前は、その隣接の給水システムが一六〇三年から一八一三年までセーヌ川の水をルーヴルとテュイルリーに供給していたことに由来する。給水施設が入っていた小さな建物の上には、イエスに水をあげているサマリア人の女を表した金属製の一群の像があった。

嵐を静め、湖の上を歩く

福音書の二つのエピソードは、差し迫った死の象徴である水に対するイエスの支配力を強調している。イエスには旧約が神だけのものとした能力が備わっていることを、二つのエピソードは示しているのである。第一のエピソード、すなわち嵐を静めるエピソードは共観福音記者三名が書いている。イエスはティベリアス湖で使徒たちと舟に乗り、船尾で枕に頭を載せて眠っていた。突風が吹き、波が高くなって舟は波に飲まれそうになった。使徒たちはイエスを起こして「先生、助けてください、おぼれます」。イエスは彼らに言った。「なぜ怖がるのか？　信仰の薄い者たちよ」。イエスは起き上がって風と湖を制したところ、すっかり凪《なぎ》になった。呆然として弟子たちはお互いに言い合った。「いったい、この方はどなたなのだ、風と湖さえも従うこの方は？」（『マルコによる福音書』四・三六〜四一）

湖の上を歩くエピソードは『ルカによる福音書』にはない。このエピソードの最も詳しい記述は、マタイ（一四・二二〜三三）にある。イエスが湖岸に残っているあいだに使徒たちは夜に湖を渡ろうと企てた。夜明け近くにイエスは湖の上を歩いて彼らのところにやって来た。弟子たちは幽霊を見たのだと思っておびえ、叫び声をあげ始めた。しかし、イエスは彼らを安心させた。「わたしだ。恐れるな」。ペトロはイエスに「本当にあなたでしたら、わたしに命じて水の上を歩いて、あなたのところに行かせてください」。イエスが承諾したので、ペトロはイエスのほうに歩み始めた。しかし、風が強く吹いたのでペトロは怖くなり、沈みかけた。ペトロの手をつかんでイエスはとがめた。「信仰の薄い者よ、なぜ疑ったのか？」　そして、イエスが舟に乗り込むと風は静まった。

ドラクロワ《嵐をしずめるキリスト》（メトロポリタン美術館）

これら二つのエピソードは、広く行き渡っているある幻想、すなわち水に飲み込まれるのではないか、という強い不安を反映している。どんな人間も羊水から生まれたので、誕生の道のりを逆にたどるのではないかという不安なのである。このような不安は、ノアの洪水、モーセの誕生、『ヨナ書』について、すでに見られた。上記二つの場合において、イエスは死の脅威に勝利したことを明言している。

一三〇〇年頃、ジョットは、キリスト教徒の考えの中で一般的だった象徴体系に従って、波に揺さぶられてもキリストによって守られている舟に教会をなぞらえて描いた。レンブラント（一六三三年）とドラクロワ（一八五三年）は《嵐をしずめるキリスト》を描いたが、後者に至っては四回もこのテーマで描いた。

湖上を歩くテーマについては、三世紀にすでにシリアのドゥラ・エウロポスのキリスト教フレスコ画に描かれている。ティントレットとルーベンスはこのシーンに魅了され、ドラクロワは一八五〇年にルーベンスの作品を模写した。

パンを増やす

福音書の中には、パンを増やすエピソードが二つある。第一のエピソードのほうがより詳しく、それはめずらしく『マルコによる福音書』の中にある（六・三〇〜四四）。イエスと弟子たちは人里離れたところへ退いたが、それでも大勢の人たちがやはり彼らを見つけた。そこで、イエスの言うことに飽かず耳を傾けているこれらの人々に食べ物を用意することが問題になった。しかるに、使徒たちは五つのパンと二匹の魚しかもっていなかった。イエスは聴衆を草の上にグループに分けて座らせた。そして、五つのパンと二匹の魚をとって、賛美の祈りを唱え、パンを裂き、魚を分けて、配らせた。全員がお腹いっぱい食べて、残りのパンが一二の籠に一杯になった。

第二のエピソードは七つのパンと数匹の小魚であるが、第一のエピソードと同様のもので、マルコの中の二章先（八・一〜一〇）にある。このような奇跡は、ヨハネでは命のパンについての長大な説教付きで紹介される（第六章）。その中で、イエスは滅ぶべきパンとは対照的な「真の天のパン」である彼自身を提示している。「わたしは命のパンである。わたしのもとに来る者は決して飢えることがなく［…］、わたしを信じる者は永遠の命を得る。はっきり言っておく。人の子の肉を食べ、その血を飲まなければ、あなたたちの内に命はない」。

この聖体の神秘の啓示は顰蹙を買った。そのため、数人の弟子たちがイエスを離れた。イエスはそこで一二人に尋ねた。「あなたがたも離れていきたいか？」ペトロは答えて、「主よ、わたしたちは誰のところに行きましょう？　あなたは永遠の命の言葉をもっておられます」。

カタコンベの中には、聖餐のあいだのパンで満たされた籠を見せて、奇跡をそれとなく示してある絵があるが、パンを祝別するキリストの表象はきわめてすみやかに広がった。ティントレットは、一五八〇年にこのエピソードを最後の晩餐に結びつける。ルーカス・クラーナハとムリーリョもまた、これを描いている。

聖体の賛美のためのミサ曲は、何百となく作られた。モーツァルトは、一度聴いたら忘れることのできない《アヴェ・ヴェルム・コルプス》（《めでたし、キリストの真の身体》）を作曲した。最近の作品の一つは、オリヴィエ・メシアンの《聖体秘跡の書》（一九八四年）。

変容

三つの共観福音書は、イエスが「高い山の上で」変容したエピソードを遺していて、この山は伝承によりタボル山（ガリラヤの南）と同定されている。ルカにある物語（九・二八〜三六）は、神の顕現が「イエスが祈っておられるうちに」起きた、とはっきり書いていて、このことは神秘家たちをとりわけ感動させた。

イエスは、ペトロ、ヤコブ、ヨハネを一緒に連れて、祈るために山頂に着いた。イエスが祈っておられるうちに、顔が太陽のように輝き始め、衣服はまばゆい白色になった。そして、そこへ二人の最も偉大な預言者モーセとエリヤが現れ、イエスがエルサレムで遂げようとしている受難の最期について、イエスと語り合っていた。雲が不意に現れて彼らを包み、中から声が聞こえた。「これはわたしの愛する子、彼に聞け」。恐れおののいた使徒たちは地面にひれ伏した。イエスは近づいて彼らに言った。「恐れるな、立ちなさい」。そこで彼らがまわりを見ると、イエス一人しか見えなかった。

この神の顕現は、イエスが再びこれら三人の使徒たちとともにいるゲッセマネの園での苦悶と対をなしている。主が何度も彼らに予告した受難の時に使徒たちが覚える絶望感から彼らを守るのが、この顕現である。

九世紀には、主の変容はキリスト教化されたオリエントの最も大きな祝祭の一つ、メタモルフォジス〔Metamorphosis〕になった。この祝祭は、「タボル山の光」と「神崇拝」を探し求めているオリエントの霊性作家たちの多くに霊感を与えた。ローマ・カトリック教会でも同時期からこの祝日を祝う地域もあったが、広く行われる典礼に入ったのは一四五六年になってからで、八月六日がその日に定められた。しかし、この神の顕現は、四旬節の第二日曜日——キリストの受難に向かって歩む、この時期の明るい中断——の福音書朗読箇所ともなっている。

このエピソードはビザンティン芸術でごく早くから好まれたことから考えて、西洋はまずこの源泉からインスピレーションを得たのである。

一四世紀以降は、キリスト昇天の物語の影響を受けて、変容したキリストが天と地のあいだに描かれ、エリヤとモーセがひざまずき、三人の使徒たちはひれ伏すか目がくらんでいる、といった表象がしばしば行われた。ジョット、ラファエロ、ルーベンスに見られる。しかし、他の多くの芸術家たちは、山頂に立つキリストという構図のほうを好んだ。たとえば、フラ・アンジェリコやジョヴァンニ・ベッリーニである。

イエスの変容は、テイヤール・ド・シャルダン（一八八一—一九五五年）の世界観の誕生に決定的な役割を果たした。北京原人の化石発見に貢献したこの古生物学者は、ある「変容」の絵の前で祈っている時に強烈な宗教的体験をした。キリストの光が世界に広がるのを見たのである。そして、この見神の体験があったから、彼は宇宙的なキリスト、万物の造り主、そして宇宙に潜り込んで宇宙全体を目に見えない神に向かって——キリストの肉の衣のひだのように——ともに引きずり込む、という彼の神学に全力を傾けたのである。そして、イエスの変容はテイヤール・ド・シャルダンの中で、『コロサイの信徒への手紙』の壮大な冒頭にオーバーラップされる。

オリヴィエ・メシアンは《わたしたちの主イエス・キリストの変容》を一九六九年に作曲した。

善きサマリア人のたとえ話（『ルカによる福音書』一〇・二九〜三七）

ある律法学者が、主要な掟「あなたは心を尽くし、神を愛し、自分自身を愛するように隣人を愛しなさい」（『申命記』六・五、『レビ記』一九・一八）に言及してから、イエスに尋ねた。「では、わたしの隣人とは誰ですか?」『レビ記』のコンテクストや、数多くの詩編の呪いの言葉、その他、旧約の諸節によれば、ユダヤ人はこの言葉が指すものはイスラエルの同胞と考えることが最も多かったからこそ、この質問はこの状況において的を射たものだった。イエスは反対にサマリア人のたとえ話をもって、世界全体を隣人としようとした。サマリア人は、すでに見たように、ユダヤ人とは付き合わない民族とされていたのである。

ある人がエルサレムからエリコへ下っていく途中、追いはぎに襲われた。追いはぎは、その人の服をはぎ取り、傷だらけにし、半殺しにしたまま立ち去った。ある祭司がたまたまその道を下ってきたが、その人を見ると、離れたところを通っていった。レビ人も同じようにした。しかし、旅をしていたあるサマリア人もそこを通りかかり、怪我をしたその人を見て憐れに思ったので、近寄って傷に油とぶどう酒を注ぎ、包帯をして馬に載せ、宿屋に連れていって介抱した。そして、翌日になると、銀貨を二枚出して宿屋の主人に渡して言った。「この人をよく介抱してください。もっと費用がかかったら、帰りがけに払います」。「さて、この三人の中で誰が追いはぎに襲われた人の隣人になったとあなたは思うか」。律法の専門家は答えて、「その人に親切にした人です」と言った。そこで、イエスは言われた。「行って、あなたも同じようにしなさい」。

このたとえ話は「善きサマリア人を演じる」〔人助けをする〕という表現を生んだ。人生でひどい目に遭っている人に救いの手を差し伸べる人を指すが、時に皮肉なニュアンスなきにしもあらずの表現である。

このたとえ話の中の傷だらけで半死半生の登場人物は、キリスト教思想において、神の恩寵を失った人間を表しているものとすぐに解釈されるようになり、医者たるキリストが救いの手を差し伸べにやって来るとされた。早くも六世紀には、この象徴化に従った絵や彫刻が現れる。しかし、たとえばリベラ、ホガース、あるいは一八五〇年のドラクロワなどは、元の物語を忠実に厳密になぞって作品化した。

マルタとマリア（『ルカによる福音書』一〇・三八～四二）

イエスはマルタとマリアの家に迎えられた。マリアはマルタがあらゆる家事をやっているあいだ、イエスの足元に座って宗教的な話に聞き入った。マルタはマリアがもてなしをまったく手伝わないのをイエスにこぼした。「マリアに手伝うように言ってくださいよ」。主はマルタに答えた。「マルタ、あなたは多くのことに心を乱している。しかし、必要なことはただ一つだけである。マリアは良いほうを選んだ。それを取り上げてはならない」。

この一節は大きな影響を及ぼした。二人の姉妹は、人生の二つの選択肢、すなわち活動的な生と観照的な生（修道士や修道者の）を弁別するのに役立っている。また、パウロは神に捧げられた未婚を称讃して、それを結婚よりよいものと断じている。結婚は、神を探し求めることから気を散らさせる、あらゆる類いの煩わしさの源だからである（『コリントの信徒への手紙』一、七・三二〜三五）。

しかしながら、芸術家たちがこのエピソードに真に関心をもったのは、一六世紀半ばのカトリック宗教改革以後になってからである。ティントレット、エル・グレコ、カラヴァッジョ、ベラスケス、フェルメールなど。一九二〇年にモーリス・ドニがこのシーンを描いた絵が、パリ市近代美術館にある。

放蕩息子のたとえ話（『ルカによる福音書』一五・一一〜三二）

『ルカによる福音書』第一五章は、はじめから終わりまで、慈しみ、人間の中の最も小さき者たちへの心遣いに関する三つのたとえ話で占められている。まず見失った羊、次に失くした銀貨、そして最後は『ルカによる福音書』のうち最も美しい節の一つで、父親と二人の息子が登場する。兄息子が父親のもとにとどまっているのに、下の息子はみずからが受け取るはずの遺産の分け前を要求し、それをもって遠方に旅立ち、そこで放蕩の限りを尽くして財産を使い果たしてしまった。貧窮し、豚の世話をせざるをえなくなったが、飢えに苦しんだ。そこで彼は我に返り、父親のもとで過ごした幸せな時を思い出して、家族のいるところに帰ろうと決心した。父親は彼が来るのを遠くから認めるや、走っていって抱き寄せた。息子は父親に「お父さん、わたしは天に対してもお父さんに対しても罪を犯しました。あなたの息子と呼ばれる資格はありません」と言った。しかし、父親は「この息子は死んでいたのに生き返った」と喜んで、祝宴の用意をするよう命じ、肥えた子牛を屠《ほふ》らせた。

畑の仕事から帰った兄は、祝宴のさなかに来合わせた。兄は怒って「お父さん、あなたにずっと仕えているわたしには何もしてくれません！　それなのに、娼婦たちと遊んであなたの財産を食いつぶした、あのごろつきのためには大宴会をなさるなんて！」　父親は彼に答えて、「息子よ、お前はいつもわたしと一緒にいる。わたしのものは全部お前のものだ。だが、お前の弟は死んでいたのに生き返った、いなくなっていたのに見つかったのだ。祝宴を開くのは当たり前ではないか」。

レンブラント《放蕩息子の帰宅》（エルミタージュ美術館）

このたとえ話から二つの表現がフランス語の中に残っている。「放蕩息子の帰宅」。これは息子または娘が一時期家族と決裂していたあと再び家族とよりを戻すことを指す。もう一つは「肥えた子牛を屠る」。これは親しい人が戻った時、あるいは大変喜ばしいニュースがあった時に行われる祝宴のことを言うための言葉である。

このたとえ話は大変よく知られていて、文学、劇、造形芸術、音楽、映画のテーマとなっている。舞台にもかけられて、中世には大いに人気を博した。そのあと、ロペ・デ・ベガの傑出した聖体神秘劇の一つとなる。一九〇九年には、ジッドが『放蕩息子の帰宅』を発表するが、その結末は意外なものだった。二番目の息子の下に弟がいて、兄の不運に納得できず、やはり家族のきずなを切ろうと決心する。自分は兄よりもっと有能で、一人でうまくやってのけられる、と考えたのである。

造形芸術の領域では、細密画とステンドグラスのモティーフがモデルとなって、彫刻家、織物作家、版画家、画家にインスピレーションを与えた。時には、ある作品のシーンが他の作品を触発するということもあった。たとえば、ムリーリョはカロの版画にインスピレーションを受けて、六つのテーマを描いた。レンブラントは《放蕩息子の帰宅》のテーマで、七枚のデッサンと版画一枚、油絵一点を描いた（一六六八年）。

音楽では、ドビュッシーのカンタータ《放蕩息子》（一八八四年）がローマ賞を受け、プロコフィエフは同じテーマでバレエ音楽を作曲した（一九二九年）。映画では、リチャード・ソープが『プロディガル』を一九五六年に製作した。

貧しいラザロと金持ち（『ルカによる福音書』一六・一九〜三一）

このたとえ話には、贅沢な暮らしをしている金持ちが出てきて、その住まいの入り口にはできものに覆われた貧しい男が横たわっていた。この貧しい男には、ごちそうのかけらも与えられなかった。不幸な男は死んで、天使によってアブラハムの傍らに運ばれた。金持ちも同じく死んだが、その墓は地獄だった。この責め苦の場所から、金持ちは哀れなラザロがアブラハムの「ふところ」にいるのを、すなわちアブラハムのすぐそばにいるのを見た。金持ちは叫んだ。「父アブラハムよ、わたしを憐れんでください。ラザロをよこして、指先を水に浸し、わたしを冷やさせてください」。しかし、アブラハムは金持ちに答えた。「お前は生きているあいだに良いものをもらっていたが、ラザロは悪いものをもらっていた。だから、今、彼はここで慰められ、お前はもだえ苦しむのだ」。

そこで金持ちは言った。「ラザロをわたしの父親の家に遣わしてください。父親がわたしの五人の兄弟にこのような苦しみの場所があることを教え、彼らがここに来ることなく生きられるように」。しかし、アブラハムは言い返した。「お前の兄弟たちにはモーセと預言者がいる。彼らに耳を傾けるがよい」。

このたとえ話はルカだけのもので、金銭への隷属を最も強く断罪しているルカはこの話に強く打たれたのである。「富んでいるあなたがたは不幸である！」（六・二四）作家レオン・ブロワは、一九世紀から二〇世紀に移る頃、このたとえ話の数多くの翻訳がタイトルにニュアンスをつけていることを問題にした。元の福音書は単に「金持ち」と言っているのに、「ラザロと悪い金持ち」としていたからである。このエピソードは、福音書のライトモティーフを明らかにしている。すなわち、聖性は社会の茶番劇の外観とはほとんど関係がないのである。ここには最後の審判の基準が予告されている（『マタイによる福音書』二五・三一〜四六）。

このエピソードは数多く表象化されたが、伝承によってエピュロン〔Epulon〕と名づけられた金持ちの宴会の様子は、うまい酒、きらびやかな衣服、食べ物、音楽、遊女たちなどによって表され、また、その死は、枕頭に立つ悪魔、あるいは炎の中で苦しむさまによって描かれた。そして、何よりもアブラハムのふところにいるラザロが描かれ、そのモティーフは柱頭、教会のポーチ、扉（そこには物乞いが立つことがよくあった)、ステンドグラス、フレスコ画に溢れた。

姦通の女(『ヨハネによる福音書』八・一~一一)

モーセの律法では、姦通の女は死を命じられ、ユダヤ人たちは石打ちの刑を行っていた(『申命記』二二・二二~二四)。ある日、律法学者とファリサイ派の人たちがイエスの前に姦通の現場で捕まった女を連れてきた。「モーセは姦通の女は石打ちにするよう命じています。あなたはどうお考えになりますか?」これは次いでイエスを訴えるための罠だった。イエスはかがみ込み、地面に線を描き始めた。しかし、彼らがあまりしつこく問い続けるので、身を起こして言った。「あなたたちの中で罪を犯したことのない者が、まずこの女に石を投げなさい」。すると、彼らは一人また一人と立ち去ってしまった。著者ヨハネは「まず年長者から〔立ち去った〕」と、からかい気味に言っている。イエスだけが女と残った。イエスは女に言われた。「わたしはあなたを罪に定めない。行きなさい、これからはもう罪を犯してはならない」。

このシーンは、ごく早くからキリスト教のエッセンスを表すものの一つと考えられた。すなわち、愛と赦しである。姦通の女は、サマリア人の女と結びつけられて、六世紀には早くもラヴェンナのモザイクに現れる。女は自分を救ってくれたばかりの人イエスの足元に、涙にくれてひざまずいている。このエピソードがこのように描かれることは多いが、中世末以降は地面に何か描いているキリストのイメージのほうが好まれるようになった。たとえば、一六五三年にプッサン、一八一〇年にブレイクが描いたものがそうである。

フランス語で「人に石を投げない」という表現は、不確定な弾劾に加わりたくない、と言う時に通常使われる。詩人のジョルジュ・ブラッサンスは、キリストの言葉を彼の歌の一つにユーモラスに取り入れている。

　姦通の女に石を投げるな
　わたしがついている。

良い羊飼い（『ヨハネによる福音書』一〇・一〜二一）

イエスは、人に誤った希望を抱かせる多くのペテン師を断罪し、みずからを真の羊飼いと称する。真の羊飼いは、自分の羊を愛し、それぞれの名前で呼ぶ。そして、羊のほうでも羊飼いの声を聞き分ける。

　わたしは良い羊飼いである。良い羊飼いは羊のために命を捨てる。羊飼いではなく、雇い人は狼に羊の群れが襲われると群れを捨てて逃げ出す。わたしは良い羊飼いで、わたしは自分の羊たちを知っており、わたしの羊たちもわたしを知っている。わたしは羊たちのために命を捨てる。わたしには、この囲いの中に入っていないほかの羊たちもいる。わたしは、その羊たちも導かねばならない。その羊たちは、わたしの声を聞き分ける。その羊もわたしの声を聞き分ける。こうして、一つの群れだけ、一人の羊飼いだけになる。

フィリップ・ド・シャンパーニュ《良い羊飼い》（ユルシュリーヌ美術館、マコン）

ヨハネが語るこのたとえ話は、見失った羊のたとえ話（『ルカによる福音書』一五・一〜七）に近い。「あなたがたの中に一〇〇匹の羊をもっている人がいて、その一匹を見失ったとすれば、九九匹を残して、見失った羊を捜し回らないだろうか？　そして、見つけたら、喜んでその羊を担《かつ》ぐ」。

良い羊飼いのテーマ――旧約にもある（『イザヤ書』四〇・一一、『エゼキエル書』三四・一二、『詩編』第二三章）――は、早くも二世紀にはカタコンベの中のフレスコ画や石棺の浮彫に現れる。羊の群れを見張っているイエス（五世紀ラヴェンナのガラ・プラキディアの廟堂のモザイクの中など）であったり、見つけた羊を肩に担いでいるイエスであったりする。中世の大部分の時期は、説教するキリストや受難のキリスト、あるいは勝利するキリストのほうが好まれたので、良い羊飼いのテーマは流行らなかったが、一六世紀には再び出現した。大衆に好まれる版画に最も多く用いられた原画は、フィリップ・ド・シャンパーニュの《良い羊飼い》（一六五四年頃）である。イエスは見つけた羊と帰ってくるところで、羊は脚をイエスの首に巻きつけている。

修道女会の中には、良い羊飼いあるいは良い救い主という名前をもつものがいくつもある。一七世紀以降に創設されたこれらの修道女会は、娼婦に身を落とした若い娘たちに再び希望をもたせようという会だった。

「迷える羊を連れ戻す」という表現は、操行芳しくない仲間を正しい道に連れ戻す、という意味で使われる。

ベタニアのラザロの甦り（『ヨハネによる福音書』第一一章）

エルサレムの近くのベタニアの町で、かつてイエスはラザロという名前の男と彼の二人の姉妹マルタとマリア（前述の二人）と親しくなった。何ということか、ラザロは病気になって死んだ。イエスは、ラザロがすでに墓に入って四日後に、やっとベタニアに着いた。マリアが泣いているのを見て、イエスも身を震わせ、動揺した。しかし、イエスはマルタに言った。「わたしは復活であり、命である。わたしを信ずる者は、たとえ死んでも生きる。そして、生きてわたしを信ずる者は、決して死なない」。

墓の前に着いて、イエスは涙を流した。動揺しながらも、イエスは「石をどけなさい」と命じた。しかし、マルタは遺骸の腐乱がもう始まっていると反論した。イエスはマルタに答えて、「あなたが信じれば、神の栄光を見るだろう」。石がどけられ、神に感謝したあと、イエスは「ラザロよ、外に出なさい」と叫んだ。死んでいたラザロは、手足を布で巻かれ、顔は覆いで包まれながら外に出た。イエスは「覆いを解いてやって行かせなさい」と命じた。その場に居合わせた多くの者たちは、起きたばかりのことを見て、イエスを信じた。

このエピソードの最も古い表象は、カタコンベの絵（三世紀）である。芸術家たちは、長いあいだ、ユダヤ人が死者を立ったまま洞窟の墓に葬っていたことを尊重して、ラザロをも立ったままエジプトのミイラのように細帯でぐるぐる巻きになっている姿に描いていた（ビザンティン芸術）。埋葬の慣行がその後変わって、屍衣を着て横たわった姿になる。このエピソードを描いた最も著名な画家たちとしては、フラ・アンジェリコ、カラヴァッジョ、ルーベンス、レンブラントなどがいる。

福音書が伝える他の二つの甦りも、画家たちに好まれたテーマである。ナインのやもめの一人息子の甦り（『ルカによる福音書』七・一一〜一七）とヤイロの娘の甦り（三つの共観福音書、ルカは八・四〇〜五六）である。二つとも、早くも四世紀から石棺を飾るようになり、次いで細密画、モザイク、フレスコ画にも現れる。

神殿から追い出された商人たち（『ヨハネによる福音書』二・一八〜二二）

この有名なシーンは四人の福音記者全員が語っているが、とりわけ『ヨハネによる福音書』の扱いが衝撃的なものとなっている。他の共観福音書はこのシーンをキリストの受難の少し前に位置づけているのに対して、ヨハネは象徴的な理由から彼の福音書の始まりの部分においているからである。過越祭が近づいて、供犠のために売られている動物や、エルサレムにやって来る各国の巡礼者たちのための両替人などで混雑している神殿の境内では怪しげな商売が行われていて、それにイエスは憤っておられた。イエスは鞭を作って、両替人の金庫をひっくり返し、商売人たちを追い出した。

このことから、「神殿の商人」という言い回しは、宗教的行為から利益を得ようとする者を激しく非難するために使われるようになった。

このエピソードは、ファリサイ派の一部の人たちの偽善に対するキリストの恐るべき呪いの言葉（『マタイによる福音書』二三・一三〜三六）にも似ている。ファリサイ派の人たちは信心深いユダヤ人のグループで、戒律を守ることにうるさい人たちである。イエスは、彼らの人間的柔軟さのない形式主義と、優越感や自己満足を非難した。あるたとえ話はファリサイ派の人の傲慢と徴税人の謙遜とを対立させている（『ルカによる福音書』一八・九〜一四）。徴税人は占領者であるローマ帝国側と通じているとみなされて嫌われていたのである。

前述の商人のシーンは、六世紀にはすでに絵や彫刻に見られる。ジョットやレンブラントをはじめ、多くの画家がこのシーンを描いている。しかし、一六世紀以降、このテーマから宗教的枠組みが消えて風俗画になる作品も中には現れる。バッサーノは市場の風景（家禽類や卵などが出てくる）に変えている。付随的なものが本質に取って代わったのである。

改革派プロテスタントの人たちは、免罪符の取引に対する自分たちの反応を、商人を追い払ったイエスのふるまいにたとえている。すなわち、ローマは免罪符を発行していたが、これは文句のつけようのない行為（祈り、巡礼、慈善行為）をするだけでなく、金を払い込む人たち、とりわけ当時費用のかかるローマのサン・ピエトロ大聖堂の建立のために金を出す人たちに煉獄の懲罰を免れさせるものである。

フランソワ・モーリアックの最良の小説の一つは『ファリサイ女』（一九四一年）というタイトルで、自信過剰で他者を受け入れない一部のカトリック・ブルジョワジーの偽善が描かれている。

エルサレムに華々しく迎えられる

イエスが受難の五日前にエルサレムに入ったことは、福音記者全員が書いている。イエスが近づいたことを知った群衆は、なつめやしの枝をふりかざして、「ホサナ！　主の名によって来られる方に祝福があるように」と歌いながら集まった。イエスは、ゼカリヤの預言（『ゼカリヤ書』九・九）のとおり、ロバの子に乗ってエルサレム入りした。居合わせた人々は道に外套と葉のついた枝を敷いておいた。この歓迎ぶりは、ファリサイ派の人々をいらだたせた（『ヨハネによる福音書』一二・一二～一九）。

このエピソードは、復活祭の前の最後の日曜日に枝の祝別が行われる元となった。参加者は、このようにイエスがエルサレムに入ったことの記念として枝を祝別してもらう。そして、この日曜日は「枝の主日」あるいは「受難の主日」と呼ばれるようになった。「ホサナ」という歓呼は「救いたまえ」というヘブライ語の呼びかけから来た。続く「主の名によって来られる方に祝福があるように」は、カトリックのミサのサンクトゥス〔感謝の賛歌〕の中に組み込まれ、あらゆるミサ曲のうちに楽曲化される。

造形芸術において、このシーンは早くも四世紀には描かれる。子供たちが外套を道に広げる。ロバに横座りした（ビザンティン芸術）あるいはまたがったイエスに、一人か二人の使徒が同行している。背が低い人物がイチジク桑の木に登って行列が通るのを眺めているのが描かれることもある。この人物はザアカイと呼ばれる富裕な徴税人で、少し前にイエスがエリコに入るとき、すでにこの物見台を選んでいた。そのとき、ザアカイはイエスを自宅に迎えたのである（『ルカによる福音書』一九・一～一〇）。

「枝の主日の前に復活祭を祝う」というからかいの表現は、物事の伝統的な順番をひっくり返して、結婚の前にベッドをともにする恋人たちのことを言う。

賢い乙女たちと愚かな乙女たち（『マタイによる福音書』二五・一〜一三）

エルサレムに華々しく迎えられてから受難までのあいだに、イエスは人類の歴史の最後の時について多くを語った（『マタイによる福音書』第二一〜二五章）。この短い時期のたとえ話の中で最も有名なのは、賢い乙女たちと愚かな乙女たちの話である。それぞれ五人ずつの若い娘たちの二つのグループの話である。婚宴の晩餐のとき、娘たちはなかなかやって来ない花婿を待っていた。用意周到な娘たち五人はともし火を燃やし続けるための油の予備をもっていたが、他の五人は何の用意もしていなかった。真夜中に花婿がやって来たと知らせがあったとき、賢い乙女たちだけが花婿を迎える準備ができていた。他の五人は不意を打たれて婚宴への参加を禁じられてしまった。キリストは、この話の結論として、「だから、目を覚ましていなさい。あなたがたは、その日、その時を知らないのだから」と言った。

ウィリアム・ブレイク《貞淑な乙女たち》（テート・ギャラリー、ロンドン）

この最後の言い回しは、死がいつでもやって来る恐れがあることを思い出させるためによく使われる。

このたとえ話は早くも四世紀にはフレスコ画に扱われ、中世芸術において大成功を収めた。たとえば、一二世紀には舞台で演じられ、最後の審判に結びつけられることがしばしばあった。フランスでは、このたとえ話をテーマにして浮彫が多数作られたが、ゲルマン諸国では巨大な彫刻群として表されることが多かった。版画家アブラハム・ボスは、このテーマで七枚のエッチングを製作し、一八二二年にはブレイクが、乙女たちの二つのグループの頭上に、嵐の空を疾風のように通り過ぎながら最後の審判のラッパを吹き鳴らしている一人の天使とともに描いた。

ランボーは『地獄の一季節』(一八七三年)で、このたとえ話と戯れている。彼は恋人である詩人ポール・ヴェルレーヌを「愚かな乙女」の一人であるとした。神である夫を離れ、ランボー自身である「地獄の夫」へと向かい、善に心を捉えられ、悪に惹かれて、その二つのあいだを狂おしく揺れ動かざるをえなくなった、というのである。

最後の審判(『マタイによる福音書』二五・三一~四六)

イエスの受難のすぐ前に、マタイは壮大な最後の審判のシーンをおいている。キリストが栄光の限りの中で王座についておられ、その前にすべての国の民が集められることになる。キリストは右に選ばれた者たちをおき、左に呪われた者たちをおく。さながら羊飼いが羊と山羊を分けるように。分ける基準は何か? 心を開いていること、そして飢えた人たち、渇いた人たち、異国の人たち、貧窮した人たち、病人、牢に入れられた人たちに何かしてあげたこと。頑《かたく》なな心の持ち主は永遠の罰に向かい、正しい心の人は永遠の命に向かう。

最後の審判の図像は、単にこのテクストだけでなく、『ダニエル書』(第一二章)と『ヨハネの黙示録』（二〇・一一〜一五）も典拠としている。九世紀以降、ビザンティン芸術は王座と最後の審判の光景にさまざまなシーンを付け加えた。コプト教会から伝わったエジプトのモティーフである魂の計量とか、死者の甦り、天国と地獄の光景などである。

西洋では、最後の審判は当初、羊と山羊の対照、あるいは賢い乙女と愚かな乙女（六世紀のラヴェンナのモザイク）の対照でしか表されなかった。内容が豊かになったのは、八〇〇年頃である。最高判事が頂点にいて、下のほうには天使が一人、選ばれた者と呪われた者を分けている。次いで、聖史劇の影響が感じられるようになる。たとえば、大天使ミカエルが秤で魂を量っていると、悪魔が秤の皿を自分のほうに傾けようとしているのが見られる。

ルーベンス《最後の審判》（アルテ・ピナコテーク、ミュンヘン）

まもなく、この壮大なシーンに最もふさわしい額縁は、毎夕太陽が死者のように沈んでいき、次の日また甦ってくるのを見ている教会の西側の正面だと思われ始めた。この広大なテーマは、祭壇の三枚続きの絵画でも花開いた（メムリンク、一四七三年）。また、ローマのシスティナ礼拝堂のミケランジェロのフレスコ画は、預言者と使徒たちと聖人たちに囲まれた超人間的な力をもったキリストを描いて、力強さと動きを導入している（一五三六—四一年）。下のほうでは、死者たちが甦っている。一六一五年、ルーベンスは呪われた者たちの苦しみを強調した。このように悲壮感に訴える傾向は、一九世紀末まで続く（ロダン《地獄の門》）。

『マタイによる福音書』は、六つの「慈悲の業」を列挙している。七つの秘跡と対になるように、七つめの業として死者の埋葬が一二世紀に付け加えられた。この七つの業は、画家や彫刻家の作品に表された。たとえばセビリアの愛徳病院では、ムリーリョが七つの業を聖書のエピソードを七つ使って描いている。イエスがパンを増やして集まった人々に分け与えているところ、モーセが岩から水を湧き出させてヘブライ人の渇きを癒しているところ、アブラハムが客人を泊めてあげるところ、放蕩息子が父親から新しい衣服を着せてもらっているところ、イエスが中風の人を癒しているところ、天使がペトロを牢獄から救出しているところ（『使徒言行録』一二・六〜一一）、トビアの父が死者を葬っているところ、以上の七つである。時には、七つの業が一つの構図の中に集められていることもある（カラヴァッジョ）。

ティントレットの巨大な絵画《天国の栄光》は、ヴェニスのパラッツオ・ドゥカーレ〔政庁〕の大評議会広間のために描かれたが、最後の審判のあとの選ばれた者たちの永遠の幸福を強調している。

聖人たちの幸福を、イタリアの詩人ダンテが中世の文学的カテドラルとも言える彼の『神曲』の中に描き出したが、一五五五年にヴェネツィアの出版社によって「神聖な」と形容されることになる。一三〇六年から二一年に書かれたこの壮大な作品の中で、ダンテは一三〇〇年の聖金曜日から次の金曜日まで死者の国に旅をしたという想像上の旅を語っている。ダンテは詩人ウェルギリウスに導かれて、地獄の九つの「圏」を経めぐり、次いで煉獄の九つの段階を経る。ウェルギリウスは異教徒ゆえ天国には入れないので、そのあとダンテは早く亡くなった恋人ベアトリーチェに導かれる。彼女は光り輝く魂が永遠の幸福に浸っている幸せな人たちの大きな薔薇をダンテに発見させる。しかし、のちの世紀の人々の心を打ったのは、「地獄」の光景の強烈な印象を与えるリアリズムである。ロシア人ソルジェニーツィンに至っては、その小説の一つのタイトルに『神曲』から採った『第一圏』〔邦訳では『煉獄の中で』となっているが、『神曲』に描かれた第一圏は地獄の最上層〕（一九六五年）をつけた。その中で現代の地獄はスターリン主義の強制収容所として具現化されている。

ダンテの三世紀後、『ヨハネの黙示録』に精神を養われたプロテスタントの詩人アグリッパ・ドービニェは、稀有な力強さをもつ作品『悲愴曲』（一六一七年）において、強烈な手法で死者の甦りと最後の審判に言及している。最後の巻である第七書は、そもそも「最後の審判」という表題である。

わたしの手足が冷えるままに放っておいたお前たち、
侮辱の上に侮辱を投げつけ、
わたしが渇きに渇き、激しく飢えたとき
水の代わりに苦汁を、パンの代わりに石をくれたお前たち、
行け、呪われた者たちよ、反逆の歯ぎしりをしに行け
永遠の刑罰の暗い奈落の底へ。

モーツァルトは〔《レクイエム》の中の〕遺言の形をとった「ディエス・イレ〔Dies iræ〕」（一七九一年）で、音楽の最高峰の一つを後世に残した。一九三九年にはオリヴィエ・メシアンが《栄光の御体——復活したる者の生の七つの短い幻影》を作曲している。

『マタイによる福音書』はキリストの受肉の予告をはじめにおき、次いでイエスの公生活全体に沿って描いた上り坂の軌跡をイエスの受難に向けて方向転換させるが、それはこれらの壮大な展望に立っているのである。最後の審判の光景のすぐあとに、主は弟子たちに言われる。「人の子は、十字架につけられるために今、引き渡される」。

第3章　イエスの生涯と芸術――キリストの受難－復活

キリストの受難とその復活は分かち難く結びついている。処刑の場であるエルサレムに向かう道すがら、イエスは使徒たちに受難と復活という二面の一続きを何度も繰り返し予告して――共観福音書によれば三回――彼らにとっての闇の通過に備えさせた（『ルカによる福音書』一八・三一～三四）。

「今、わたしたちはエルサレムへのぼっていく。人の子について預言者たちが書いたことは皆、実現する。人の子は異邦人に引き渡されて、侮辱され、乱暴な仕打ちを受け、唾をかけられる。彼らは人の子を鞭打ってから殺す。そして、人の子は三日目に復活する」。

しかし、彼らにはこれらの言葉が何も分からなかった。

キリストの受難－復活を描いたもののうち最も心を打つ預言書の文章の一つは、第二『イザヤ書』の中の主の僕《しもべ》の歌の一つ（『イザヤ書』五二・一三～五三・一二）である。この歌は、はじめ、苦しみ軽蔑されている男、屠《ほふ》り場に引かれていき、万人のために殺されるおとなしい羊だったのが、次に神に賛美されて凱旋する不思議な僕を描いている。

バロック時代の大詩人ジャン・ド・ラ・セペド（一五四八―一六二三年）は、受難－復活のサイクルに『われわれの贖罪の聖なる秘義の瞑想』というタイトルで、五一五のソネットを捧げている（ここでの「瞑想〔théorèmes〕」は「観想〔contemplations〕」という語源的意味をもつ）。

受難

キリストの受難と復活のあいだのつながりは有機的な性格のものであるにもかかわらず、ここで受難を切り離して扱うのは、文学、劇、映画、音楽において、受難が苦しみと埋葬に特化した閉じた芸術「ジャンル」とされてきたからである。墓の沈黙は、復活というどんでん返しの前に深く黙想するのにふさわしい区切れ目と思われた。

いかなる悲劇よりも限りなく高いところにおかれ、プラトンの語った（『パイドンあるいは霊魂の不滅について』）ソクラテスの落ち着き払った死をも超えて、イエスの受難はあらゆる芸術において賛美されてきた。たくさんの黙想や説教などでイエスの受難について考えられてきた。最も美しい文章の一つが、一六六〇年の聖金曜日のためにボシュエが行った『キリストの受難についての説教』である。ボシュエは、幻視者よろしく福音書のシーンに入り込んで「哀れなイエス」のことを嘆き、兵隊の群れのぞっとするような罵《ののし》りの言葉を真似るほどだった。ボシュエは、流れるこの血と「かつては無上の喜びだったのに今は目にも恐ろしい」この顔につきまとわれている。そして、ボシュエは預言者たちの悲痛な嘆きも借りている。うまくつながらない言及が次から次へとあって、時として血だらけの物言わぬ子羊の上に唖然として目をそそぐ中断がある。

一四世紀以降、キリストの受難劇は驚異的な成功を見る。受難劇の上演には、数百人の役者の共演と、それぞれある一つの場所を示すような舞台装置を同時にいくつも使用する、といった複雑な作業がしばしば必要だった。受難劇の傑作とされているのは、一四五〇年頃にパリのノートルダムの聖職者アルヌール・グレバンによって作られた『キリスト受難劇』である。三万五〇〇〇行が二〇〇人以上の登場人物によって語られた。四日がかりのこの大受難劇は、さらに一四八九年頃、アンジェの人ジャン・ミシェルによって一〇日間かかる大スペクタクルに拡大された。残念なことに、世俗的なシーンが次第に導入されるようになって、このジャンルの価値が下落し、フランスでは一六世紀半ばに消滅した。しかしながら、もっと地味に作り替えられたものが散発的に上演され続け、今日でもなおパリのノートルダムの前でときおり上演されている。そして、バイエルンではオーバーアマガウの『キリスト受難劇』が今も多くの観衆を集め続けている。

映画もまた同じく挑戦に応じている。無声映画の時代から、何人もの監督がキリストの受難劇をスクリーンに映してきた。最近ではアメリカ人監督メル・ギブソンが二〇〇四年に、はなはだ写実的な作品『パッション』によって大論争に火をつけた。

しかし――ステンドグラス職人の親方や版画家、画家などの「作品群」よりもずっと広く――キリストの受難をキリスト教共同体の外の世界全体にまで広めたのは音楽である。一六世紀の最も著名な多声音楽家オルランド・ディ・ラッソは四つの受難曲を作り、ハインリヒ・シュッツは三曲（一六五三―六六年）、テレマンは四四曲作った。テレマンは、その多作と栄光にもかかわらず、まもなく同時代のヨハン・セバスティアン・バッハの陰に隠れてしまう。バッハの《ヨハネ受難曲》（一七二四年）と《マタイ受難曲》（一七二九年）は、キリストの逮捕から埋葬までを描いており、全世界的に有名になって、しばしば演奏されてきた。もちろん、その後も作曲家たちは受難曲を作曲し続ける――たとえば、ペンデレツキの《ルカ受難曲》（一九六五年）――が、バッハの二つの傑作はそのすべてにまさる。

弟子の足を洗う（『ヨハネによる福音書』一三・一〜二〇）

ヨハネによって伝えられた、イエスが弟子の足を洗うエピソードは、イエスがとった最後の食事の冒頭におかれる。イエスはこの食事の時に聖体の秘跡を制定することになる。イエスは、自分の時が来て、みずからの源である神に向かうことを知って、食卓から立ち上がり、上着を脱ぎ、手拭いを腰にまとわれた。そして、盥《たらい》に水を注ぎ、弟子たちの足を洗い始めた。最も身分の低い僕《しもべ》が誰かやんごとない訪問客があった時にするようになさったのである。ペトロは断ろうとしたが、イエスはペトロに答えて、「もしわたしがあなたを洗わないと、あなたはわたしと何の関わりもないことになる」と言われた。

すべての弟子の足を洗い終わると、再び食卓について弟子たちに言われた。「あなたがたはわたしを先生とか主と呼ぶ。そのように呼ぶのは正しい。わたしはそうだからである。ところで、主であり師であるわたしがあなたがたの足を洗ったのだから、あなたがたも互いに足を洗い合わなければならない。わたしはあなたがたに模範を示したのだから、わたしがあなたがたにしたことを、あなたがたもしなさい」。

ビザンティンの図像ではキリストは立っているが、西欧では聖木曜日に修道院の院長やカテドラルの司教がイエスの動作を再現していた典礼に倣って、ひざまずいているキリストを描いている。このシーンは、ヴェニスのサン・マルコ大聖堂のモザイク（一二世紀）やシャルトルのカテドラルのステンドグラスの一つ（一三世紀）に見られる。また、ジョット、フラ・アンジェリコ、ティントレット、フラゴナール、フォード・マドックス・ブラウン（一八五二年）らによっても描かれた。

ユダの裏切りの予告（『ヨハネによる福音書』一三・二一〜三〇）

弟子の一人による裏切りという決定的な出来事は、その結果とともに福音記者全員によって伝えられた。しかし、最も正確なのはヨハネによる物語である。イエスは最後の食事の途中に「はっきり言っておく。あなたがたのうちの一人がわたしを裏切ろうとしている」と断言された。そして、ヨハネの質問に対して「わたしがパン切れを浸して与えるのが、その人だ」と付け加えられた。それから、パン切れをユダに与えて、「しなければならないことを、早くしなさい」と言われた。ユダは出ていった。夜であった。

最後の晩餐のあいだイエスの胸によりかかっているヨハネの愛に溢れた身ぶり（『ヨハネによる福音書』一三・二五）に対して、ユダの腹黒い悪意を対照させることを芸術家たちは好んだ。そうして描かれるユダは離れて座っていることが多く、後光がない。ジョットとフラ・アンジェリコは、ユダを赤毛にし、黒い後光をつけて描いた。裏切りによって得た銀貨三〇枚でふくらんだ財布を描き込んだ画家たちもいる。ユダがパン切れを食べるや、「サタンが彼の中に入った」（『ヨハネによる福音書』一三・二七）とヨハネははっきり書いているため、小さな悪魔が赤い鳥あるいはヒキガエルの形をしてユダの口の中に入るのも描き込まれている。

プッサン《七つの秘跡》より（スコットランド・ナショナル・ギャラリー、エディンバラ）

最後の晩餐と聖体の秘跡

この最後の食事――ラテン語では「晩餐」という意味の« cena »――のあいだにイエスは長い遺言風の説教をした。それはヨハネによって伝えられている（『ヨハネによる福音書』一三・三一～一七・二六）。このイエスの説教は、記念する聖体の秘跡の制定となって、共観福音記者たち三人と聖パウロ（『コリントの信徒への手紙』一、一一・二三～二六）によって、ていねいに繰り返されている。以下に示すのは、ルカによるヴァージョンである（『ルカによる福音書』二二・一九～二〇）。

イエスはパンを取り、感謝の祈りを唱えて、それを裂き、使徒たちに与えて言われた。「これは、あなたがたのために与えられるわたしの身体である。わたしの記念として、このように行いなさい」。食事を終えてから、杯《さかずき》も同じようにして言われた。「この杯は、あなたがたのために流される、わたしの血による新しい契約である」。

はじめの四世紀間、最後の晩餐はキリスト教芸術に不在だったが、その後少しずつ増えていった。

最もよく知られている作品は、レオナルド・ダ・ヴィンチの《最後の晩餐》（一四九五年）である。一六世紀には聖体の中にキリストが真実に現存するということへの異議が改革派の中に出たため、カトリックのほうに反宗教改革運動が起き、聖体の秘跡の制定の表象が過剰なほど見られるようになった。そのうち最も代表的なのが、フィリップ・ド・シャンパーニュ（一六四八、五四年）およびニコラ・プッサン（《七つの秘跡》一六四四―四八年）である。二〇世紀では、エミール・ノルデ（一九〇九年）とサルヴァドール・ダリ（一九五五年）。

最後の晩餐は、大変よく知られた作品に与えられる特典として、多くのパロディーを当然生んだ。ジャック・プレヴェールからルイス・ブニュエル（一九六一年の映画『ヴィリディアナ』）まで、あるいは二〇〇五年に広告に使われて顰蹙を買うに至るまで。

オリーヴ山での苦悶

「苦悶」はルカにだけ使われている言葉である。この言葉は「闘い」という意味である。なぜなら、ヴィクトル・ユゴーが死のうとしているとき、以下のように言ったと伝えられているからである。

　これは昼間の、そして夜の闘いである。

しかし、このエピソード自体は三つの共観福音書に見られる。晩餐のあと、イエスと使徒たちは町のすぐ近くのゲッセマネあるいはオリーヴ山と呼ばれている丘の上にある庭園にたどりついた。イエスは、ペトロとヤコブとヨハネ――変容の時と同じく――を一緒に連れて、彼らに言った。「わたしは死ぬばかりに悲しい。ここを離れず、わたしとともに目を覚ましていなさい」。そして、イエスは少し進んでいって、うつ伏せになり、祈って言われた。「わが父よ、できることなら、この苦しみの杯《さかずき》をわたしから遠ざけてください……」。天使が一人イエスを力づけたが、苦悶のあまりイエスの汗は血が滴《したた》るように地面に落ちた（『ルカによる福音書』二二・四四）。使徒たちは、そのあいだに悲しみの果てに眠り込んでいた。イエスは彼らを起こし、「誘惑に陥らぬよう祈っていなさい」と言われた。しかし、彼らはまた眠り込んだ。イエスはそこで「もうこれでいい。時が来た。人の子は罪びとたちの手に引き渡される。見よ、わたしを裏切る者が来た」と言われた。

激しい恐怖を引き起こさせるこのシーンを再現したフランスの詩人は数多い。パスカルは、一般に「イエスの秘義」と呼ばれている素晴らしい散文詩を、このシーンに捧げている。

イエスはみずからとすべての人類を滅ぼした最初のアダムのように、エデンの園ではなく、自身とすべての人類を救った苦しみの園の中におられる。

——

イエスは夜の恐怖の中で、この苦痛とこの遺棄を耐え忍ばれる。

——

イエスはこの時以外は決して嘆かれたりはされなかったと思う。しかし、この時はあまりのお苦しみに耐えられなかったかのように、お嘆きになる。わたしの魂は死ぬほど悲しい……。

——

イエスは世の終わりまで大いなる苦しみのうちにおられるだろう。そのあいだ眠っていてはならない。

ロマン派の大詩人たちは、ほとんど誰もがこの「苦悶」をわがものとした。ネルヴァルしかり(「オリーヴ山のキリスト」)、ユゴーは亡くなった娘レオポルディーヌに捧げた『静観詩集』(一八五六年)のエピローグで、彼の最も美しい文章の一つ「フランスに残った彼女へ」に書いている。

おお、わたしたちが何をしようと、何を言おうと、
わたしたちの魂が風に吹かれてさまざまな光景を漂おうとも、
はたまた生まれ故郷の粘土にしがみつこうとも、
いつもわたしたちはお前の最期の洞窟にたどりつく、
ぼんやりとした光が照らすゲッセマネへ！
おお、奇妙で陰鬱な汗の岩よ！……
いつもこの孤独にたどりつく。

不可知論者のヴィニーは「オリーヴ山」の中で絶望しているイエスを想像している。その詩は『運命』所収の「哲学詩」集(一八六四年)の中に現れる。

一九三五年には、ピエール・ジャン・ジューヴが「無意識と霊性と、破局」なる声明で始まる彼の最も重要な詩集の一つに『血の汗』というタイトルをつけた。

このエピソードから、フランス語には「杯の底の澱《おり》まで飲む〔boire le calice jusqu'à la lie〕」という表現が残った。« calice » はラテン語の « calix » から来ていて、「杯」を意味する。この表現全体は、つらく苦しい状況や試練を軽減される望みもなく極限まで生きなければならないことを言っている。しかし、この表現はユーモラスに使われることが多い。

このエピソードは三人の共観福音記者が語っているにもかかわらず、芸術家たちがいちばん好んで取り上げるのはルカの物語である。六世紀には、ラヴェンナのモザイクにすでに現れた。長いあいだ控えめに扱われ、祈っているイエスが描かれるだけだったが、一五世紀以降は情景に動きが出て悲痛なものとなる。デューラーは一五〇七年から二一年のあいだに版画とデッサンのテーマにこのエピソードを五回選んでいる。フラ・アンジェリコ、マンテーニャ、エル・グレコ、コレッジョ、ティントレット、カラヴァッジョ、ゴヤ、ドラクロワといった大画家たちも〈苦悶〉の絵を残している。

ベートーヴェンは、オラトリオ《オリーヴ山のキリスト》(一八〇三年)を作曲した。ベートーヴェンのみならず、数多くの受難曲にこのエピソードが入っている。

イエスの逮捕（『マタイによる福音書』二六・四七〜五六）

イエスが逮捕される場面は四つの福音書すべてに書かれているが、『マタイによる福音書』が詳しい。オリーヴ山に着いたユダは、武器をもってついてきた人々に「わたしが接吻するのが、その人だ。その人を捕まえなさい」と、あらかじめ合図を決めていた。ユダが近づくのを見たイエスは、「ユダよ、あなたは接吻をもって人の子を引き渡すのだ！」と言われた。剣をもっていたペトロは、鞘《さや》から刀を抜いて、大祭司の手下に打ちかかった。イエスはペトロに命じて、「剣を鞘に収めなさい。剣を取る者は剣で滅びる。聖書の言葉は実現されねばならない。今は闇が力をふるっている」。そして、イエスの弟子たちは皆、イエスを見捨てて逃げ去った。

フランス語では、普通名詞の「ユダ」とは裏切り者のことである。そして「ユダの接吻」は、偽善に包まれた優しげな裏切りを指す。前述のエピソードからは因果関係を推察するのがもっと難しい現象として、一八世紀以降、壁や扉に開けた小さな穴を「ユダ」と呼ぶようになったことがある。この穴から自分の姿は見られずに外や中を覗くことができるのである。また、「剣を取る者は剣で滅びる」という格言は、フランス語の中に生き残っている。これは、新約においていつも繰り返される暴力の論理の徹底的な否定を強調しているのである。

ジョット《ユダの裏切り》（アレーナ礼拝堂、パドヴァ）

イエスの逮捕は、一六世紀末まで、しばしば作品化されてきた。中世の人たちは、旧約の二つのエピソード、すなわちヨセフが兄弟たちに売られる話と、サムソンがデリラに裏切られる話の中に、このイエスの逮捕の予表を見ていた。ジョットは、パドヴァのアレーナ礼拝堂の素晴らしいフレスコ画《ユダの裏切り》（一三〇四―〇六年）の中で、裏切り者ユダを黄色い衣服を身につけている乱暴な顔つきの赤毛の男に描き、イエスの晴朗な気高さに対照させている。芸術家たちは、キリストのやさしさを示すものとして、耳から血を流している大祭司の手下マルコスの怪我を治すという「ディテール」を好んで繰り返した。

聖ペトロの離反

自分は死ぬまでイエスに忠実である、とペトロが豪語すると、イエスはペトロに予告した。「鶏が鳴くまでに、あなたは三度わたしのことを知らないと言うだろう」。ペトロはガリラヤなまりのせいでキリストの仲間ではないかと疑われた。ペトロは三度にわたって「いいえ、わたしはこの男を知りません」と誓った。ペトロがそこを離れるとき、雄鶏が鳴き始めた。そこでペトロは主の言葉を思い出して、激しく泣いた。

あまり名誉ではない聖ペトロの離反は、思いがけずもてはやされることになった。このエピソードは、初期のキリスト教徒の石棺の浮彫に見られる。イエスの筆頭使徒であったペトロも一時的に弱さを見せたからには、〔棺に入れられた〕故人に至らない点があっても気にならなくなる、というわけである。中世の芸術家たちは、ペトロを罪びとの悔悛のモデルとして提示した。そして、とりわけトリエント公会議(一五四六―六三年)以後は、赦しの秘跡に対するプロテスタント側の攻撃に対する防御として称揚された。そういうわけで、ペトロのこのモティーフは、告解室の装飾として、しばしば使われる。ペトロの悔悛は、ダビデの悔悛や、もっとのちのマグダラのマリアや悔い改めた泥棒の例とたびたび比較された。ルーベンスは、一六一五年に彼らを一枚の絵《キリストと悔い改めた罪びとたち》の中にまとめた。ジョルジュ・ド・ラトゥールは、一六四五年と五〇年の二度にわたって、このシーンを描いた。レンブラントのエッチングの中では、ひざまずいたペトロがキリストから託された天国の鍵を返却している。マレルブの詩のきっかけにもなっている〈聖ペトロの涙〉という中世のテーマは、スルバランによってセビリアのカテドラルに描かれている（一六二五年）。

侮辱を受けるキリスト

四福音書のいずれもがキリストに対する兵士たちのいやがらせを伝えている。罵詈雑言、顔面に唾を吐きかける、平手打ちなど。キリストに目隠しをして「おい、預言者、誰がお前をなぐったか言ってみろ」と尋ねた（『ルカによる福音書』二二・六四）という記述もある。

侮辱を受けるキリストのエピソードは茨の冠をかぶせられるエピソードとしばしば結びつけられるが、冠のエピソードの絵に現れるモティーフは侮辱のそれとは明らかに異なる。侮辱を受けるエピソードでは、イエスは見えないようにされている。つまり、両目を目隠しされているか、顔に覆いをかけられている。イエスは両手を縛られている（『ヨハネによる福音書』一八・一二）が、茨の冠のエピソードでは笏《しゃく》のように葦《あし》をもっている。また、前者ではユダヤ人の警官に愚弄されるが、冠のエピソードではローマ兵に引き渡される。

中世芸術は、手向かわず、されるがままになっている犠牲者キリストと、拷問吏の笞を弄する兇暴性とのコントラストをこれでもかと強調している。拷問吏は、耳を聾する大騒ぎをしながら残酷な目隠し鬼ごっこにふけっている。一七世紀以降はこのシーンが描かれることは少なくなったが、一八六五年にマネに霊感を与え、ジョルジュ・ルオーにもつきまとった。

バロック時代の詩人たちは、対照的なものが偶然の遭遇をすることの興趣に魅入られていたので、縄で拘束されたキリストと全人類を鎖から解き放ちに来る救い主とのコントラストを強調するのを好んだ。たとえば、ラ・セペードの詩。

さて、それ、かかれ、強く締めよ、強く結べ、ごろつきどもよ、
お前たちの縛り目をほどきにやって来た人を〔…〕
われらが紐をほどけ、われらが苦痛をやわらげよ、
永遠の憤怒の鉄鎖からわれらを解き放て、
そして、われらが強力な敵に手向かえ

あるいは、ザカリア・ド・ヴィトレの一六五九年の作。

しかし、彼はわれらを縄から出すために縛られている、
われらの魂を解き放つために、彼の身体が縛られる、
われらの鎖を切るために、鎖が彼を締めつける。

最高法院でのイエス、ならびにユダの死
(『マルコによる福音書』一四・五五〜六四、『マタイによる福音書』二七・三〜一〇)

イエスは七〇人のメンバーによる評議会である最高法院の前に出頭した。この最高法院は裁くこと

はできるが、死刑の宣告はローマの代官によって追認されなければならなかったようである。偽の証人が呼び出されたが、彼らは互いに矛盾することを言った。そこで、大祭司カイアファがイエスに尋ねた。「メシアというのはお前か？」　イエスは答えて、「わたしがそうである。そして、人の子は全能の神の右に座し、天から雲に乗ってやって来るのを、あなたがたは見るはずである」と言った。これを聞いた大祭司は神を冒瀆する言葉であると叫び、評議会はイエスに死刑を言い渡した。

ユダは、イエスがこれほど重い刑を言い渡されたのを見て後悔にかられ、裏切りで得た金銭を神殿の中に投げ込んで、首を吊ろうと立ち去った。

二世紀末の外典『ユダによる福音書』は、ユダの名誉回復の試みを紹介している。しかし、この文書は聖書の中のカイン以来の呪われた重要な登場人物たちを称揚しようという、いわゆるグノーシス的な文学に属する、ありきたりのものである。

図像学では、ユダの死が十字架荷いに結びつけられることがよくある。一方、彫刻や絵画ではユダの首吊りが表現された。首吊りは、中世末期に聖史劇の影響で写実的な細部がどの絵にも描かれるようになり、巷間によく知られていたのである。劇作家ジャン・ミシェルの『受難の聖史劇』には「裏切り者ユダの腹は裂けて内臓が外に飛び出している」とはっきり書かれている。それゆえ、内臓が飛び出している縊死人ユダも描かれて、その傍らに山羊がいたり、開いた彼の財布から銀貨三〇枚が地面にばらまかれていたりする。死をこのように描くのは、『使徒言行録』が伝えるうわさ（一・一八）に立脚している。キリストの受難をテーマとした二〇世紀の数多くの映画作品は、この悲劇的なエピソードを忘れずに取り上げている。

最高法院への出頭というテーマは、ジョット、アルベルト・デューラー、ヨルダーンスにインスピレーションを与えた。ブルターニュのプルガステルの磔刑記念碑（一六〇二年）の彫刻にも入っている。

ピラトの前のイエス

死刑を宣告されたイエスは、明け方に大祭司の宮殿からローマ総督ポンティオ・ピラトの官邸に連れていかれた。ピラトは、イエスを尋問した。「お前がユダヤ人の王なのか？」しかし、イエスは答えて、「わたしの国はこの世には属していない。わたしは真理について証しをするためにこの世に来た」。ピラトは訊いた。「真理とは何か？」（『ヨハネによる福音書』一八・二九～三八）

被告人イエスがガリラヤの人間だと知ると、ガリラヤの分国王ヘロデが当時エルサレムにいたので、ピラトはイエスをヘロデのところに送った。しかし、イエスはヘロデの前で沈黙を守った。憤激したヘロデは、イエスを嘲《あざけ》って、派手な衣を着せてピラトのところに送り返した（『ルカによる福音書』二三・六～一二）。

ピラトはイエスを処罰する理由が何も見つからないので、ユダヤ人の祭日である過越祭の折には誰かに恩赦を与える彼の慣例に従ってイエスを釈放することを提案した。ところで、もう一人囚人がいて、バラバという名であった。群衆はこのバラバを釈放し、イエスを十字架につけるよう要求して大声で叫んだ。その場の状況が騒動に変わりそうなのを見て、ピラトは水をもって来させ、「わたしはこの人の血について責任がない」と言いながら群衆の前で手を洗った（『マタイによる福音書』二七・一一～二五）。

ピラトはフランス語の不可欠な一部となった。たとえば「ポンシオ・ピラトを演ずる」は、善に与《くみ》する勇気のない人のことを言う。「……から手を洗う」は、ある状況で責任をとるのを拒否することを意味する。

芸術家たちは、イエスが二回目にピラトの前に出頭した場面のほうを明らかに好んでいる。早くも四世紀には手を洗うところを次第に強調するようになっていく。レンブラントは一六三三年と六五年の二回描いているし、ジャック・カロは以下のような銘を付け加えて手を洗うところを彫っている。

Non lavat ille manus, sed Christi sanguine foedat.
Nulla potest tantum lympha lavare scelus.
彼は手を洗うのではない、キリストの血で手を汚している。
いかなる液体も、これほど大きな罪を洗い流すことはできない。

鞭打たれ、茨の冠をかぶせられる（『マタイによる福音書』二七・二六〜三一）

群衆に譲歩して、ピラトはイエスを鞭打たせた。ローマの兵士たちはイエスが着ているものをはぎとり、赤い外套を着せた。頭には茨の冠を載せ、右手には葦《あし》の棒をもたせた。それから、イエスの前にひざまずいて侮辱した。「ユダヤ人の王、万歳！」そして、葦でイエスの頭を叩き、唾を吐きかけた。

鞭打ちを描写するあらゆる造形作品は、福音書に書いてあるたった一つの動詞「鞭打つ」から出ている。芸術家たちは、キリストが縛りつけられている柱を作り出した。そのため「柱に縛られているキリスト」というタイトルがよく見られるのである。死刑執行人は二人か三人である。九世紀以降、実証に基づいて、このモティーフでは責め苦の残酷さが次第に強調されるようになった。描いたのは、ルーベンス、レンブラント、ベラスケスである。一九一一年には、ジョルジュ・デヴァリエールが鞭打たれたあとのイエスを描いているが、うちのめされ、膝をついて、血だらけになっている（パリ市立近代美術館蔵）。

鞭打たれる時のキリストは――ローマでは十字架につけられる前にはそうするように――立っているが、茨の冠をかぶせられる時は座っている。このシーンは、四世紀の石棺にすでに現れている。その後、ジョットをはじめとして、多数の画家がこのシーンを描いた。十字架にかけられる者たちが茨の冠をかぶっているのが見られるのは、一一世紀になってからである。実際には、ゴルゴタの丘に向かって出発する前に、このようなこっけいな格好ではなくなっていたからである（『マルコによる福音書』一五・二〇）。

茨の冠には物語がある。貴重な聖遺物として長いあいだコンスタンティノープルに保存されていた冠は、一二三九年に聖王ルイが高額で手に入れた。聖王ルイは、この冠を祭るためにパリのサント・シャペルを建てさせたが、冠はのちにパリのノートルダムの宝物庫に入った。冠の茨はおそらくはがれて崇敬の対象となり、その茨のうちの一つが重要な役割を果たした。一六五六年のはじめにパリのポール＝ロワイヤル修道院に貸し出され、数多くの癒しを行ったのである。ブレーズ・パスカルの姪で代子である幼いマルグリット・ペリエも、その癒しを受けた。当時迫害を受けていた共同体に対してこのような神の好意が介入したことに、しかもそれがみずからの身内に突然現れたことに、若き学者パスカルは驚愕し、『奇跡論』を書こうと企てた。しかし、その企ては発展し、単なる奇跡論を超えてカトリック世界観の擁護に変わった。『宗教および他のいくつかのテーマについての考察《パンセ》』（一六七〇年）というタイトルで大変有名になったのが、この未完の作品の断章群である。

「エッケ・ホモ」（「この人を見よ」）（『ヨハネによる福音書』一九・四）

次いで、ピラトは官邸を出て、ユダヤ人たちに言った。「彼をあなたたちのところへ引き出そう」。イエスは外に出された。イエスは茨の冠をかぶり、紫色の外套を着ていた。ピラトはユダヤ人たちに言った。「この人を見よ」。

このシーンを扱った造形作品は、一〇世紀以前にはない。実際に広まったのは、一五世紀以降である。ティツィアーノ・ヴェチェッリオは、一五四三年と六五年のあいだに三度このテーマに立ち返った。ジャック・カロとレンブラントは版画にした。一六世紀以降、多くはカラヴァッジョ（一六〇五年）に影響を受けた信心画が多数描かれるようになり、「エッケ・ホモ」のテーマは大変な人気を得た。

一六六〇年の聖金曜日、ボシュエはこのシーンを「見て」、胸をうずかせつつ、ピラトの言葉のまわりをぐるぐる回る。

この顔をよく見なさい。かつては歓喜があったのに、今は見るも恐ろしい。ピラトがあなたがたに差し出す、この人を見なさい。ほら、この人を。ほら、この苦しむ人を。Ecce homo, ecce homo! この人を見よ。ほら、たくさんの苦しみのこの人を。ほら、この無垢の人の上にあらゆる悪の洪水を崩れさせたわたしたちの罪の、わたしたち自身の罪のせいで痛ましい状態にある、この人を。おお、イエス！ あなたのことをそれと分かる人はいるだろうか？ わたしたちは彼を見た、と預言者は言った。しかし、彼はもうその人と分からない、と。神のように見えるどころではない。人間の外観すら失ってしまった。

一八八八年にニーチェが読者に対して自分を紹介して『この人を見よ』というタイトルで書いたものは、まったく異なる色合いである。キリストの人となりへの共感がないわけではないが、同年に刊行されたもう一つの彼の著作『アンチクリスト』が示しているように、キリストの宣教の結果にニーチェは激しく反対する。彼の『この人を見よ』は「人はわたしを理解したか？ 十字架につけられたキリストに対するディオニュソス」という言葉で終わっている。

十字架の道行（『ルカによる福音書』二三・二六〜三二）

イエスは元の衣服を着せられて、十字架につけられるために連れ出された。道の途中で、キレネ人のシモンという名の通行人が、疲れきったイエスのあとから十字架を運んでいくよう徴用された。沿道では大勢の人々がイエスの運命を悲しみ、胸を叩いていた。

聖地への巡礼は、キリスト受難の観想を発達させるのに貢献した。しかしながら、「十字架の道行」という慣行は、一五世紀頃にエルサレムではなくフランドルかライン地方で生まれた。十字架の道行とは、ピラトの宣告から墓に入れられるまでのイエスのたどった行程を分かち合うことである。一七世紀以降、この歩みはイエスが立ち止まった一四のところである「留《りゅう》」で区切られるようになった。この一四の留は、多くのカトリック教会の内壁全体に沿って掲げられている。その絵や浮彫の中では、イエスはローマの法律に従ってみずからがつけられる十字架を背負っている（『ヨハネによる福音書』一九・一七）。その後、衰弱のあまり倒れて、キレネ人のシモンが交代した。一九一一年には、クローデルが感動的な『十字架の道行』を書いた。

「十字架を背負う」という表現は「人生の避けられない試練を引き受ける」という意味で日常語の中に残っている。

古くてもせいぜい六世紀以降のローマ・カトリック教会の伝承によれば、イエスがゴルゴタまで歩むあいだ、一人の女がその血だらけの顔を拭い、イエスの顔の輪郭が布の上に型押しされたという。女の名前ウェロニカ〔Véronique〕は、おそらく「真の像〔vera icona〕」のもじりだろう。このウェロニカのヴェールは、中世にはとりわけ崇拝され、現在はローマのサン・ピエトロ大聖堂にある。このイメージは大勢の画家に霊感を与えたあまり、この一つのテーマだけの展覧会がいくつも開かれたほどである。オリエントはまた別の奇跡的なイメージ、すなわちacheiropoïèteなキリスト、「人間の手で作られたのではないキリスト」を崇拝の対象としている。それは、こういう話である。エデッサの王アブガルは、使者の一人にイエスの顔を彼のために描くよう頼んだ。ところが、画家はキリストの輪郭を「捉える」ことができなかったので、キリストは自分の顔を押しつけた布を彼に与えた。奇跡を起こすこの画像が、王の重い皮膚病を治したらしい。画像は九四四年にコンスタンティノープルに

ドラクロワ《ゴルゴタに登りゆくキリスト》（クール・ドール博物館、メッス）

運ばれて、十字軍が町を略奪した時に姿を消した。

ウェロニカ崇拝は、中世末に頂点に達した。中世末期は、苦しむキリストの人間性をとりわけ崇敬の対象とした時期である。最も多いイメージは、ウェロニカがイエスの顔の輪郭が写されたヴェールを前に広げているものであるが、イエスの顔の汗を拭っている姿でも描かれる。たとえば、ブルターニュのプルガステル・ダウラースの磔刑記念碑にあるのがそれである。

一九世紀末には、リジューの聖女テレーズが幼きイエズスと尊い面影の聖テレジアというシスター名を採った。まもなくジョルジュ・ルオー（一八七一―一九五八年）が画家として活動を始める。ルオーは異色の画家で、生涯、受難のキリストとともに生き、キリストの苦悩の時間を数多くの絵にした。《キリストの頭》、《辱められるキリスト》、《キリストの受難》（一九三七年から三八年のあいだに七点）、《この人を見よ》一点（一九五二年）、《ウェロニカ》一点（一九四五年）、《十字架上のキリスト》、《聖骸布》などであるが、とりわけ一九三三年の壮麗な《聖なる顔》を含む一九一二年から五四年にかけて数多くの《聖なる顔》を描いた。

もっと広く見ると、十字架を背負うキリスト像はゴルゴタの丘への登りとも呼ばれ、六世紀には早くもビザンティンのモザイクに現れている。ビザンティン芸術はキレネ人のシモンに責めの道具をもたせて描いているが、西洋芸術は重荷に押しひしがれているキリストだけを描くことに固執している。ジョット、父ホルバイン、ル・シュウール（ルーヴル美術館蔵）、ティエポロに見られる。ドラクロワは《ゴルゴタに登りゆくキリスト》の中で、イエスが堂々と進んでいくルーベンスの絵を変容させて、重荷に打ちひしがれた道行にしている。中世の聖史劇の影響を受けて、福音書の物語にはない一つの「ディテール」が広まった。聖母の失神である。そのあとで十字架の足元にその姿が見られるから、聖母はゴルゴタへの行列についていったと思われる。ラファエロあるいは彼の工房によって描かれたこのモティーフは、ドイツの神秘家ハインリヒ・ゾイゼの《永遠の知恵》（一三三五年頃）にも見出される。シャルル・ペギーは、これに霊感を得て『ジャンヌ・ダルクの慈愛の神秘』（一九一〇年）の最後に、尋常ならざる「受難」、イエスの受難とマリアの受難を置いた。これは、それも校正刷りに書き加えられた一五〇頁から成る乱入的創作である。

十字架上のキリスト

この点については、四つの福音書は非常にうまい具合に補い合っている。行列はゴルゴタ、すなわちヘブライ語ではおそらくその形のゆえに「されこうべ〔頭蓋骨〕の場所」（ラテン語では « calvariae locus »）と呼ばれている場所のほうに行った。イエスは、受刑者に与えられる催眠飲料として、没薬――マタイによれば胆汁――を混ぜたぶどう酒を勧められたが、飲みたがらなかった。そして、イエスを中央にして二人の強盗も同時に十字架につけられた。イエスの頭の上には、ヘブライ語、ギリシア語、ラテン語で「ユダヤ人たちの王、ナザレのイエス」と書かれた札がかけられた。ラテン語では « Jesus Nazarenus Rex Judeorum » で、これを画家たちは « I.N.R.I. » と略記するようになる。兵たちはイエスの衣類を互いに分け合ったが、縫い目のない肌着はくじ引きにした。およそ九時頃であった。通りがかりの人たちは「お前は神の子なんだから、十字架から降りてみろ」と嘲《あざけ》った。

エル・グレコ《聖衣剝奪》（トレド大聖堂）

造形芸術においては、小規模な一種の十字架刑「作品群」が出現したが、それはかなり経ってからのことで、いちばん古いのは四三〇年のものである。その後五〇〇年のあいだ、十字架にかけられたキリストは、生きて王冠をかぶった堂々とした姿でしか表されなかった。一一世紀以降、目を閉じて茨の冠をかぶせられた哀れな姿の十字架上のイエスが広まり始めた。そして、登場人物の数が少しずつ増えていく。キリストの母マリアや聖ヨハネ、マグダラのマリア、女たちの群れ、ローマの兵士たちなどである。死刑になるのを待つあいだ座っているイエスを描いた作品もある。それらは「憐れみの神」または「みじめな神」（デューラー）と呼ばれる。一方、胆汁を飲まされたイエス（ルーカス・ファン・レイデン）とか、衣類をはぎとられたイエスにこだわる画家たち（ジョット、フラ・アンジェリコ、エル・グレコ、ティエポロ）もいた。十字架刑の経過の別の「ショット」もある。地面に横たえられた十字架にイエスが釘づけされているもの（フィリップ・ド・シャンパーニュ）があり、続くのは十字架を立てるもの（ティントレット、レンブラント、ルブラン）、あるいはまた反対に垂直に立っている十字架にイエスが釘づけされているもの（ビザンティン芸術、フラ・アンジェリコ）もある。イエスが十字架にかけられてから、兵士たちが衣類を分けるためにさいころを転がしている図（メムリンク）もある。

十字架刑が「されこうべ〔頭蓋骨〕の場所」で行われたことから、ある言い伝えに基づいて描いた画家たちもいる。すなわち、キリストがかけられた十字架はアダムが埋葬されたほかならぬその場所に立てられた、という言い伝えである。この伝説は、堕罪と贖罪を直接関係づける利点がある。それゆえ、多くの絵には「アダムの頭蓋骨」が描き込まれている。

キリスト教思想は、十字架が一般的に象徴するもの、すなわち東西南北の四方点に向かって宇宙に開いている普遍性の徴を絶えず繰り返し準拠としてきた。十字架刑にされたキリストの大きく開いた両腕も、同じ象徴的価値をもっていた。しかしながら、描かれた両腕の位置は実にさまざまである。両腕をほとんど垂直に上げて十字架上にかかっている「狭い腕の」キリストもある。そのようなキリストは、選ばれた少数の人たちの神学を表す「ジャンセニストのキリスト像」とされた。しかし、このモティーフは早くも中世末には現れていたので、一六三八年に亡くなったジャンセニウスよりずっと前である。のみならず、このような十字架刑像は、象牙に彫る場合の技術的な束縛のせいであることもある。

キリスト教の観想は、キリストの軌跡のさまざまな時に向かうことができた。神の受肉がこの世界に決定的な光を導入したキリストの生誕とか、歴史上におけるキリストの存在の秘密をわたしたち一人一人に啓示する説教するキリストの威厳、あるいは二枚折の絵に描かれる変容およびゲッセマネの二つのエピソードなどである。しかし、キリスト教徒たちが必ず惹かれるのは、十字架から復活の栄光への歩みである。キリスト教徒にとっては、神の慈しみは、その恵みと赦しが、人間への愛ゆえにみずからを徹頭徹尾与えて他のものをすべて捨てる犠牲の中で最高点に達することを望むものであるからだ。十字架がキリスト教のシンボルになったのは、こういうわけである。ただし、その十字架は、しばしばロマネスク芸術に描かれたような復活を予告する、光り輝く十字架である。

二人の受刑者（『ルカによる福音書』二三・三九〜四三）

二人の犯罪人のうちの一人が、イエスを罵《ののし》って「メシアと称しているお前は、自分と俺たちもお前と一緒に救ってみろ」と言った。もう一人は、この男をたしなめ、キリストに言った。「あなたの御国においでになる時は、わたしのことを思い出してください」。そこで、イエスは「はっきり言っておくが、今日あなたはわたしと一緒に楽園にいる」と言った。

民間伝承では「良い泥棒〔Bon Larron〕」と「悪い泥棒〔Mauvais Larron〕」を区別する。« larron » はラテン語の « latro »「泥棒」から来た古い言葉である。造形芸術では、彼ら二人をキリストと区別するのにあらゆる方法を探し回った。たとえば、彼らは手を縛られているが釘を打たれていないとか、T字型の十字架の上につけられているといったことである。良い泥棒は必ずキリストの右にいて、若く髭を生やしていないが、悪いほうは髭を生やしていて顔を背《そむ》けている。

十字架のもとで（『ヨハネによる福音書』一九・二五〜二七）

イエスの十字架のそばには、イエスの母と母の姉妹、マグダラのマリア、「イエスが愛した弟子」使徒ヨハネが立っていた。イエスはヨハネのことを母マリアに話して、「婦人よ、ご覧なさい。あなたの子です」。次いで、ヨハネに「見なさい、あなたの母です」と言った。そして、弟子ヨハネはそれ以来、イエスの母を自分の家にひきとった。

これらの言葉は、聖母の被昇天はヨハネが教会を率いていた町エフェソで起きた出来事としているキリスト教の伝承の説明になっている。

聖母マリアが十字架のもとにいたという事実は、フランチェスコ会士ヤコポーネ・ダ・トディ（一三世紀末）の作とされている見事な嘆き歌を誕生させた。

Stabat Mater dolorosa
Juxta Crucem lacrimosa
Dum pendebat Filius.
悲しみの聖母はたたずんでおられた
十字架のそばに、涙に暮れて、
息子がそこにかけられているあいだ。

二〇の三行詩の集まりでできているこの詩は、シメオンの預言（『ルカによる福音書』二・三五）を思い出させ、キリストと栄光の中で一つになるのを待つキリスト教徒たちに神の母の悲しみを共有させる。ジョスカン・デ・プレ、パレストリーナ、シャルパンティエ、ペルゴレージ、スカルラッティ、ハイドン、ヴェルディ、ドヴォルザーク、プーランク、そしてペンデレツキ（一九六二年）が、

シモン・ヴーエ《キリストの磔刑》（リヨン美術館）

この詩に曲をつけている。

マグダラのマリアは数えきれないほどの造形作品になっているが、それは後述する。

一三世紀末までは聖母とヨハネはそれぞれ別に十字架の両側に立っていたが、その後二人を同じ側に一緒に位置づける習慣ができた。聖母が悲しみのあまり使徒ヨハネの腕の中で失神している図も時々あり、教会はこの二回目の失神は福音書の記述に反するとして反対したが、必ずしも効果がなかった（シモン・ヴーエ）。

悲しげな女性の群れは、ギリシア悲劇のコロスの役を演じている。

イエスの死

正午から三時まで、闇が国中を覆った。三時頃、イエスは大きな声で「エリ、エリ、レマ、サバクタニ？〔Eli, Eli, lamma sabactani?〕」と叫んだ。「わたしの神よ、わたしの神よ、なぜわたしをお見捨てになったのか？」という意味である。少し経って「喉が渇いた」とつぶやかれた。そこに居合わせた人々の一人が走り寄って、海綿をとって酸っぱくなったぶどう酒をしみ込ませ、葦《あし》の棒の先につけてイエスに差し出した（『マタイによる福音書』二七・四五～四九）。酸っぱいぶどう酒を飲まれたとき、イエスは「すべては成し遂げられた」、次いで「父よ、御手にわたしの霊をゆだねます」と言われた。そして、頭を垂れて息をひきとられた。

そのとき、神殿の最も聖なる部分である至聖所を隔離している垂れ幕が裂けた。世の終わりの徴のような出来事が起きた。これを見て、居合わせた百人隊長は叫んだ。「本当にこの人は神の子だった」（『マタイによる福音書』二七・五四）。

安息日が近づいていたために急がなければならなかったので、当局はピラトに受刑者たちがまだ生きているようなら早く始末するように求めた。兵士たちは二人の強盗の足を折った（筋肉の痙攣と窒息を促すため）。イエスの前にやって来た兵士たちは、イエスがすでに死んでいることを確認した。念のため兵士の一人が脇腹を槍で刺すと血と水が出てきた。かくして、ゼカリヤの預言（『ゼカリヤ書』一二・一〇）「彼らはみずからが刺し貫いた者を見るだろう」が実現したのである（『ヨハネによる福音書』一九・二八～三七）。

ピエール＝ポール・プリュードン《キリストの磔刑》（ルーヴル美術館）

ロマネスクのあらゆる十字架刑図のうち最も美しいもの──ポワティエのカテドラルのステンドグラス──は、光り輝く深紅色の十字架に釘づけされ、まだ生きているキリストを表している。キリストの右には聖母と槍持ちが立っており、左側には聖ヨハネと海綿持ちが立っている（一二世紀）。死んだキリスト像が現れ始めるのは一一世紀以降で、シャルトルのステンドグラス(一二世紀)もその一つ。このモティーフは、少しずつあらゆる造形芸術に地歩を広げる。ジョット、フラ・アンジェリコ、ルーベンス(ファン・ダイクに倣って四点の《十字架刑図》を描いている)、フィリップ・ド・シャンパーニュ、プリュードン(一八二二年)、クリンガー(一九〇〇年)、そして十字架の聖ヨハネのデッサンに霊感を得たサルヴァドール・ダリ(一九五二年)。

十字架上のキリストが発した七つの言葉は、当然キリスト教徒の黙想に宿ってきた。そして、このような死と筆舌に尽くし難いものを近づけようとするのは音楽のすることであった。これら七つの言葉は、実際あらゆる種類の音楽作品を生み出したのである。七つの言葉を繰り返した数多くの受難曲一般のほかに、ハインリヒ・シュッツ(一七世紀)の《十字架上のキリストの七つの言葉》(一八五五年になってやっと発見され、一八七三年に演奏された)やハイドンの《十字架上のキリストの最後の七つの言葉》(一七九六年)のような独特な作品も誕生した。

信頼の詩編である『詩編』第二二章の冒頭の句ではあるものの、キリストが「レマ、サバクタニ」を経験したという事実は、十字架の聖ヨハネや『歴史と肉体的霊魂の対話』(一九〇九年)のペギーをおびえさせた。ペギーは、この「ぞっとするような叫び」の中に、ゲッセマネの園での「わたしは死ぬばかりに悲しい」の反響を見たのである。

「御手にわたしの霊をゆだねます」は、晩になってからの聖務である寝る前の祈りで毎晩唱えるか歌うかするものである。

槍で突かれたキリストの脇腹から流れ出た胸水は、イエスが永遠の命の泉からのようにみずからの内から流れ出ると予告した生きた水(『ヨハネによる福音書』七・三八〜三九)を象徴している。生きた水は聖霊が流れ出ることを表している。第四福音書が「血と水」と証言している時の重々しさからすると、著者である聖ヨハネの目には、これらが洗礼と聖体の予告になっているということを思わせる。

十字架降下と墓納め（『マタイによる福音書』二七・五五～六六）

夕方になると、善良で正しい人であるアリマタヤのヨセフが、ピラトからイエスの遺体を受け取った。ヨセフは十字架から遺体を降ろし、亜麻布に包み、そこから程遠くない、岩を直接掘らせた墓の中に納めた。マグダラのマリアと、ガリラヤからイエスについてきた女たちは、これらのことをすべて見ていて、すぐに香油や香料を用意した。翌日は安息日の休息を守らなければならなかったからである。

ユダヤ人の責任者たちは、イエスが死後「三日目」に復活すると言っていたことを知っていたので、イエスの弟子たちが何かまやかしをするのを恐れて、イエスの墓を厳重に警護する許しをピラトから得た。

墓の中のキリストについての黙想は、復活祭の前日の聖土曜日に特に行われるものである。教会内では、祭壇には何もなく、聖体拝領は行われない。パスカルは、この「秘義」に『パンセ』の一断章（四六七）を捧げている。

イエス・キリストの墓

イエス・キリストは死んだ、しかし十字架の上にいるのを見られた。彼は死んで墓に隠された。

イエス・キリストは聖人たちのみによって葬られた。

イエス・キリストは墓では何の奇跡も行わなかった。

そこに入るのは聖人たちだけである。

イエス・キリストが新しい命を得るのはそこである、十字架上ではない。

それは受難と贖罪の最後の神秘である。

(イエス・キリストは生きて、死んで、埋葬されて、甦って教えを説く。)

イエス・キリストは地上で休むところは墓しかなかった。

彼の敵たちは墓でやっと彼を悩ませるのをやめた。


主は、自身も通り抜けられた試練にあらゆるキリスト教徒が向かうよう呼びかけている。「はっきり言っておく。一粒の麦は、地に落ちて死ななければ、一粒のままである。だが、死ねば、多くの実を結ぶ」(『ヨハネによる福音書』一二・二四)。この言葉は、ジッドの自伝の総括である『一粒の麦もし死なずば』のタイトルになった(一九二四年)。

造形芸術は四つの瞬間をテーマにしてきた。十字架からキリストを降ろす(フラ・アンジェリコ、ヴェロネーゼ、カラヴァッジョ、ルーベンス)、横たわったキリストを嘆く(ジョット、ボッティチェリ、ルーベンス、プッサン、ドラクロワ、マネ)、聖母が膝の上に息子キリストを抱いているピエタ。最も有名なのは、ミケランジェロのピエタである。最後に、キリストの墓納めの場面。これは活人画のように構想されて、七人の登場人物が一五世紀末以降、活躍する。聖母、聖ヨハネ、マグダラのマリア、二人の聖女、アリマタヤのヨセフ、ニコデモ（『ヨハネによる福音書』第三章で紹介される弟子）の七人である。墓納めは聖墓とも呼ばれ、数多くの彫像群（ドナチテー、リジエ・リシエ）を生んだ。また、マンテーニャ、ピエロ・デラ・フランチェスカ、ラファエロ、ティツィアーノ・ヴェチェッリオ、カラヴァッジョ、レンブラントなどの大画家たちも、これを描いている。死せるキリストをアップで描くことに固執する画家たちもいた。マンテーニャやホルバインであるが、解剖学的な正確さや遠近短縮テクニックを使った力技を追求するあまり、宗教的な厳粛さを忘れるきらいがままあった。ルーヴル美術館にはフィリップ・ド・シャンパーニュの《死せるキリスト》があるが、その〔屍体の〕傷は高貴さを何ら損なっていない。

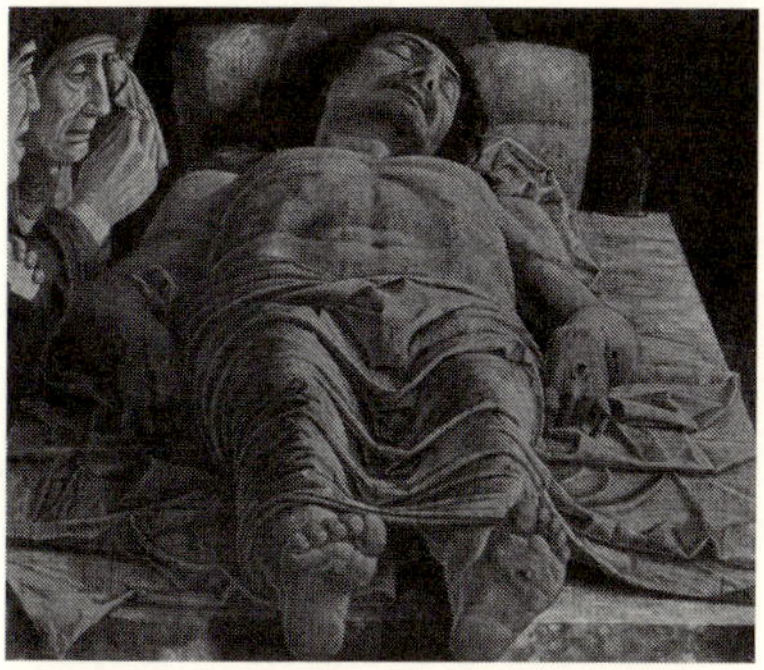
アンドレア・マンテーニャ《死せるキリスト》（ブレラ絵画館、ミラノ）

一三五七年頃、シャンパーニュ地方のリレーの参事会教会で奇妙な麻の埋葬用白布が見つかった。鞭打たれ、茨の冠をかぶって十字架につけられ、脇腹を傷つけられた男の裸の身体が表と裏に写っており、血の染みがついていた。この聖骸布がどこから来たのかまったく知られていないが、キリストの埋葬布であるとして、すぐに大衆を惹きつけることになった。この聖遺物は、一四五三年にサヴォイア家の手に渡った。一五〇六年、教皇ユリウス二世がこれを公に崇拝の対象とした。聖骸布はまもなくトリノに移され、爾来、トリノの聖骸布と呼ばれる。一九世紀末に科学的な調査が行われ、当

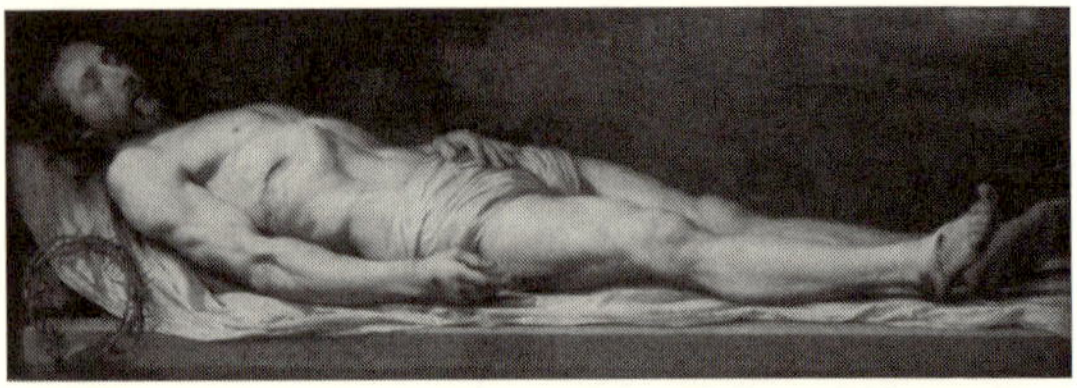
フィリップ・ド・シャンパーニュ《死せるキリスト》（ルーヴル美術館）

初この聖骸布は本物とされて人々の崇敬をかき立てた。一九八八年には炭素14による年代推定の結果、聖骸布は一二六〇年から一三九〇年のものとされたが、その後この結論には疑義が呈された。聖骸布は、ウェロニカのヴェールとアブガルの消えた図像とともに、受難におけるキリストの acheïropoïète「人間の手で作られたのではない」三番目のイメージとなるのだろうか？

ヨハン・セバスティアン・バッハの《ヨハネ受難曲》の最も悲痛な合唱曲の一つは「墓のキリスト」を現前させる。

Ruht wolh, ihr heiligen Gebeine,
Die ich nun weiter nicht beweine,
Ruht wolh und bringt auch mich zur Ruh!
安らかに憩いたまえ、聖なる亡骸《なきがら》よ
そをもはやわたしは嘆かない、
安らかに憩いたまえ、そしてわたしも、わたしのことも憩いに導きたまえ。

ジョルジュ・ミゴは、ドイツ占領期の暗い時代に作曲した堂々たる《受難》のあとにオラトリオ《墓納め》（一九四九年）を作った。

アリマタヤのヨセフの名は、息の長い成功を約束された作品群、つまり聖杯伝説の一部をなしている。聖杯伝説は、クレティアン・ド・トロワが始めたケルトのテーマを一二〇〇年頃にロベール・ド・ボロンがキリスト教化したものである。聖杯は最後の晩餐の時にキリストが使った貴重な杯《さかずき》で、その中にアリマタヤのヨセフが十字架にかけられたキリストの血を集めたのである。この神話は、トリスタンとイゾルデの神話とともに、中世に生まれた神話の中で最も強力なものである。この神話からは、一二一五年から三五年のあいだに非常に多くの小説群が生まれた。聖杯は、英国への福音伝道者にして騎士制度の創設者でもあるアリマタヤのヨセフによって英国に伝えられて探求の対象となり、ペルスヴァルやガラアドのような生粋の「天上の」騎士たちの「探索」の対象となった。この作品群は、脚色され、中身がさらに豊かになって、ドイツ、イギリス、スペイン、ポルトガル、オランダで、あらゆる類いの作品にインスピレーションを与えた。最も有名なものは、ヴァーグナーの祝祭劇《パルジファル》（一八八二年）である。

イエスの復活

イエスの復活の出来事そのものには証人がまったくいない。したがって、芸術家たちは復活を表現するのに想像するしかなかった。しかし、甦ったイエスの出現に関しては、そうではない。イエスの出現は真の「作品群」をなしている。出現があったと書かれただけのもの——第一日目にペトロに、ヤコブに、「五〇〇人以上の兄弟たちに」（『コリントの信徒への手紙』一、一五・五～七）——もあるし、パウロの回心の物語は三つあるが、福音書は五つの出現を書いており、それらが何度も何度も繰り返された。

イエスが甦るところは造形芸術では一一世紀以前には表現されていないようで、十字の旗をもって墓から出るイエスが正面から描かれていた。一四世紀以降、別の形のキリスト像が広まった。キリストが墓の上を飛翔し、番兵たちはキリストから出る光に目がくらんで恐れおののいている図が多い（ジョット、フラ・アンジェリコ）。

詩人ピエール・ジャン・ジューヴは、甦ったキリストの顔を『栄光』（一九四二年）の中で賛美している。

あなたは一人で現れ、あなたの顔の火の中に
まだしかし、わたしはあなたを認める
おお、ブロンドの顔面でこの地上に
燃え上がる金色の髪が後光になって生きた
おお、雄大な身体でこの地上に
最も赤く熱い茨を持ち来った
厳しい貌には深い湖のような目が
やさしく、あなたは完《まった》き喜びで気を失う
しかし、あなたはすっかり変わった。真実はまるごと消え
不可思議な避け難い侵入の下に
あなたの顔は古い墓のあとに、ついに幸せになり
あなたの昇天にただに目を向けるだけ。

音楽では、ヨハン・セバスティアン・バッハが、一七二九年に《復活祭オラトリオ》を作曲した。

墓での婦人たち（『ルカによる福音書』二四・一～一二）

週のはじめの日（わたしたちの暦では日曜日）、マグダラのマリアとその連れの女性たちは、夜明けから、香料を用意して墓に赴いた。しかし、そこに着くと、立ち入りを禁じるために墓の前に転がしてあった丸い重い石が横にどけられているのを発見した。誰もいなかった。恐れおののいた番兵たちはすでに逃げ去ってしまっていたのである。中に入ってみると、墓穴は空だった。婦人たちが途方に暮れていると、輝く衣を着た二人の男が婦人たちのところに現れ、「なぜ生きておられる方を死者の中に探すのか？　人の子は十字架につけられ、三日目に復活する、と予告されなかったのか？」と言った。そこで、婦人たちはまさにその言葉を思い出した。婦人たちは急いで使徒たちのところに行き、見たことを話した。しかし、使徒たちは、はじめ婦人たちが戯言《たわごと》を言っているのだと思った。

このエピソードは、三世紀以降、芸術家たちのあいだで絶大な評価を得た。聖女と呼ばれる婦人たちが墓を訪れるテーマは、ゴシック様式のカテドラルの正面の扉の表象になることが多い（ストラスブールのカテドラルのように）。中世末期には、この女性たちの群れは副次的な要素となって、「復活」画の背景となる。一七～一八世紀には、不要になった埋葬用布を一人の天使が広げて見せていることが多い。ギュスターヴ・ドレは、見事な『挿絵付き聖書』（一八六六年）の中に、このシーンを描き込んでいる。

墓でのペトロとヨハネ（『ヨハネによる福音書』二〇・二～一〇）

ペトロとヨハネは、疑心をもってはいたが、墓まで走っていった。最初に着いたヨハネには、地面にある細布しか見えず、墓には入らなかった。ペトロのほうは墓の中に入ったところ、細布は地面に置いてあり、遺骸を包む布は離れたところに丸めてあった。ヨハネも次いで中に入った。「彼は見て信じた」。福音書によれば、その時までペトロもヨハネもイエスが死者の中から甦るはずであることを理解していなかった。次いで、彼らは墓を離れた。

このシーンは、早くも四世紀にはローマのラテラノ教会の宝物の銀の箱の上に見られる。二人の使徒たちは墓の敷居のところで呆然としたように手を挙げている。また、パリのノートルダムの内陣の仕切りにも描かれている（一四世紀）。

マグダラのマリアへの出現（『ヨハネによる福音書』二〇・一一～一八）

マグダラのマリアは墓のそばまで戻ってきて泣いていた。後ろを振り向くと、園丁と思えるような人が見えた。その人は、マリアに「婦人よ、なぜ泣いているのか？」と尋ねた。マリアは「わたしの主が取り去られました。どこに置かれているのか、わたしには分かりません」と答えた。イエスは単に「マリアよ」と言われた。それでマリアはイエスのことが分かり、ヘブライ語で「ラボニ〔Rabbouni〕」、つまり「先生」と言った。イエスは「わたしに触れてはならない。わたしの兄弟たちのところへ行って、わたしが、わたしの父であり、あなたがたの父である方、わたしの神であり、あなたがたの神である方のところへのぼった、と言いなさい」と言われた。
マグダラのマリアは、使徒たちに「わたしは主を見ました。そして、主はわたしにこう言われました」と告げに行った。

この出現は、九世紀以降、写本を飾るようになった。キリストにはその特徴である十字を含む後光があって、二人の天使が空の墓のへりに座っている。天使たちは一一世紀から一三世紀のあいだは消えていたが、一四世紀になると再び現れる。次の世紀からは、イエスの動作を、「わたしに触れてはならない」を強調する傾向が強くなる。この言葉のラテン語 « Noli me tangere » が多くの絵のタイトルとなった。一六五一年のル・シュウールの作品（ルーヴル美術館蔵）も、その一つである。

ウスターシュ・ル・シュウール《私に触れてはならない》（グルノーブル美術館）

パスカルは、一六五四年一一月二三日から二四日にかけて経験した「火の夜」を書き取ったものである、かの有名な「メモリアル」の中で、「アブラハムの神」を「哲学者や学者の」神に対立させている。聖書の二つのシーンが、パスカルに現れた。燃える柴（『出エジプト記』三・二）と、マグダラのマリアに現れたキリストとその言葉「わたしの神であり、あなたがたの神」である。キリスト教徒の神はイエス・キリストの神であって、単なる第一原因とか他の抽象的な原理ではない。

エマオの弟子たちへの出現（『ルカによる福音書』二四・一三〜三五）

同じ日の夕方、気落ちした二人の弟子がエマオという名の村に向かう道をたどっていたところ、イエスは彼らにイエスと気づかれずに同行し、彼らが道すがら何を話し合っていたのかを尋ねた。彼らは「何ですって！　あなたはエルサレムで起きたばかりのことを知らないのですか？　偉大な預言者ナザレのイエスが殺されてしまったのです。イエスがエルサレムを解放してくれるのを期待していたのですが。仲間の数人の婦人たちから、墓に行ったらイエスの遺骸が見当たらず、天使がイエスは生きていると言ったと聞いて、わたしたちは驚いているのです。でも、誰もイエスを見ていません」と答えた。

そこで、イエスは彼らに「預言者の言うことをなかなか理解せず、なかなか信じない者たちよ！　キリストは栄光に入るために苦しまなければならなかったのではないか？」と言われた。そして、モーセから始めて、あらゆる預言者の言を繰り返し、聖書の中のイエスに関わることを彼らに説明なさった。

村に近づいたとき、イエスはなおも先へ行こうとされる様子だった。しかし、弟子たちはイエスに自分たちと一緒にそこに泊まるよう、無理に引きとめた。「一緒にお泊まりください。もう日が暮れますから」。そこで、イエスは彼らと一緒に泊まった。夕飯のとき、イエスはパンをとって祝福し、彼らにお与えになった。そのとき、彼らの目が開き、イエスだと分かった。しかし、イエスの姿は見えなくなった。彼らは互いに「あの方がわたしたちに聖書を説明してくださっているあいだ、わたしたちの心は燃えていたではないか？」と言い合った。

すぐに彼らはエルサレムに戻ることを決めた。エルサレムでは、他の弟子たちに途中で起きたことを話し、そしてパンを裂いてくださった時にイエスだと分かった次第を話した。

「エマオの巡礼者」(「巡礼者」は古い意味では「旅行者」)のタイトルで知られているこの物語は、大当たりをとった。まず、これは『ルカによる福音書』の最も美しいテクストの一つだからだが、無数のキリスト教徒たちがこの道中に自分の姿を見つけたからでもある。「一緒にお泊まりください。もう日が暮れますから」、「わたしたちの心は燃えていたではないか……？」

イエスは二人の旅行者にヘブライ語聖書の核心、すなわち律法(モーセ)と預言者たちの言葉を繰り返した。日常語には「それはとにかく律法や預言者たちではない」という表現ができた。「それは福音書の言葉ではない」と同じ意味で、議論の余地のある主張を指して言う言葉である。

エマオの巡礼者は、初期の世紀には造形芸術にあまり現れないが、一一世紀以降、浮彫やステンドグラス、柱頭、そして特に細密画に多数見られるようになる。一六〜一七世紀には、ティツィアーノ・ヴェチェッリオ、ティントレット、ルーベンス、ベラスケスといった大画家たちが、このテーマで描くようになる。カラヴァッジョは二回描いたし、ヴェロネーゼも同じ。オランダの画家たちは、このテーマを描くのは親密で神秘的な雰囲気の中の光の効果を上げる機会だと考えた。レンブラントは、このテーマにおよそ一〇回くらい立ち返ったほどである。フィリップ・ド・シャンパーニュは三回取り上げ、二〇世紀のモーリス・ドニは四回である。多くの作品が食事の聖なる雰囲気を強調しているが、これは最後の晩餐と聖体の秘跡を喚起するものである。アルカバスは、一九九三年から九四年のあいだに、平易な素朴さをもって、しかも喜びがはっきり表れているエマオの連作を七点の絵にしている。

使徒たちへの出現（『ヨハネによる福音書』二〇・一九〜二九）

週のはじめの日であるこの日の同じ夕方に、弟子たちはユダヤ人の当局者たちを恐れて家に閉じこもっていたが、イエスは突然、彼らの中央に立って、「あなたがたに平和があるように」と言った。イエスは弟子たちに両手と脇腹を見せ、次に彼らに息を吹きかけた。「聖霊を受けなさい。あなたがたがその罪を赦す人たちは罪が赦される。あなたがたがその罪を赦さない人たちは罪が赦されない」。イエスを見て、みんな喜びに満たされた。

使徒たちの一人トマスは、この夕べには不在だった。他の使徒たちが「わたしたちは主を見た」と彼に告げた。しかし、トマスは彼らの言うことを信じなかった。「あの方の手に釘の跡を見なければ、わたしの手を彼の脇腹に入れてみなければ、わたしは信じない」。一週間後、トマスと他の使徒たちが同じ場所に一緒にいて、すべての扉が閉じられていたのに、イエスは彼らの中央に立った。イエスはトマスに「あなたの指をここにあてなさい。わたしの両手を見て、わたしの脇腹に触れなさい。これからは、信じない者ではなく、信じる者になりなさい」と言われた。トマスは「わたしの主、わたしの神よ！」とだけ言った。イエスは続けて「あなたは見たから信じた。見なかったのに信じた者は幸いである！」と言われた。

これらのエピソードは、フランス語の中に痕を残している。「聖トマスのようである」とは、ある出来事を信じるのに証拠を必要とし、なかなか信じないことを言う。また、弟子たちは高いところの部屋に集まっていたと考えられるので、この高いところの部屋をラテン語では « cenaculum » と言い、フランス語の「セナクル〔cénacle〕」は閉鎖的な会合を指し、時に軽蔑的な「徒党」という意味をもつ。一八二〇年代にフランスのロマン派たちは、ヴィクトル・ユゴーを首領とする彼らの閉鎖的なグループを「セナクル」と呼んだ。二度の出現のうち、二回目のほうが、より多く芸術家たちによって表現された。イエスは傷痕を見せるか、またはトマスに触らせる。しかし、中世末になると触らせるほうが優勢になった。このシーンは、早くも五世紀には石棺に見られる。ヴェロッキオはこのシーンを彫り、カラヴァッジョ、プッサン、レンブラントは描いた。

湖畔での出現（『ヨハネによる福音書』二一・一～一四）

イエスに言われて、使徒たちはガリラヤに戻った。ある夜、使徒たちのうちの七人がティベリアス湖で漁をしたが、何もかからなかった。朝になって、湖岸にいた誰かが彼らに叫んだ。「子たちよ、舟の右側に網を打ちなさい」。彼らがそうしたところ、あまりにたくさんの魚がかかったので網を引き上げられないほどだった。そのとき、「イエスが愛しておられた弟子」――伝承ではヨハネとなっている――が、ペトロに「主だ！」と叫んだ。裸だったペトロは、衣類を身にまとうと水に飛び込んだ。他の者たちは舟で岸に戻ってきた。イエスはパンと魚を用意していて、彼らに配った。これが、イエスが弟子たちの一部に現れた三度目である。

ヨハネは、初めてイエスと会ったとき、これと似たようなエピソードがあった（『ルカによる福音書』五・一～一一）ので、ここでもイエスをそれと認めた。そもそも、この二つのエピソードは「奇

ジャン・ジュヴネ《奇跡の漁り》（ルーヴル美術館）

跡の漁《すなど》り」というタイトルで知られている。ルカにあるエピソードではイエスはペトロの舟に腰を下ろしているが、ヨハネの物語では湖岸に立っている。しかし、芸術家たちは、この二つのシーンを混同することが多かった。ルカが語っているようなシーンは、ヴェニスのサン・マルコ大聖堂のモザイク（一三世紀）に再現されており、またルーベンス（一六一九年）、ジュヴネ（一七〇六年）によって絵に描かれている。ヨハネの物語はコンラート・ヴィッツの祭壇画（一四四四年）にインスピレーションを与えたが、この絵は上方にサレーヴ山がそびえるジュネーヴ湖を背景としている。

全世界に向けた使命

湖畔での出現の最後に、イエスはペトロに三度尋ねられた。「シモン、わたしを愛しているか?」と。ペトロは悲しんで、「主よ、あなたは何もかもご存じです。わたしがあなたを愛していることを、あなたはよく知っておられます」と答えた。そして、イエスは三度とも「わたしの羊を飼いなさい」と言われた（『ヨハネによる福音書』二一・一五～一七）。

最後から二番目にイエスが弟子たちに出現したのは、ガリラヤの山の上である。この出現は『マタイによる福音書』の結尾（二八・一六～二〇）をなしている。イエスは弟子たちに「わたしは天と地のいっさいの権能を授かっている。あなたがたは行って、すべての民を教え、彼らに父と子と聖霊の名において洗礼を授けなさい。わたしがあなたがたに命じたことを、すべて彼らが守るように教えなさい。わたしは世の終わりまで、あなたがたとともにいる」と言い渡した。

キリスト教の洗礼は『使徒言行録』に早くも現れている。五旬祭のその日に、ペトロは洗礼を始めた（『使徒言行録』二・二八〜四一）。助祭フィリポが洗礼を授けた（八・一二〜一三、三六〜三八）。パウロはダマスコで洗礼を受けた（九・一八、二二・一六）。早くも二世紀には、回心したばかりの成人たちの傍らには、彼らの歩みに同行する保証人が存在した。まもなく、両親が死亡したり投獄されたりした子供たちの信仰のためにも、保証人が存在するようになった。これらの《patrini》すなわち《patres》「父親」の指小辞が今日知られている「代父〔parrains〕」、「代母〔marraines〕」になったのは、八世紀頃である。洗礼は、全身を水に浸すか、半身だけ水に浸して頭に水をかけるか、単に頭に水をかけるだけかのやり方で行われる。大部分のキリスト教共同体で支配的になったのは、最後のやり方である。

受洗希望者に神父がはじめに行うのは、額に十字の印をつけることである。この額の印は一人一人にみずからの洗礼を思い起こさせるものであったが、いつの時代からかははっきり分からないながら、頭から胸へ、一方の肩から他方の肩へという具合に、身体全体に拡大された。

昇天

甦ったイエスに対する使徒たちの信仰を固めさせたこれらの週――ルカは「四〇日」と言っている

が、これは象徴的効力のある数字——のあと、キリストは使徒たちをエルサレムに集めて、彼らにまもなく（過越祭後五〇日目、すなわち五旬祭の日のはずである）聖霊がやって来ることを予告し、彼らの全世界に向けられた使命を確認した。それから、キリストは高く上がり、雲が彼の姿を使徒たちの目から隠した。使徒たちのまなざしが天に向けられたままだったところへ、白い服を着た男が二人やって来て、「ガリラヤの人たち、あなたがたはどうして天を眺め続けているのですか？　あなたがたから取り上げられていなくなった、あのイエスは同じやり方でまたおいでになります」と天の雲の上から使徒たちに言った。

このエピソードで『使徒言行録』は始まるが、著者のルカはもう一つの著書である福音書の末尾ではエピソードを復活に緊密に結びつけている。ルカは、この結びつきを強調するため、『使徒言行録』では四〇日間とあるのを過越祭の夜のしばらくのあいだに圧縮した（『ルカによる福音書』二四・三六～五二）。

キリスト教化されたオリエントでは、キリストの神としての栄光を強調し、昇天を至上の栄誉として描く。イエスは正面を向いていて、マンドルラの輝く楕円形または「神秘的なアーモンド形の後光」——マンドルラは、アーモンドを意味するイタリア語の《mandorla》から来た——の中で動かない。西洋のほうは、救い主の人間性を弱めないよう、上昇する動きの中で、腕を広げるか、受難の傷跡を見せるかしながら上に昇っていくイエスを描く。このようなテーマは飛翔を強調しているので、丸天井の装飾に最適である。ゆえに、コレッジョはパルマの福音記者聖ヨハネ教会の丸天井を、このモティーフで飾った。

音楽では、ヨハン・セバスティアン・バッハが、キリスト昇天のオラトリオを一七三五年に作曲し、メシアンが一九三三年に四つの交響的瞑想《キリストの昇天》を作曲した。

マグダラのマリア

マグダラのマリアの名前は、ティベリアス湖畔の町マグダラから来ている。マグダラのマリアは、ラテン語ではマリア・マグダレーナ〔Maria Magdalena〕になり、現代フランス語ではマリー・マドレーヌである。

マグダラのマリアは、イエスによって謎の病気から癒されて、イエスに同行する一群の女たちの一人となった（『ルカによる福音書』八・二）。イエスに徹頭徹尾忠実だったマリアは、十字架刑のあいだも十字架の足下に立っていた（『ヨハネによる福音書』一九・二五）。日曜日の明け方、マリアは墓に赴き、まもなく、甦ったキリストが彼女に現れたのを見る、という恩恵にあずかった。そのため、彼女は「使徒の中の使徒（apostola apostolorum）」と呼ばれるのである。

これらいくつかの特徴によって、すでにマグダラのマリアは並々ならぬ重要人物となっている。しかし——ギリシア教会とは逆に——ラテン教会は、その上たくさんの伝説で彼女を包んだ。まず、ラザロとマルタの姉妹であるベタニアのマリアと混同された。さらに、ルカが無名の罪深い女について書いており、ファリサイ派のシモンの家でのイエスの食事のとき、香油の入った石膏の壺をもってきて、涙に暮れてこの香油をイエスの両足に塗り、それを自分の髪の毛でぬぐった、としている（『ルカによる福音書』七・三六～五〇）。この女がマグダラのマリアだとされた。それだけでなく、この聖書のデータを過去と未来に関して補強した。すなわち、マグダラのマリアは当初、社交界の富裕な女で、みずからの美しさに心を奪われ、贅沢な暮らしをしていただけでなく、奔放な生活を送っていたようだ。それが、キリストの昇天後、迫害を受けて何人かの連れと船頭のいない舟にむりやり乗せられ、プロヴァンスに着いたらしい。着いた港は爾後、サント・マリー・ド・ラ・メールと名づけられたという。彼女はマルセイユでカトリックの信仰を広め、のちに観想生活に身を捧げるためにサント・ボームの洞窟に隠者となって、ひきこもったようである。洞窟では、半身裸で、はなはだしく厳しい苦行のうちに三〇年間生きたとされている。

このように作り上げられた物語が豊かな象徴性に富んでいるところから、マグダラのマリアがしばしば表象されたのも当然であり、早くも中世にはそれが始まっている。社交界にいるマリア、次いで宝飾品を手放す姿、壺一杯の香油をキリストの両足に注いでからキリストの足を髪で拭うマリア、マリアと姉妹のマルタ、兄弟のラザロの甦り、十字架の足下にいるマグダラのマリア、過越祭の朝、墓にいて、甦ったキリストを認めるマリア、プロヴァンスにいるマリア。しかし、トリエント公会議（一五四五―六三年）後のカトリック改革期には、マグダラのマリア一人を描くことが多く行われるようになった。彼女一人をクローズアップする構図（十字架の足下であっても）である。そして、マグダラのマリアの顕彰は、フランスでは一五七〇年代から一六六〇年代に頂点を迎える。これは文学におけるバロックの全盛期とちょうど一致している。このマグダラのマリアの流行は、造形芸術と文学に同時に及んだ。描いた画家としては、ジョルジュ・ド・ラ・トゥール、シモン・ヴーエ、フィリップ・ド・シャンパーニュ、ウスターシュ・ル・シュウール、ニコラ・プッサン、シャルル・ル・ブランがおり、フランス以外ではグイド・レーニ、カラヴァッジョ、ルーベンスなどがいる。文学では、一六〇七年から六九年のあいだに世に出た叙事詩は七つを下らないし、それだけでなく、マグダラのマリアは抒情詩と説教にまで現れる。一方、劇にはそれほど現れないのは、マリアの軌跡をなす各場面をつなげても、かろうじて劇の形になるにすぎないからである。また、小説というフィクションでは評判が悪いことが多いのは、聖母の次に偉大な大聖女として現れるこの人物の聖書に書かれた事実とフィクションが相容れないからである。この偉大な聖女は、マドレーヌ・ド・サブレ、マドレーヌ・ド・スキュデリ、マリー＝マドレーヌ・ド・ラファイエットのように、大勢の有名人たちの守護聖人となっている。

なぜこれほど人気があったのか？　その理由はいくつもある。まず第一に、反宗教改革の力強さである。この力強さがプロテスタントたちに対抗させているのは、ソーラ・スクリプトゥーラ〔Sola Scriptura（「聖書のみ」の意）〕の原則に対応して聖書の聖女であり、さらに神秘主義を警戒する彼らに対しては女性神秘家であり、宗教改革者たちが拒絶した赦しの秘跡を擁護するためには悔悛した女性、そして最後に、ルター以来こきおろされている修道院生活を正当化するために隠者となった女性としてのマグダラのマリアだった。また、聖体を授けられるマグダラのマリアの図像も多く描かれるようになる。その代わり、マルセイユの宣教者という中世のテーマは消える。マリアのような一信徒を宣教者とすることには、新しい異端を助長する危険があったからである。

戦闘的な反宗教改革の側では、「神秘主義の侵攻」のために場所を作る必要があった。この侵攻は単に宗教改革派への反動現象であるどころではなかった。一六世紀および一七世紀に神秘主義文学が花盛りになったことを見ても、サント・ボーム山地の祈る人マグダラのマリアへの崇敬が納得できる。また、マリアは恋人を探して取り乱している雅歌の中の許嫁《いいなずけ》にしばしば結びつけられる。枢機卿ピエール・ド・ベリュールの見事な散文詩『聖女マグダラのマリア称揚』（一六二七年）に、まさにそれが見られる。

しかし、マグダラのマリアの人気を説明する、もう一つの、そして三番目の要素がある。マグダラのマリアの人物像とバロックの想像界との並外れた類似である。年代だけを見ても、この二つの現象がそれとなく響き合っているのが感じられる。この黄金時代は衰退の時期（一六世紀のはじめの三分の二のあいだ）のあとに来て、しかもマグダラのマリアの表象は、一六六〇年代以降、大きく力を落としたからである。

バロックの世界観の核心が不安定と眩暈《めまい》を作り出す対照的なものの一致という鋭い意識の中にあることを考えれば、マグダラのマリアは生ける「反対の一致〔coincidentia oppositorum〕」なのである。あまりにそのとおりなので、その事実が展覧会や作品のタイトルの一部に入れられたほどである。た

カラヴァッジョ《聖マグダラのマリアの法悦》（個人蔵）

ジョルジュ・ド・ラ・トゥール《聖なる火を前にしたマグダラのマリア》（ルーヴル美術館）

とえばフィレンツェのピッティ宮殿における素晴らしい展覧会は「聖と俗のあいだのマグダレーナ」（一九八六年）と題されていた。マルジョリー・マルヴェルンの著書『袋を着たヴィーナス』（一九七五年）には、対照的なもののもう一つ別の融合が描かれている。エロティシズムと悔悛、（わずかに）袋を身につけている魅惑的な裸体、肉体と魂、という具合である。実際、ユダの砂漠で裸で生活していたらしい五世紀のエジプトの聖マリアの生涯は、さまざまな伝説になっている。それゆえ、数多くの祈っている姿の美しい胸元とか、ベルニーニの《聖テレサの神秘的恩寵》よりも絶頂感が出ているカラヴァッジョの驚くべき《聖マグダラのマリアの法悦》が描かれたのである。マグダラのマリアは、苦行衣のヴィーナスであり、「恋する聖女」である。ジョルジュ・ド・ラ・トゥールは、輝く肉体とすぐそばにある死をともに、かの有名な《聖なる火を前にしたマグダラのマリア》の中に描いた。この絵の中で、マグダラのマリアは右手を頭蓋骨の上においていて、スカートの赤、むき出しにされた右肩の美しさが、光と影の接するところにおかれた死を思わせる物と対照をなしている。このような絵はバロックのマグダラのマリア像とヴァニタスとの緊密な関係を強調している。

モロー《ゴルゴタの丘の聖マグダラのマリア》
（ギュスターヴ・モロー美術館）

さらに続けるのは容易である。社交界の富裕な女マグダラのマリアのこれ見よがしの奢侈とプロヴァンス地方で苦行するマグダラのマリアの貧窮も対照的に描かれ

セザンヌ《マグダラのマリアあるいは苦悩》（オルセー美術館）

た。ルイ・レオが『キリスト教芸術の図像学』（第三章第二節）で茶目っ気たっぷりに指摘したように、マグダラのマリアは乱行の時は悔悛の時よりも多くの衣類で身体が覆われていた。彼女の長いブロンドの髪は、火と水のあいだで迷っている。彼女の涙は、干からびた土地の泉を想像させるか、「降り注ぐ涙の嵐」に火の魂を対置するか、あるいはまた人々の心の中に回心の火を点ける。

　マグダラのマリアは、外面と内面両方の変身の見事な例であり、あらゆる回心の模範であるが、被造物のほぼ無の状態とその絶対への希求とのあいだの緊張も表している。キリストが彼女に「わたしに触れてはならない（Noli me tangere）」と言うシーンは、パドヴァのジョットによるフレスコ画のように非常に古くから描かれていたが、バロック時代にル・シュウール（ルーヴル美術館蔵）やロラン・ド・ラ・イール（グルノーブル美術館蔵）らによって同テーマの絵が数多く描かれたのは、そういうわけである。

　マグダラのマリア像がかくのごとく魅力的に描かれた黄金期のあとには、傑作はあまり多くなくなった。しかし、一九世紀はこの聖女に強い関心をもった。カノーヴァの彫刻《悔悛するマグダラのマリア》とか、ドラクロワ描くところの《砂漠のマグダラのマリア》（一八四五年）がある。アリー・シエーフェルやロセッティ、ギュスターヴ・モロー（《ゴルゴタの丘の聖マグダラのマリア》）、ピュヴィス・ド・シャヴァンヌ（一八七〇年）らのあとに、プロヴァンス人セザンヌ（オルセー美術館蔵《マグダラのマリアあるいは苦悩》が現れる。二〇世紀には、モーリス・ドニが《わたしに触れてはならない〔Noli me tangere〕》を描いた。パリのマドレーヌ教会は一八四二年にマグダラのマリアに捧げられて聖別されたが、そのペディメントに、裁く人キリストの足元にひざまずく罪の女が表象されている。これは、ルイ一六世を死に追いやったことを悔いているフランスの象徴である（エクトール・ルメール）。祭壇の上には、マロケッティ作の、踊る天使たちに囲まれたマグダラのマリアを誉め讃える大理石彫刻群像がある。

また、数多くの音楽家たちがマグダラのマリアを讃えた。ガブリエリ（一六世紀）、モンテヴェルディ、フレスコバルディ、マルク＝アントワーヌ・シャルパンティエ（《マグダレーナとイエスのあいだの対話》）、ヨハネス・ブラームス（《マグダレーナ》）。

もっと卑近な領域では、フランス語の中に「マグダラのマリアのように泣く」〔さめざめと泣く〕という表現が残っている。一方、「マドレーヌ」と呼ばれる小さなお菓子の名前は、一八世紀にこれを作り出したマドレーヌ・ポミエの名前に由来する。

芸術の中の三位一体

旧約は、ヘブライ民族が神の絶対的単一性とその超越性を発見するように少しずつ導いていった。「わたしの思いはあなたたちの思いとは異なり、わたしの道はあなたたちの道とは異なる」（『イザヤ書』五五・八）。新約は、人間の理性では捉えることができないであろうこの存在の神秘をかいま見て知ることを深めていく。福音書を読み、キリストの特性に気づけば、キリストが「わが父」と呼ぶ神的ペルソナとキリストのあいだの親密な関係が最も重要だと考えないわけにはいかない。そして、もう一つ別の超越的なものが繰り返し何度も現れる。それは、イエスが人間の「弁護者」（ギリシア語《Paraclet》による）であり、「内奥から霊感を与える者」と名指しているもの（『ヨハネによる福音書』一五・二六、一六・四～一五）、つまり聖霊である。イエスの洗礼の時と変容の時には、父と子と聖霊が現前している。

哲学者たちの神を超える一人の神のこの逆説的な啓示は、合理主義者の単純化に対抗して四世紀のニカイア（三二五年）とコンスタンティノープル（三八一年）の二つの公会議で主張された。この啓示は、聖アウグスティヌスの説得的な概論『三位一体について』（三九八―四二二年）の対象となり、キリスト教のあらゆる宗派の信仰の土台となっている。この啓示を認めることが、二〇世紀半ば以降、真にキリスト教的なさまざまなキリスト教会や共同体を対話に導いている教会一致運動に入るための絶対不可欠の条件である。

しかし、十戒によって神を図像化することはすべて禁じられているのに、神の三位一体を表象することは可能だったのか、また容認されたのか？　論争があったものの、教会は受肉が理由となってキリストはこの禁止制裁を免れると認めた。したがって、一〇〇〇年まではキリストの図像しか見当らない。『ヨハネによる福音書』の中の主の言葉「わたしを見た者は、父なる神を見たのである」（一四・九）によって、目に見える神はイエスの顔だけである。せいぜい、ほかには全能を表すために天から出ている手とか、ヨルダン川の洗礼の時の鳩など、いくつかの象徴に出会うだけだろう。一〇〇〇年頃、またとりわけ一三世紀以降、老人の顔をした父なる神のイメージが次第に現れてくる。こうしたイメージは『ダニエル書』の中の見神「わたしは見ていた。王座が据えられ、日の老いたる者がそこに坐した。その衣は雪のように白く、その髪は洗浄された羊毛のようであった」（七・九）をよりどころにしている。多くの神学者たちの反対にもかかわらず、このタイプの表象は増大するばかりで、一六世紀はじめにミケランジェロがほかならぬローマのシスティナ礼拝堂のために描いた《天地創造》の中で父なる神を人間として描いても、誰も眉をひそめたりはしなかった。十戒の禁止制裁を激しく思い出させたのはカルヴァンだが、トリエント公会議は父なる神と三位一体の表象に関してあいまいな態度を変えなかった。一五六六年に『ローマ・カトリック要理問答』は聖書の根拠があるかぎり父なる神と三位一体の表象を認め、例として『ダニエル書』の見神「日の老いたる者」を神の永遠性の象徴として挙げている。カトリック教会の見解は、一七四五年に教皇ベネディクトゥス一四世の書簡『われらの恐れ〔*Sollicitudini Nostrae*〕』によって、さらにはっきりした。すなわち、聖書そのものに出てくる象徴を使って表象化するのは正当である、と確認したのである。

三位一体を三つの頭をもつ怪物で表す——上半身に三つの頭がついているか、一つの頭に三つの顔がついている——やり方が一一世紀から一九世紀のあいだに幅を利かせかけたが、聖書によらないとして断罪された。これを除くと、唯一神の神秘は以下の三つの方法で表されてきた。

エル・グレコ《悲痛な三位一体》（プラド美術館）

第一は、マムレの樫の木の下で三人の男がアブラハムに出現したという記述（『創世記』一八・一〜一五）をもとに、顔つきは似ているが属性が異なる三人の人物を集める、というやり方である。これはビザンティン世界で流行した。最も知られている作品は、ロシア人画家アンドレイ・ルブリョフ（一五世紀）の《三位一体のイコン》である。もっとも、西洋では父なる神は老人によって、聖霊は鳩によって象徴化されることもある。

第二は、恩寵の王座と呼ばれ、子キリストがつけられている十字架を父なる神が下で支え、聖霊の鳩が二人のあいだを滑空しているものである。おそらく一二世紀にフランスで生まれたこの構図は、一三世紀以降、多様化する。たとえば、子キリストの身体が父なる神の膝の上に載っている（エル・グレコ《悲痛な三位一体》一五七九年）形もある。

そして最後に、もっと抽象的なやり方で、正三角形のような象徴的な三つで一つを表すという方法がある。この場合、ヘブライ語の神の名である聖四文字が描かれることもあるし、描かれない場合もある。

ベネディクトゥス一四世が立てた原則は必ずしも守られてこなかったことが分かる。このように何でもありという状態になったのでは、原始キリスト教時代の節制に戻ることが望まれる。当時は、神の神秘をキリストの顔面と言葉の中に読み解いていたのである。

音楽では、オリヴィエ・メシアンが《聖三位一体の神秘への瞑想》（一九六九年）を作曲し、フランシス・プーランクも同じタイトルで作曲している。

受難－復活は、キリストの軌跡のうち、西洋文化に最も深く痕跡を残した局面である。それに次ぐのは生誕と幼年時代である。そのことは驚くにあたらない。これらはキリスト教信仰の根本的な二つの「秘義」、すなわち神の受肉と「世の罪を除く神の子羊」（『ヨハネによる福音書』一・二九）の犠牲に関わることだからである。キリスト教的な意味では、「秘義」とは理性がつまずく不可解ではなく、理性を超える無限の現実であり、その中では理性はもっと強くなる。高い山ではもっと新鮮な空気を吸うようなものである。キリストが生まれた馬槽《うまぶね》とキリストがつけられる十字架、この二つの出来事は次々に現れるさまざまな神学を超えていて、その説明の努力も空しいのは以上のようなわけである。

この二つの出来事のあいだに、説教するキリストの威光が広がった。しかし、説教者キリストの光が西洋の想像界の中に移行することはずっと少なかった。一つには、山上の説教やたとえ話の呼びかけや勧めは造形芸術や音楽に表されることがあまり容易ではない、ということもあった。一方、言葉や文学には痕を残している。三年間の公生活が受難と復活の数日に輝きを奪われたり、あるいは光り輝くかくも多くの瞬間が闇の時間に凌駕されたりすることがないように、説教するキリストの素晴らしさがラテン・キリスト教においてより強く表されているのは、おそらく幸せなことだろう。

第4章 『使徒言行録』

『ルカによる福音書』と『使徒言行録』は、もともと同一の書物の二つの部分をなしていた。第二の部分は、まもなく現行のタイトルで切り離された。二つの書物のプロローグと文体から同一著者であることが分かる。著者がルカであることは一七五年頃にはすでに知られていたが、爾来そのことが決定的に問題になるようなことはまったくなかった。そうすると、パウロの連れであるルカが一人称複数「わたしたち」を四回にわたって使っているわけが容易に分かる。その箇所は、一六・一〇、二〇・五～一五、二一・一～一八、そしてとりわけ第二七～二八章であるが、この二章の正確さと的確さは航海史の専門家の称讃を呼び起こすほどである。

『使徒言行録』は、第三福音書（『ルカによる福音書』）に続いて、同じく紀元六五年から七〇年のあいだに書かれたものと見られる。三〇年から六三年まで約三〇年をカバーしているこの言行録は、まず、とりわけユダヤ人たちの回心をめざした使徒ペトロの宣教活動を（第一～一二章）、次に三回の大航海によって地中海を経めぐったパウロの宣教活動（第一三～二八章）を紹介している。この言行録では、一部の教会の誕生を見ることができる。すべてというわけではまったくない。他の教会はアレクサンドリアからインド洋沿岸に至る別の場所に設立されたからである。それらについては、この言行録に匹敵するような報告を残念ながらわたしたちはもっていない。なお、「キリスト者」という呼称が初めて使われたのはアンティオキアであることが分かる（一一・二六）。

『使徒言行録』は甚大な影響を及ぼした。初期共同体の理想的な光景は「使徒時代の生活」へのノスタルジーを生んだし、石打ち刑を受けたステファノの模範（第六〜七章）は殉教の勇気を与えたのである。『使徒言行録』は遅くとも四世紀に復活節の典礼の中に導入された。

聖霊降臨（二・一〜四二）

ユダヤ人たちは、シナイ山の上で神とイスラエルのあいだで結ばれた契約を過越祭の五〇日後に記念してきた。この記念の祭りの際には、地中海沿岸のあらゆるところからやって来るユダヤ人でエルサレムは溢れた。ギリシア語の《Pentecostè》に相当する「五旬祭」がキリスト教の聖霊降臨祭に名を与え、この日は神の霊の発露と教会の誕生を示している。

五旬祭の日が来たとき、使徒たちは全員エルサレムに集まっていた。突然、天から猛烈な風が来たような大きな音がして、彼らが集まっていた家全体に響きわたった。そして、同時にいくつにも分かれた火の舌のようなものが現れ、使徒一人一人の上にとまった。すぐに彼らは聖霊に満たされて、さまざまな言語を話し始めた。まるで聖霊が彼らに自分の考えを話すことを許したかのようだった。

たった今響いた大きな音のせいで人々が集まってきた。人々は驚いて呆然としていた。使徒たちの誰も彼もが自分たちの言語で話すのを聞いたからである。ペトロが初めてキリスト教のメッセージの核心そのものを宣言したのは、その時である。その核心とは、神から送られ、十字架の上で死んだナザレのイエスは復活し、爾後、神の右に座し、彼が予告していた聖霊を人々の心の中に広めている、ということである。それ以来、この信仰の中心は「先ぶれによる宣言」という意味のギリシア語から「ケリュグマ［kérygme］」と呼ばれる。ケリュグマは、キリストの生涯とメッセージ全体を究める信仰教育の普及拡大とは異なる。この信仰教育は、すぐにケリュグマに結びつく。『使徒言行録』によれば、教会第一日目の回心者たちは「使徒たちの教えを熱心に聴き、相互の交わり、パンを裂くこと、祈ることに熱心だった」(二・四二)。ケリュグマと信仰教育は、受難-復活の強調と合わせて四福音書の源であり、使徒たちあるいは彼らの直接の弟子たちのすべての演説の源である。『使徒言行録』でもそうであるし、書簡、黙示録の象徴体系の中でもそうである。

聖霊の称揚は、キリスト教化されたオリエントで特に著しかったが、西洋では二つの賛歌を生んだ。ラバヌス・マウルス(九世紀)の作とされる「ヴェニ・クレアトール・スピリトゥス〔Veni Creator Spiritus〕」(「来ませ、創造主の霊よ」)と、作曲家不明(一三世紀)の「ヴェニ・サンクテ・スピリトゥス〔Veni Sancte Spiritus〕」(「来ませ、聖霊よ」)であるが、この二つはきわめてしばしば歌われる。ちなみに、カトリック思想は『イザヤ書』の短い一節(一一・一~五)に基づいて、聖霊の七つの賜物についての黙想を発展させた。

日常フランス語には、さまざまな言い回しが入った。たとえば、イエスの言葉(『ヨハネによる福音書』三・八)から「風は思いのままに吹く」。また、聖パウロの言葉「文字は殺すが、霊は生かす」(『コリントの信徒への手紙』二、三・六)から文字と精神の対照が生まれた。〔マリアが〕「聖霊の働きによって」イエスを奇跡的に懐胎したことは、知性にとって理解できない行為を表すのに使われるが、しばしば嘲笑的なニュアンスを含んで「それは聖霊の働きによって起きたのではない」というふうに使われる。さらに、言語を容易に習得する人について「言語の賜物を受けている」と言う。

聖霊降臨の造形的な表象は、初期キリスト教時代のモザイクや細密画にすでに多数見られたが、中世末期に増大した。使徒たちだけが描かれているものもあり、そこではペトロが中央にいることが多い。『使徒言行録』の記述（一・一四）に従って聖母マリアのまわりに使徒たちがいるものもある。たとえば、エル・グレコが描いたように、上から火の舌を送り出す鳩が見下ろしている構図である。このシーンは、ル・マンのカテドラル（一一四五年）からパリのサン・テティエンヌ・デュ・モン教会（一五八〇年）に至るまで、ステンドグラス職人の親方たちをももちろん魅了した。ヴェニスではサン・マルコ寺院（一二世紀）の丸天井のモザイクに写し取られ、サンタ・マリア・デラ・サルーテ教会にはティツィアーノ・ヴェチェッリオの絵（一五六〇年）が描かれた。

二〇世紀のごくはじめに、まずアメリカ合衆国で広がった、はなはだ強力な運動は「聖霊降臨運動」と呼ばれる。この運動は、回心の経験を強調するメソジスト教会の中の「信仰覚醒（Revival）」の信仰に根差していた。一人一人が強烈な新しい経験（second blessing, crisis experience）をするよう促されている。それが罪の中に深入りすることを免れさせてくれるのである。この「聖霊の洗礼」は、聖霊降臨を表す徴そのものを作り出す。すなわち、みずからの言語とは別の言語で話すこと、預言、治癒、脱魂である。

これらの現象は、主要なキリスト教共同体からは当初、軽蔑の目をもって見られたにもかかわらず、アメリカ全土、アフリカ、そしてヨーロッパにすみやかに広がった。一九六〇年には、最も古い諸教会にも広がり始めた。そして、一九六七年以降、カトリックの聖霊降臨運動が展開する。この「カリスマ刷新」――「カリスマ」とは聖霊の賜物を指す（『コリントの信徒への手紙』一、第一二章）――は、カトリックの中にあらゆる類いの新しい共同体を生み出し、およそ一〇〇の国々に支部ができた。

最初の共同体

『使徒言行録』は、原初の共同体の熱意や喜びや兄弟愛的結びつき、財の共有などについて三回にわたって短い描写をしている。「彼らは一つの心、一つの思いしかもっていなかった」。使徒たちは病人を癒し、多数の回心者があった（二・四二〜四七、四・三二〜三七、五・一二〜一六）。

ある夫婦アナニアとサフィラは、共有の財産からごまかして自分たちのぶんの財産をとっておいたのをペトロに暴かれ、二人とも倒れて死んだが、この死は他の人々にとって戒《いまし》めになるものだった（五・一〜一一）。

初期のキリスト教徒たちのこの熱意の光景は、その後の多くのキリスト教徒世代につきまとった。それは、しばしば叱責として思い出され、そしてあらゆる類いの信仰覚醒、改革に資した。たとえば、一三世紀はじめの托鉢修道会（フランチェスコ会、ドミニコ会、その他）の台頭である。一七世紀には、ポール＝ロワイヤルがカトリック教会のこのような原初の時期へのノスタルジーにとらわれ、敵側からは「原初主義」、始原の理想化として非難された。財の絶対的共有化の夢は、世俗の世界では一九世紀に「空想的社会主義」の計画を多数生んだ。これが二〇世紀後半に再興し、フランスでは「カトリック聖霊降臨運動」の中で「カリスマ的」グループがたくさん現れた。

ダマスコに向かうパウロ

教会の最初の殉教者助祭ステファノ（第六〜七章）を死に追いやった加担者である若いファリサイ

派でタルス生まれのサウロは、ローマ市民としての名前をパウルス〔Paulus〕と言って、はじめはキリスト教徒たちの迫害者の一人だった。現れ始めた信仰に対して脅迫し、殺人することしか望まず、キリストの弟子たちを捕えようとエルサレムからダマスコに向かっていた。そこへ突然、まばゆい光が彼を包んだ。サウロは地面に倒れ、「サウロ、サウロ、なぜわたしを迫害するのか？　とげのついた棒を蹴ると、ひどい目に遭う」〔『使徒言行録』二六・一四〕という声を聞いた〔新共同訳では、イエスはサウロに向かって「サウルよ」と呼びかけている〕。サウロは答えて、「あなたはどなたですか？」主は彼に「わたしはイエスだ。あなたが迫害しているイエスだ。起きてダマスコに行きなさい。そこにいるわたしの弟子アナニアが、あなたのなすべきことを教えるはずだ」と答えた。

パウロは起き上がった。光のせいで盲目になっていた。仲間たちによってダマスコに導かれ、アナニアの訪問を受けた。アナニアがパウロの上に手をおくと、鱗のようなものが目から落ちて、パウロは再び目が見えるようになった。そして、アナニアは「見たばかりの光景の証人となり、イエスのメッセージを異邦人、王たち、イスラエルの人たちに伝えるために、神はあなたを選んだ」と彼に言った。パウロは弟子たちから教えを受け、洗礼を受け、そして――彼の話を聞いていた人たちが唖然とする中――イエスがメシアであり、神の子であることをダマスコのシナゴーグで主張し始めたのである（九・一～一九、二二・四～二一、二六・九～一八）。

フランス語には、根源的な変化や、生活あるいは思想の完全な方向転換を言うために「ダマスコへの道を見つける、知る」という言い方が残っている。また、真実に目をふさいでいた人が、ついに事の、あるいは状況の真実を理解することを指して「目から鱗が落ちる」（『使徒言行録』九・一八から）

と言う。

パウロが徒歩で行ったか馬で行ったかを言行録は明言していないので、芸術家たちはこの二つのどちらかを好みに合わせて選んだ。馬で行くほうが華々しいので、ミケランジェロやラファエロ、デューラー、ルーベンスなどに好まれた。カラヴァッジョには、後ろ足で立ち上がっている白と灰の斑《まだら》の馬の背でパウロがのけぞり、左の腕を天に向かって伸ばしていて、天からは光と声が現れている素晴らしい絵（一六〇一年）がある。

聖ペトロ

ペトロは『使徒言行録』の前半の中心人物で、二つの書簡も彼のものとされている。三世紀の外典『ペトロ行伝』は、ローマで投獄されていたペトロがいかにして二人の看守を回心させたかを語っている。次いで、迫害を免れるためにローマから逃げようとしてアッピア街道でキリストに出会ったようである。ペトロは「主よ、どこにいらっしゃるのですか？（Quo vadis, Domine?）」とキリストに尋ねたらしい。イエスは「ローマへ。再び十字架にかかるために」と答えたようだ。使徒の首位に立つ者であるペトロは恥じてローマに戻り、言い伝えによればネロのもとで殉教者として六四年頃に死んだ。ペトロは頭を下にして十字架にかかったらしい。

ペトロの図像の種類は数えきれないほど多い。彼は人々の罪を許したり断罪したりすることができる鍵（『マタイによる福音書』一六・一九）とともに表象されることが多い。この鍵をもっていることで、すでに見たように彼は天国の門番とされたのである。しかし、それだけではなく、福音書あるいは『使徒言行録』の中でペトロが現れる一つ一つのエピソードが、あらゆる類いの作品の元になった。彼の召命（『マルコによる福音書』一・一六～一八）、湖の上を歩く（『マタイによる福音書』一四・二二～三三）、イエスの否認（『マタイによる福音書』二六・六九～七五）、漁の奇跡（『ヨハネによる福音書』第二一章）、足の不自由な男の癒し（『使徒言行録』第三章）、アナニアの死（『使徒言行録』五・一～一一）、牢からの救出（『使徒言行録』第一二章）などである。

キリスト教世界最大の教会は、一六世紀にミケランジェロの構想に従って建てられた巨大丸天井のあるローマの〔ペトロにちなむ〕サン・ピエトロ大聖堂である。〔そして、その前の〕サン・ピエトロ広場を取り囲む列柱を一六六一年、ベルニーニが建てさせた。

アッピア街道のエピソードは、ポーランド人シェンキェヴィチの小説『クオ・ヴァディス？』（一八九四年）のタイトルとなって、多くの言語に翻訳され、映画にもなった。

フランス語には、これ以上福音を述べ伝えてはならない、と厳命するユダヤ人支配者たちに対するペトロの答えのラテン語の冒頭句「わたしたちはできない〔Non possumus〕」が入っている。「わたしたちは見たことや聞いたことを話さないでいることはできないのです」（『使徒言行録』四・二〇）。この表現は、絶対的な精神的拒絶を表すのに用いられる。それに近い感じのもう一つ別のペトロの言「人間に従うよりも神に従うほうがよい」（『使徒言行録』五・二九）というのもある。

聖パウロと芸術

『使徒言行録』の前半はペトロが中心だが、後半全体（第一三～二八章）をパウロが占めている。使徒パウロ（使徒を意味する« Apôtre »を大文字で始めた場合は、伝統的にパウロを指す）は、書簡の中で自分は背が低いと打ち明けている。それゆえ、パウロは背が低く、禿げていて、髭が長い姿に描かれることが多い。とはいえ、ペトロに比べてパウロの図像はずっと多様性に欠けはするものの、背が高く堂々としたパウロが描かれることもある。

最も頻繁に描かれるシーンは、ダマスコへの途上での回心を除けば、籠に入ってダマスコの城壁をつたって町から脱出するところ（『使徒言行録』九・二三〜二五）、アテネでの宣教（『使徒言行録』一七・一六〜三四）、起こした奇跡（『使徒言行録』一三・八〜一二、一四・八〜一八、二八・一〜九）、そして最後に彼の殉教である。パウロの標章が剣であるのは、彼が斬首されたらしいからである。ラファエロは数点の絵をパウロに捧げている。

パウロの同行者ルカは、第三福音書と『使徒言行録』の著者であり、医者であった（『コロサイの信徒への手紙』四・一四）。しかし、六世紀のある伝説には、ルカを聖母マリアの画家としているものもある。おそらく、ルカがキリストの幼年時代の物語を聖母の打ち明け話と関連づけたからだろう（『ルカによる福音書』二・一九、五一）。ルカが福音書を執筆している最中の姿（マンテーニャ、ルーカス・ヴァン・レイデン）だけでなく、マリアを描いている最中の姿（エル・グレコ、ミニャール）も描かれているのは、そういうわけである。

ボシュエは『聖パウロ頌徳の説教』（一六五七年）の中で、パウロの凝ってもいなければ整ってもいない言葉を称讃している。

パウロがなめらかな調子で聴衆の耳を楽しませたり空しい好奇心で心を惹きつけようとしたりするのを期待してはならない。わたしたちは隠れた知恵を述べ伝えるのだ、わたしたちは十字架にかかった神を述べ伝えるのだ、と彼自身が話すのを聞きなさい。この世の華々しさをすべて捨て去ったこの神に空しい飾りを求めはすまい［…］。パウロは行くのだ、上手に話す術を知らないこの男、粗野な言葉遣いで、異邦人のような言い方で、哲学者と雄弁家の母なる上品な、かのギリシアにパウロは行くのだ。そして、世の抵抗にもかかわらず、そこに、プラトンがこの上なく素晴らしいと思われたその雄弁のおかげで得た弟子たちの数よりも多くの教会を建てるはずである。

パウロに関する音楽作品で最も見事なものの一つは、メンデルスゾーンが一八三五年に書き上げたオラトリオ《聖パウロ》である。この作品は、迫害者だったサウロから書き起こし、ミレトスとエフェソのキリスト教徒たちに別れを告げる（『使徒言行録』二〇・一七～三八）ところで終わる。

アレオパゴスのディオニシオの奇想天外な運命（一七・三四）

パウロはアテネでキリストの福音を告げて、この街の哲学者たちと対立した。しかし、彼は何人かを回心させる。その中に「アレオパゴスのディオニシオの回心」があった。アレオパゴスと呼ばれていたアテネの法廷の司法官が回心したのである。この人物は、二八〇年頃に斬首されたパリの第一代の司教ドニと混同された。そして、六世紀の修道士が書いたもので、一七世紀まで大変広まった文書が彼の作だとされた。その修道士は今日、偽アレオパゴスのディオニシオと呼ばれている。

九世紀にサン・ドニの修道院長イルデュアンがでっち上げた伝説によれば、聖パウロによって回心した者がアテネで司教になったあと、パリに福音を伝えにやって来たとされる。一世紀末のドミティアヌスの迫害のもとでありとあらゆる種類の拷問を受けたあと、彼は「殉教者の丘」という意味をもつモンマルトルの丘の上で斬首されたことになっている。斬首された殉教者は自分自身の頭を手でもっているように描かれるのが慣例だったが、この殉教者の場合は切られた頭を両手にもって、さらに自分の墓となる場所まで歩いていった、と伝説がふくらまされた。したがって、彼は « céphalophores » すなわち「自分自身の頭をもっている」聖人たちの嚆矢だった。フランスにはこのような聖人たちは四〇名ばかり存在し、中には地名に名が残っている場合もある。フェレオル〔Ferréol〕、ゴダン〔Gaudens〕、エリエ〔Hélier〕、サンフォリアン〔Symphorien〕、マクサンス〔Maxence〕などである。

この伝説は、一七世紀に史的考証によって粉砕されたが、それまでにたくさんの図像を生み出した。

十二使徒

「使徒」とは「遣わされた者」という意味である（ギリシア語の « apostolos »）。彼らの数は、イスラエルが一二部族あるように、一二名である（『マタイによる福音書』一九・二八）。ユダの死後、〔残った〕一一人はマティアを選んで補った（『使徒言行録』一・二六）。パウロは、その役割が重要なことから――イエスの地上における生活のあいだにはイエスを知ることはなかったけれども――使徒たちと同一視された。一二人は以下のとおりである。シモン・ペトロ、ゼベダイの子ヤコブ（大ヤコブと言われる）とヨハネ、アンデレ、フィリポ、バルトロマイ、マタイ＝レビ、トマス、アルファイの子ヤコブ、タダイ、熱心党のシモン、ユダに代わってマティア（『マルコによる福音書』三・一六～一九）。

資料が足りない部分は時には民間信心が補って、一二人全員が殉教者ということになっている。一二人のうち五人は十字架にかかったらしい。ペトロとフィリポは頭を下にしてつけられ、アンデレはXの形をした十字架にかけられた（こういう十字架は爾来「聖アンデレの十字」と呼ばれる）。

一二人は四世紀には早くも石棺の上のキリストのまわりに造形されたが、カテドラルの入り口で信者たちを迎えることが多い。また、一二五〇年頃にパリのサント・シャペルで、もう一つ別の象徴体系が始まった。すなわち、『ガラテヤの信徒への手紙』の一節（二・九）にあるように、シャペルの内部で柱を背にして立っている十二使徒たちは教会の「柱」になっている。十二使徒たちは、しばしば旧約の預言者たちに結びつけられ、時には福音書の優越性を示すために預言者たちの肩の上に乗っていることもある。一二人はラファエロ、コレッジョ、リベラ、ルーベンスによって描かれた。一方、ジュヴネは一七世紀にパリのアンバリッドの丸天井を彼らの絵で飾った。そして、もちろん一二人は最後の晩餐が描かれた無数の絵の中に登場する。さらに伝説によれば、一二人のグループは聖母の最後の眠りの時にエフェソかエルサレムで最後にもう一度集まったとされている。パリのノートルダムの正面左にある聖母の扉の素晴らしい浮彫がその時の彼らの聖母との別れの場面を表しているが、聖母はすぐにキリストによって彼のもとに上げられた。

ルーベンス《聖フィリポ》（プラド美術館）

『使徒言行録』が西洋の記憶、とりわけ精神生活や造

ホセ・デ・リベラ《聖フィリポの殉教》
（プラド美術館）

形芸術にこれほど深い痕を残したのは、キリスト教会の初期に属するこれらの記録が証拠立てている活力ゆえである。聖霊の不意の出現、初期の共同体の急進主義、ペトロのふるまい、パウロの方向転換およびダマスコの回心者の宣教への猛進というような、しっかりとした初期の歩みは躍動と喜びを続く世代に語ってきた。

第5章　手紙または書簡

『使徒言行録』と聖書末尾の文書である『ヨハネの黙示録』のあいだに、二一通の手紙または書簡がある。うち一三通は聖パウロ（またはその周囲の者）、『ヘブライ人への手紙』は書き手不詳、聖ヤコブが一通、二通は聖ペトロのものとされており、三通は聖ヨハネ、一通は「主の兄弟」であるユダのものとされている。

これらの通信文のうち最も古いものはパウロによるテサロニケの信徒への第一書簡で、五〇～五一年の冬に書かれ、初期キリスト教共同体がわたしたちに残した最初の文書である。最も遅い時期のものはペトロの第二書簡で、一一〇年頃とされ、新約の中で最も新しいテクストである。

これらの手紙は約六〇年間にわたるあいだに書かれたことになるが、福音書に比べて、書かれた当時の文化や諸問題の影響をずっと強く受けている。福音記者たちは、経験的所与——行為と言葉——を伝える義務に縛られていて、伝えるべき出来事を選び、選んだ出来事を文学的および神学的にどのように構成するかという点にしか力を及ぼせない。一方、手紙のほうは「時宜に即した文書」である。これらの手紙が扱っているテーマの中には、現代のわたしたちにとってはもう時宜を失しているものもある。たとえば、偶像に供えられた生贄《いけにえ》の肉についての論争（『コリントの信徒への手紙』一、第八章）とか、当時は一般的だった女性がヴェールをかぶる習慣（『コリントの信徒への手紙』一、第一一章）などである。しかし、これらは資料として貴重である。初期キリスト教徒世代の信仰を証言しているからである。女性がヴェールをかぶる習慣について書き始められた章は、エウカリスティアの制定についてわたしたちに残された最も古い言及で終わっている。数多くの見事な言い回しが、すぐに教会で公認された。

聖パウロの手紙

使徒パウロは、新約の登場人物の中で、まったく特別なケースであるキリスト自身を除けば、最もよく知られている。そして、それは『使徒言行録』と、彼が著者だとされている一三通の手紙または書簡のゆえである。「書簡〔épître〕」は、一つの共同体を宛先とし、何らかの教えを内容とする文書を指すことが多く、もっとくだけた「手紙〔lettre〕」は個人に宛てられる。テモテとかテトス、フィレモン宛がそれである。しかし、書簡も含めて、これらの文書すべてに対して、しばしば「手紙」という語が使われる。

パウロは紀元一〇年頃に現在のトルコの南、タルソスで生まれた。ギリシア文化に育《はぐく》まれたが、ファリサイ派のエリートの理想に適合した高い教育も受けた。したがって、すでに見たように、パウロはキリストの初期の弟子たちには激しく対立する態度を見せた。パウロは助祭ステファノの石打ち刑の現場にいた（『使徒言行録』七・五四～六〇）。そして、シリアに赴いて新しい教えを根絶しようとしていたとき――三五年頃――ダマスコへの途上で回心の経験に捉われる。この経験については『使徒言行録』の中で三回にわたって語られている（九・一～一九、二二・四～二一、二六・九～一八）。キリストが彼に現れ、その時以来、元迫害者たるパウロは福音を伝えることに献身する。

ダマスコ、次いでアラビア、タルソス、アンティオキアに何回か滞在したあと、パウロは四四年にエルサレムに派遣された。翌年、第一次福音伝道の大旅行（四五—四九年）が始まった。そのとき、彼はそれまでのユダヤ名サウロをローマ市民名パウロに変更する。エルサレムに帰ったパウロは、決定的な会議に参加した。その会議において、キリスト教のリーダーたちが、新しい信仰に回心した異邦人たちはもはやユダヤ教律法の掟に従う必要はない、と決定したのである（五〇年）。

あと二回の宣教旅行は、五〇年から五二年、次いで五三年から五八年に行われた。エルサレムのユダヤ教権威者たちはパウロの宣教の成功に敵意を燃やし、エルサレムに帰ったパウロをすぐローマ人に捕えさせた（五八年六月）。カイサリアで二年間監禁されたあと、裁かれるためにローマに送られた。裁判は長引き、結局免訴となった（六一—六三年）。この年代以降、確かな情報はない。おそらく、イスパニアへの旅行（『ローマの信徒への手紙』一五・二四）のあと、パウロはローマに帰り、おそくともネロの迫害の時に殉教したらしい（六八年）。

一三の通信文は、長い順に分類された。まず九つの書簡が来て、次に四つの手紙である。書かれた年代順にこれらを読みたければ、最も広く認められている順番は以下のとおりである〔タイトルは、新共同訳では書簡を含めてすべて「手紙」と訳されている〕。

五〇年〜五一年冬　『テサロニケの信徒への手紙』一
五一年春　『テサロニケの信徒への手紙』二
五六年春　『コリントの信徒への手紙』一
五七年夏　『ガラテヤの信徒への手紙』
五七年末　『コリントの信徒への手紙』二

五八年春　『ローマの信徒への手紙』
六一〜六三年　ローマでの「捕囚の書簡」――『コロサイの信徒への手紙』、『エフェソの信徒への手紙』、『フィリピの信徒への手紙』、『フィレモンへの手紙』
六四年頃　『テモテへの手紙』一
六四年から六六年のあいだ　『テトスへの手紙』
六六〜六七年　『テモテへの手紙』二

パウロの初期の通信文は、新約の文書のうち今日残っている最も古い文書である。節によっては、キリストの受難と復活に続く、ごく初期の時期にまで遡ることができるものもある。たとえば、五六年はじめに主の晩餐の執行について彼自身が受けた――おそらくダマスコで三五年に――教えをコリントの信徒に対して繰り返していたり（『コリントの信徒への手紙』一、一一・二三〜二九）、六二年頃にこれまた彼自身が受けたセム語基層のキリスト賛歌を引用していたりする（『フィリピの信徒への手紙』二・六〜一一）。

パウロの手紙――新約の他の手紙と同じく――は、できてまもない共同体が出会う具体的な難問に答えるために書かれたので、多くは日付のある質問に、時には時代遅れの答えをしていることがある。最も分かりやすい例の一つは、すでに書いたように、女性がヴェールをかぶることにパウロが固執していることである。これは遠い昔の当時の「慣行」にならわずに自分だけが目立つことがないように、という呼びかけであり、これまた時代遅れになったラビの論理に立脚している（『コリントの信徒への手紙』一、一一・一〜六）。その同じパウロが他のところでは未来を担う閃《ひらめ》きを見せて、今後は

「ユダヤ人とかギリシア人という区別も、奴隷と自由な身分の者の区別も、男と女の区別もなくなる。なぜなら、あなたたちは皆イエス・キリストにおいて一つなのだから」（『ガラテヤの信徒への手紙』三・二八）とも言っている。

これらの手紙は神学的な豊かさと深さを備えているため、代々のキリスト教徒を養ってきた。一つところにじっとしていない情熱的な人柄のパウロは、気取りのないぎくしゃくした文体で、素晴らしい名言を数多く残している。それは、めらめらと燃え盛る真っ赤な火のような思いを表しているのである。

『ローマの信徒への手紙』

パウロの第三次大旅行の終わりにコリントで書かれたこの書簡は、キリスト教の新しさをぶっきらぼうに断言していることで有名である。何を行うよりもキリストへの信仰が優れていること、神の呼びかけは無償であることを断言している。この中心的なテーマに、三つのヴァリエーションが付加されている。第一章第一六節〜第四章、第五〜六章、第七〜八章である。第九〜一一章は、神からの贈り物、すなわち神とイスラエルの契約は「後悔なし」、撤回できないものであること、そして選ばれた民が回心する時がやって来ることを思い出させる。書簡は個人的な勧告と打ち明け話で終わる。

『コリントの信徒への手紙』一

この書簡は、今日カルチャーショックと呼ばれるものについての印象的な資料をなす。パウロ自身が五〇年末から五二年にかけて設立した教会に宛てて書かれている。四年後、パウロがエフェソにいた時に、ギリシアの大きな港であるコリントから懸念すべき知らせを受け取った。パウロの通信文は、起きたさまざまな問題を順番に扱っている。すなわち、分裂の危険（一・一〇〜四・二一）、当時よく知られていた「コリント式」の性的放縦にキリスト教徒が染まること（第五〜七章）、偶像に供えられた肉をどう考えるか（第八章〜第一一章第一節）、主の晩餐を記念する集会の時の逸脱（第一一章第二節〜第一四章）、そして最後に復活の信仰と町に大勢いたギリシア人哲学者たちの思考習慣とのあいだのいざこざ。しかし、このように列挙しても、多くの章句が記憶に強く残る次のような文章の輝きを明らかにすることはできない。十字架の知恵と愚かさについての黙想（第一章第一八節〜第二章）、旧約の中の福音書の予表（一〇・一〜一一）、教会の中の賜物あるいはカリスマ（第一二章）、キリスト教的な愛の賛歌（第一三章）、復活の称揚（第一五章）などの文章である。先に述べたように、エウカリスティアの制定について今日残っている最も古い物語が書かれているのは第一一章である。

『コリントの信徒への手紙』二

パウロがコリントに行く準備をしている時（五七年末）にマケドニアから書かれたこの『コリントの信徒への手紙』二には、使徒としての役務の紹介にあたっての自伝的な筆致が溢れている（二・一四〜七・四、第一〇〜一三章）。ここで初めてユダヤ教聖書が「古い契約」と名指された（三・一四）。また、唯一かつ三位一体の神の神秘をたびたびかいま見ることができる（一・二一〜二二、三・三〜四、一三・一三）。

『ガラテヤの信徒への手紙』

この書簡は、北ガラテヤ（今日のアンカラ地方）に現れたユダヤ主義的なキリスト教原理主義の集会に激しく反応している。五七年半ばにエフェソで書かれたこの書簡は、数ヵ月後の『ローマの信徒への手紙』の中心となるテーマを予告している。すなわち、人はキリストへの信仰によって救われるのであって、モーセの律法を守ることによってではない、ということである。

『エフェソの信徒への手紙』

筆者が誰かということについては一致した見解に至っていないが、パウロの第一次捕囚（六一—六三年）のあいだに書かれたと伝統的にみなされている四つの通信文の一つと考えられている。あとの三つは、『フィリピの信徒への手紙』、『コロサイの信徒への手紙』、『フィレモンへの手紙』である。この書簡が開く展望は壮大である。まず、キリストという人格の中に煌《きら》めいた、歴史の中の神の永遠の計画の展開を提示する（第一〜三章）。教会はキリストの身体となり、時が経つにつれて大きくなっていく。そこから出てくる比喩に富んだ一連の奨励が、キリスト教徒の生活の中でよく知られるようになる。たとえば、キリストを身につける（四・一七〜三二）、神に倣う（五・一〜二）、闇から光へ移る（五・三〜二〇）、生きる戦いの中で神の武具を身につける（六・一〇〜二〇）。キリストと教会の結びつきは、旧約のライトモティーフの一つに合わせて、婚姻の言葉で讃えられる（五・二五〜三二）。過ぎた時代の文化的特徴である妻の夫への「服従」は、預言者たちや雅歌を思い出させる豊かなイメージや大きな展望の前に消え去る傾向にある。

『フィリピの信徒への手紙』

この書簡は、パウロがヨーロッパで初めてマケドニアのフィリピに作った共同体（『使徒言行録』第一六章）に宛てている。パウロはこの共同体をとても大切にした。それゆえ、この書簡はあまり教義的でなく、熱情と心情の吐露が見られ、それが魅力になっている。喜びへの招き、「キリストを生きること」への招きが絶えず繰り返される。第二章は復活の出来事があったあとすぐの時期の典礼に遡る古い賛歌を引用している。

『コロサイの信徒への手紙』

エフェソの東二〇〇キロメートルのところに位置する町コロサイのキリスト教徒のために書かれた書簡である。始原において、また世界の統治においてキリストは中心的な位置にあることを讃えている。キリスト教徒たちはそのキリストに結ばれて、異邦人のあいだにはびこる迷信や恐怖のすべてから解放されている。

『テサロニケの信徒への手紙』一

五〇年から五一年にかけての冬にコリントで書かれたこの通信文は、数ヵ月前にマケドニアの首都に作られた共同体のために書かれた。同世代のキリスト教徒と同様、パウロはキリストの栄光に包まれての再来と世の終わりがまもなく来るのを待っており、神が現れるその「日」を伝統的な黙示録のイメージで讃える。そこから、警戒を怠らないように、という勧告が出てくる。

『テサロニケの信徒への手紙』二

『テサロニケの信徒への手紙』一の数ヵ月後に書かれた『テサロニケの信徒への手紙』二は、もう一つ別の、大人気を博すことになる黙示録のテーマを強調している。栄光のキリストが最終的に勝利する前に、悪の力が最高潮に達し、悪魔的な人物「反キリスト」に化身する。そして、以後の時代は、これを反キリストとして、その悪行がキリストの再来に先行する「前キリスト（Antéchrist）」として恐れることになる。

『テモテへの手紙』一

この手紙は、テーマも文体も『テモテへの手紙』二および『テトスへの手紙』と似ていて、これら三者は一八世紀はじめ以降、「司牧書簡」という名前でまとめられた。その中心的テーマは、共同体の組織化の問題あるいは司牧者だった。その流麗かつゆっくりとした書き方から、聖書学者の中にはこれらがパウロの手になることを疑う者もいる。しかし、結論は出ていない。テモテは、ごく若い時にパウロの同労者の一人となった。テモテ宛の手紙の日付は、ローマでパウロが免訴を言い渡されたのちの六四年と思われる。

『テモテへの手紙』二

一よりも遅く、六六年から六七年頃に書かれたらしい。福音書の僕《しもべ》の理想的な姿を示している。

る。

『テトスへの手紙』

パウロのもう一人の同労者テトスに宛てて書かれたこの手紙は、パウロの二回のローマ捕囚のあいだ、すなわち六四年と六六年のあいだに書かれたと見られる。共同体を導くための指針を提示している。

『フィレモンへの手紙』

コロサイのキリスト教徒であるフィレモンへの手紙は、逃げ出したある奴隷を罰さずに解放するよう頼んでいる。これは、奴隷制度の慣行が根強い文明において、キリストにおいてはもはや「奴隷も自由な身分の者もない」(『ガラテヤの信徒への手紙』三・二八)という表現を初めて社会の中に移したものである。

『ヘブライ人への手紙』

『ヘブライ人への手紙』は、上品なギリシア語で書かれ、旧約が新約の中で完成されたことについて最も深く考察したものである。それによれば、キリストは真の大祭司として顕れ、十字架にかかって犠牲となったことで、犠牲を捧げる古い慣行を決定的に廃止したとされる。今日の読者がこの「シンボルの森」に入り込むには、時に努力を必要とする。しかし、努力の甲斐はある。この手紙のテクストは素晴らしい表現に満ちているからである。

パウロ神学の基軸(古い律法の廃止など)と親近性があるという理由で、この書簡は長いあいだパウロの手によるものとされてきたが、彼のものではありえない。文体とさまざまなテーマが、パウロのものとはあまりに違いすぎる。書き手も、宛先が誰かもまったく知られていない。「ヘブライ人へ」という呼びかけは二世紀になって初めて現れたが、回心したイスラエル人、たとえば神殿の祭司でエルサレムから逃亡し、回心を思いとどまるよう脅されている人などを指している可能性がある。この書簡が書かれたのは六〇年から六七年のあいだで、いずれにせよ、七〇年のローマ人によるエルサレム占領の前である。神殿のユダヤ教儀式が相変わらず行われているものとして書かれているからである。

七つの公同書簡

聖パウロのものとされなかった七つの書簡は、それゆえ早い時期から「公同書簡」という呼び方のもとに集められた。それは、おそらくこれらの書簡の大部分がキリスト者全体を念頭におくこと（それがギリシア語起源の「カトリック」、つまり「公同」という語の意味）というねらいを表明していたからであろう。それに対して、前記の手紙類は特定の共同体あるいは人物に宛てて書かれたものだった。

『ヤコブの手紙』

この手紙は「主の兄弟」（『マルコによる福音書』六・三）、そしてエルサレムのキリスト教共同体の指導者で、六二年に殉教したヤコブのものと元来されてきた。このヤコブを、ヨハネの兄で、大ヤコブ、すなわち「最年長」としばしば称せられ、ヘロデの命令で四四年に殺された十二使徒の一人の使徒ヤコブと混同しないことが重要である。もしこの手紙が「主の兄弟」ヤコブのものだとすれば、古い文書である。四九年という説もあるし、信仰のみというパウロ神学によって引き起こされた行き過ぎへの反発から見て五八年と六二年のあいだという説もある。その場合、多くの部分がキリストの教え（金持ちに反対、行動に移さない信仰に反対）に近いことに注目される。他方、この文書は、一世紀の終わりに伝統主義のユダヤ・キリスト教界から出たものだとする人たちもいる。

『ペトロの手紙』一

『ペトロの手紙』一は、使徒たちのかしらであるペトロの殉教の少し前にあたる六四年頃にローマ（五・一三にある「バビロン」）で書かれた。ペトロは、イザヤによって預言（第五二～五三章）された主の僕《しもべ》として苦難に遭うキリストの模範を思い出させながら、熱を込めて励ます。これは『使徒言行録』がわたしたちに教えるような最も古い使徒の宣教を反映している。教会の偉大さは、「生きた石」の建造物、「王の系統を引く祭司」、「聖なる国民」（二・二～一〇）といった、たびたび繰り返される表現によって讃えられる。

『ペトロの手紙』二

一方、『ペトロの手紙』二のほうは「別の人の名を冠した」テクストであることが明らかになっている。すなわち、すでに見たように、誰か威信のある人物を後ろ盾にした書のことで、おそらくこの書簡の著者はペトロの弟子である。たぶん二世紀はじめに書かれたので、新約の中で最も遅く書かれた文書である。ユダヤの黙示録文化で養われつつも上品なギリシア語で書かれたこの書簡は、グノーシスを予告する逸脱した教義を辛辣に告発している（第二章）。その教義は、人間の救いは神秘的な知識によってもたらされるというもので、自由が放縦にまで至っている。この書簡は、聖書の霊感を強調し（一・一九〜二一）、パウロの書簡集をよりどころとする（三・一五〜一六）。キリスト教徒は「神の本性に与《あずか》るもの」（一・四）という表現は、この書簡から来ている。

『ヨハネの手紙』

『ヨハネの手紙』は三つあり、九〇年から九五年のあいだに書かれた。第四福音書と同じ著者であることは明らかである。著者はイエスの地上の生活を目で見た証人であると、おごそかに自己紹介する（『ヨハネの手紙』一、一・一〜三、四・一四）。『ヨハネの手紙』一は、愛と光である神と結ばれることというライトモティーフのまわりを飽くことなく回るもので、洗礼の典礼の色合いを呈している。続く二と三は短い手紙で、単にさまざまな緊張状態に対する忠告にすぎない。

『ユダの手紙』

『ユダの手紙』は、ヤコブ（『ヤコブの手紙』の著者）の兄弟であるユダが書いたものという体裁をとっていて、おそらく七〇年から八〇年のあいだに書かれた。同時代のユダヤの外典に育《はぐく》まれ、黙示録的霊感を受けて書かれたこの書簡は、規範から逸脱したグループを暗示的な言葉で告発している。

西洋を揺り動かしたパウロのプロフィール

聖パウロの閃光表現は、代々のキリスト教徒たちに啓示を与えてきた。「わたしにとって、生きるとはキリストである」（『フィリピの信徒への手紙』一・二一）、「生きているのはもはやわたしではない、キリストがわたしの内に生きておられる」（『ガラテヤの信徒への手紙』二・二〇）、「神に倣いなさい」（『エフェソの信徒への手紙』五・一）、キリストの十字架は愚かなものであるが、同時に至高の知恵である（『コリントの信徒への手紙』一、一・一八～三一）、「あなたがたは古い人を脱ぎ捨て、新しい人を身につけた」（『コロサイの信徒への手紙』三・九～一〇）といった具合である。

パウロが扱った主題の中には、古今かぎりなく黙想の対象になってきたものがある。中でも最も有名なのは、愛の賛歌、キリストのメッセージの核心である（『コリントの信徒への手紙』一、第一三章）。しかし、目を射る閃光は目をくらませるものでもあり、それどころか盲目にするものでもある。パウロの生硬で時に謎めいている表現は、四つの大きな議論を呼んだ。

第一は、『ローマの信徒への手紙』と『ガラテヤの信徒への手紙』の中にあるユダヤ教の律法についての批判が時にはなはだ厳しいことから来る。そのため、一四四年頃におそらくローマで形をとり、その後すみやかに広がって、次世紀になると衰退する一つの運動が生まれた。この運動「マルキオン主義」は、絶えざる誘惑であり続ける。その証拠に、哲学者シモーヌ・ヴェイユ（一九〇九—四三年）も、これと同様の見解に傾いた。一世紀末に生まれたマルキオンは、福音書の新しさと純粋さに打たれ、ユダヤ教の律法の時代遅れを告発したパウロを後ろ盾とした。マルキオンによれば、パウロの告発をとことんまで推し進めなければならず、旧約全体を、その偏狭な神と何百という厳しい戒律、はてしない脅かし、暴力、聖戦賛美もろとも拒否しなければならないのであった。イエスは、全能でどこまでもやさしい神をわたしたちに示してくれて、その神をパウロは正しく「慈愛に満ちた父、慰めを豊かにくださる神」と呼んだ（『コリントの信徒への手紙』二、一・三）。愛と信頼と喜びへの呼びかけが古い律法に取って代わったのだ。マルキオンにとっては残念なことに、新約は有機的に旧約と結ばれていることが明らかである。したがって、ユダヤ教聖書を徹底的に批判すると、福音書自体のある部分全体を拒否することになりかねない。だから、マルキオンは結局、パウロの手紙と『ルカによる福音書』の大部分だけを保持することになる。ルカはパウロの同労者だからだろう。今日「マルキオン主義の誘惑」を回避するには——聖エイレナイオスは早くも二世紀末に理解したように——神の「教育法」を考えれば十分である。神は、粗野な民族をゆっくり進歩させ、この時代遅れの民族が少しずつ神の神秘をかいま見ることができるような仕方で姿を現した。マルキオンの主張の意義は、暴力とのなれ合いに決着をつけたキリスト教の新しさを強く自覚していることにある。イエスが山上の説教で「旧約はあなたがたに言った……。しかし、わたしはあなたがたに言う……」と明言したのと同じように。

論争の第二の源は『ローマの信徒への手紙』の意味が不明瞭な一節（五・一二）にある。「死はすべての人に及んだのです。すべての人が罪を犯したからです」。罪——刑罰概念の「過誤」とは異なる——は宗教的な範疇であり、神を拒否し、神に対して心を閉ざすことである。このパウロの一節は、とりわけ聖アウグスティヌスが発展させた原罪論全体の元になった。——アウシュヴィッツ以後——わたしたちを取り巻いている悪の霧が確かにかつてないほど自覚される今日、しかし一方でアダムの創造のたとえ話がもはや歴史的な物語としては読まれなくなっている今日、この原罪論は事実かどうか検証されるものとなった（ポール・リクール『有限性と有罪性』一九六〇年）。

三番目の論争は、パウロが「正しい者は信仰によって生きる」（『ガラテヤの信徒への手紙』二・一六、三・一一、『ローマの信徒への手紙』一・一七）と書いているように、信仰のみによる義認をぶっきらぼうに強く主張していることから起きる。人口に膾炙した言い回し「人を救うのは信仰だけである」に異を唱えるキリスト教徒はいないはずである。しかし、このような言い回しがプロテスタント改革の源にあったのは周知のことである。まずはルターに推され、また「善業」を強調しすぎることへの反発もあった。しかしながら、ラシーヌは、

行いをともなわない信仰、それは真摯な信仰なのか？

という詩句を書いている。

だが、五〇年代末には、早くも『ヤコブの手紙』が行いをともなわない信仰を「死んだ信仰」として告発したし（二・一四～二六）、パウロの縦横無尽の閃《ひらめ》きによる逸脱を断罪するのはその点ではなかったのではないだろうか。

最後に四番目に、パウロのまばゆい光がある人々の心をあまりに打ったので、とりわけ一九世紀末から二〇世紀初頭に、パウロこそキリスト教の真の設立者ではないか、という説が広まった。リベラルなプロテスタントと無信仰のいくつかの動向に、それが見られた。一方、ニーチェは、イエスのメッセージを「シナゴーグの祭司のシニカルな論理で」ゆがめた「この恐るべき詐称者」とパウロのことを語っている（『アンチクリスト』第四四～四五章）。今日、これらの論法は、もはやほとんど信じられていない。聖書釈義学の進歩は、イエスと初期共同体とパウロのあいだの連続性を絶えず明らかにしてきた。ダマスコへの途上で経験した震撼のあと、パウロはイエスのごく初期の弟子たちから教えられ、彼らから受け取ったものに改めて言及している（『コリントの信徒への手紙』一、第一一章）。信仰の根幹そのものが讃えられているアラム語基層の古い讃歌を引いたり（『フィリピの信徒への手紙』二・六～一一）、イエスの多くの言葉を繰り返したりしている（『コリントの信徒への手紙』一、七・一

〇、九・一四、一三・二、『ローマの信徒への手紙』一二・一四、一三・九、一四・一九）。パウロの神学は、他の使徒たちや執事たちが『使徒言行録』の中ではっきり述べているような信仰の核心に徹頭徹尾向けられている。さらに、パウロの中にキリスト教の発明者を見ることは、重大な見当違いを露呈する。すなわち、パウロの書簡は、今日まで残されたキリスト教伝道者の初期の文書の大半をなしている。だが、パウロが小アジアやギリシアのいくつかの町で福音を説いていたとき、他の多くの使徒たちはアレクサンドリアやローマなどでキリストのメッセージを伝えていた。そして、一世紀末にあまねく絶大な影響力をふるっていたのは、同じ一つのキリスト教なのである。

論争の種になったものはこのくらいにして、今度はパウロのおかげによる大きな「開口」――精神を開くという意味で――をいくつか挙げよう。まず最初に、旧約はすでに新約に向かう歩みである、というキリスト自身から受け継いだ実り多い主張である。たとえば、出エジプトのエピソードは「これらは前例として起こった」（『コリントの信徒への手紙』一、一〇・一一）。ゆえに、新約は旧約の中に隠され、下書きされている、という大原則が出てくる。旧約を読むために、キリスト教徒は福音書というX線を通す。そういうわけで、カトリックの典礼では、聖書朗読を、まず旧約の中の予表を読み、次いでキリストにおいて絶頂に達した時の箇所を読むように構成することが多い。

また、徹底的な楽観主義に向かわせる節もある。たとえば「神はすべての人が救われることを望んでおられる」（『テモテへの手紙』一、二・四）し、『ローマの信徒への手紙』がすでに断言しているように「すべての人を憐れむ」（一一・三二）。この普遍救済説は、あらゆるセクト主義や、あらゆる秘教的な教説を防ぐ盾となる。

三番目の大きな開口は『コロサイの信徒への手紙』の冒頭〔一・一五〕で示される。創造の時もまた、世界中を治める上で「見えない神の姿」であるキリストが中心的な地位にあることを強調しているのである。少しあとに『エフェソの信徒への手紙』でも繰り返されるこの壮大な見方は、宇宙の進化の大きな展開の中に神の現存を読み解くキリスト教徒の黙想を育《はぐく》んだ。古生物学者ピエール・テイヤール・ド・シャルダン（一八八一―一九五五年）の場合も、そうである。イエズス会士である彼は、進化のただなかで働きかけるキリスト、歴史を終わらせるこの完成状態に世界を導いていくキリストを見ている。受肉はイエスを物質の中に投じ、人間とした。爾後、世界全体がイエスの神としてのエネルギーで動かされている。イエスは天地創造の要石である。愛の高まりが人類を集め、無数の人間を一つの星座にしたそのとき、キリストが突然、栄光の現存または再臨として顕れる。そして、ある者たちを神との終わりなき霊的交わりに導き、愛の精気を自分たちのあいだでめぐらせなかった他の者たちは干上がらせてしまうのである。神と世界のこの有機的な一致――聖パウロのギリシア語で言う「充満〔plérôme〕」――は、何と不思議に充ち溢れていることか！　テイヤール・ド・シャルダンは『現象としての人間』（一九五五年）にこう書いた。

> 世界を創造し、完成し、純化することは、パウロの書簡とヨハネの書いたものの中にすでに読み取れるように、神にとって世界を有機的に自身に結びつけて一つにすることである。ところで、いかにして神は世界を結びつけるのか？　部分的に物の中に浸透し、みずからを「要素」とし、そして、この〈物質〉の中心に置かれた支点を使って、われわれが〈進化〉と呼ぶものの指揮をとり、その先頭に立つことによってである。宇宙の生命力の原理であるキリストは、人間の中に人として出現したので、そのような位置について、みずからが入り込んだ意識の全般的な高

まりを服従させ、純化し、導き、いやがうえにも鼓舞している最中なのである。［…］そして、このようにしてすべてをまとめ、すべてを変容させ終わったら、決して出たことのない神の家にたどりつく、という最後の動作をしつつ、みずからと成し遂げた征服に閉じこもる。それで聖パウロは言っている。「もはや神しかいなくなる、すべてが皆の中に」。

二人の使徒の手紙——ペトロとヨハネ

ティントレット《陰府への降下》（サン・カッシアーノ教会、ヴェネツィア）

パウロと違って、ペトロとヨハネははじめの頃の弟子である。ヨハネの兄弟のヤコブを加えた三人で、イエスにとりわけ近い使徒グループを形成していた。イエスの変容とゲッセマネの園での今際《いまわ》の苦しみとに立ち会ったのは彼らだけである。ヨハネは十字架の足下に立っている。そして、ペトロとヨハネは復活の日の朝、マグダラのマリアとその連れの女性たちの証言を聞いて、墓に走っていく。彼ら三人は『使徒言行録』のはじめのほうに、しばしばまとまって出てくる。

『ペトロの手紙』一は、昔の信仰宣言を繰り返している。すなわち、イエスは死んで「陰府《よみ》に下り」、復活して、神の右の座にのぼって、生者と死者を裁きに戻ってくる（三・一八〜四・五）というのである。世界を古風に表すと、陰府は単に下位の場所ということであって、「地の下」、死者の住まいを指していた。キリストは、だから死んだ、真に死んだのである。かなり謎めいた二つの節（第一九、二〇節）は、悪意から洪水を引き起こした者たちに対して、キリストによる救いの宣言を引き合いに出している。そこには、すべての死者に対する普遍的な宣言が見られた。

これらの節は、さまざまに解釈されて、五世紀から一六世紀にわたって数多くの図像を生み出した。最もよく見られるのは、甦ったキリストが死者の国陰府の扉を踏み潰しているところである。したがって、陰府と、イエスが語っている地獄――永遠に神から離れた状態――とをはっきり区別しなければならない。これらの扉は倒れてサタンを潰し、キリストはアダムとエバと昔の義人たち全員を一緒に連れていく。ギリシア＝ビザンティン芸術では、この死者の国から昇ること――anastasis――が復活と混同されている。西欧では、フラ・アンジェリコ、デューラー、ティントレットらが、このエピソードを描いている。

『ヨハネの手紙』一は、稀なる静謐に満ちていて、二つの対立するテーマによって文化に足跡を残した。一つは警告である。

すべて世にあるもの、
肉の欲、
目の欲、
生活のおごりは、
御父から出ないで、

世から出るからです。
世も世にある欲も、過ぎ去っていきます。
しかし、神の御心を行う人は
永遠に生き続けます。〔二・一六〜一七〕

聖アウグスティヌスが『告白』〔第一〇巻第三〇〜三九章〕で大展開して、このテーマはラテン系の西洋全体に「三つの邪欲」という名前で広まった。すなわち、libido sentiendi〔肉欲〕、libido sciendi「好奇心」という、すべてを見たいとか、すべてを知りたいという度外れた欲望、そしてlibido dominandi〔高慢〕の三つである。悪い行いの葉叢《はむら》はすべてこの三つの太い枝から出るものとされた。パスカルは『パンセ』の中で「哀れなり、これらの火の河が潤《うるお》すどころか焼き尽くす呪われた土地」〔断章四六〇〕と叫んでいる。そして、一七世紀末、老境にあるボシュエが暗い輝きをもった『邪欲論』〔一六九四年〕をものする。一九二三年にはフランソワ・モーリアックが小説『火の河』を公刊するが、そのエピグラフには聖ヨハネとパスカルとボシュエの三つのテクストを掲げている。

とはいうものの、『ヨハネの手紙』一の中で、前述の暗い数節は光と愛への尽きない賛歌〔四・七〜九、二〇〕に埋没しているかのようである。

互いに愛し合いましょう、
愛は神から出るもので、
それに愛する者は皆、

神から生まれ、神を知っているからです。
神は愛です［…］
神がわたしたちへの愛をどのように表したかといえば、
神は独り子を世にお遣わしになりました。
その方によって、わたしたちが生きるようになるためです。［…］
「神を愛している」と言いながら
兄弟を憎む者がいれば、
それは偽り者です。［…］
目に見える兄弟を愛さない者は、
目に見えない神を愛することができないからです。

以上紹介した新約の二一の手紙は、あまり物語風ではないが、たくさんの教えを含んでいて、読む人の心にとりわけきらめく名言を残してきた。キリスト教徒はこれらの名言に絶えず養われ、思想家たちの中には、それらの射程全体を示すことができた者たちもいる。山上の説教や最後の晩餐のあとの説教のように、これらの手紙も芸術家たちのインスピレーションの源になることは難しかった。しかし、よりささやかではあるが、芸術家たちのように、これらの手紙はキリスト教徒を作ったのである。手紙が文化に残したものは、文字による作品や言語によっている。

第6章 『ヨハネの黙示録』

新約の最後の書である『ヨハネの黙示録』は、福音書や書簡とは非常に異なる一つの文学ジャンルを名高いものにしている。そのタイトルは「秘密の解明、啓示」を意味するギリシア語の« apocalypsis »から来ている。このジャンルはイスラエルでは古く、したがって何人もの預言者の預言の中、および共観福音書のいくつかの節と『テサロニケの信徒への手紙』の中に現れている。また、『ダニエル書』の大きな部分も占めている。

黙示文学においては、神は人間に直接、あるいは天使を介して、夢、幻覚、この世のものならぬエクスタシーを通して姿を見せる。そのようにして、神の神秘、世界の始まりと終わりについての秘密が伝えられる。天使は、良い天使も悪い天使も重要な役割を演じ、神に逆らう天使の首領にして、この世の王であるサタンは、戦いを挑むことがしばしばあるが、粉砕される。災禍の増大、危機、天変地異は、終末が出来したことの徴である。

多くは動物や宝石から借りたイメージが怒濤のように氾濫することを通して、神秘や秘密があらわになる。そして、怪物じみたものは大方がそうであるようなキメラ的合成物が凄みをきかせる。物語は話が飛びつつ進展し、いくつもの誇張が繰り返される。過剰な象徴表現が乱用されるため、その意味するところは最も優秀な聖書釈義学者にもつかめないことが多いくらいだから、現代の読者が面食らうのも当然である。しかしながら、この象徴的な炎の全体的な射程を読み解くことが重要である。

歴史の些末な事柄を逃れて静謐な天にのぼろうとする傾向のあるギリシアの宗教性とは違って、聖書の神は人間の事柄を支配し、動かし、そして裁くと、この炎は断言しているのである。預言者エリヤは、旧約の頂点の一つをなす出会いの中で（『列王記』上、第一九章）「静かにささやく声」〔第一二節〕でしか存在を表されない神の慎みをかいま見たが、黙示録では神の介入は天地を揺るがす昔ながらのイメージを優先して表される（『出エジプト記』第二〇章〔第一八節〕）。

『ヨハネの黙示録』の桁外れの性格を見れば、これを新約の正典の中に入れるのに反対があったのもよく分かる。しかし、二世紀末に聖エイレナイオスがこの黙示録を使徒ヨハネのものとしたので逡巡は消えた。ただし、テーマや思想は確かにヨハネの書いたものにかなり近いが、文体ははなはだ異なっているので、ヨハネが作者であるという聖エイレナイオスのこの威信ある説を受け入れることはできない。作者をヨハネとすることは、黙示文学において頻繁に見られる慣行、すなわち『バルク黙示録』や『モーセの昇天』などの外典のタイトルにも表れているように、何らかの権威ある名前の後ろ盾のもとに入りたがる慣行に合致している。実際の著者は使徒ヨハネの周囲の人たちの一人で、やはりヨハネという名前の弟子である、と考えるべきである（一・一〜二、四、九、二二・八〜九）。この黙示録は「アジアの七つの教会」に宛てられている（一・四、一一、第二〜三章）。すなわち――七という数字は完全を表すので――小アジアのキリスト教共同体全体に宛てられている。これらの共同体の中心都市はエフェソであって、そこに使徒ヨハネが住んでいたのである。これらの共同体を超えて、黙示録は教会全体に話しかけている。

この黙示録は、迫害の時期に書かれた。その時期については、ネロの時世であるとして、作成は六五年から七〇年である、と言う者たちもいる。しかし、聖書学者の大部分は、ドミティアヌスの治世末期で九五年頃という意見に傾いている。

著者は、小アジア沖のパトモス島で見た幻視全体を伝えている。七つの手紙は預言的な出だし（第一～三章）から、次に、天上の礼拝の一環として不思議な過越の子羊が出現するが、この子羊は七つの封印が施された神の計画の書を開封する者とされる（第四、五章）。六つの封印を開けたところで、大災害が不信心者を襲う。たとえば、はじめの四つを開くと、地上に滅亡と死をもたらす役目を与えられた恐るべき「黙示録の騎士たち」が四人集結する（第六章）。しかし、神に選ばれた一四万四〇〇〇人の者たち――この数は真のキリスト教徒全員を表す象徴的な数字――は災害を免れる。キリストによって清められた白い衣を身につけていたためである（第七章）。

七番目の封印が解かれたとき、世界の懲罰が始まる（第八、九章）。見者――エゼキエルのような――が食べなければならない、神の言葉の象徴である小さな巻物のシーンと、「二人の証人」のエピソード（第一一章）が付随している。

「身に太陽をまとい、月を足の下にし、頭には一二の星の冠をかぶっている女」（第一二章）――教会のシンボル――と「二匹の獣」（第一三章）――迫害するローマ帝国と偽預言者たち――の幻視のあと、キリストが子羊の姿で、次いで『ダニエル書』（七・一三～一四）に預言されたように人の子の姿で現れ、鎌をもってこの世の刈り入れを行う（第一四章）。そして、七天使が「神の怒りを盛った七つの鉢」をもってくる（第一五、一六章）。最後に見えるのは「赤い獣にまたがった女」、「大淫婦たるローマの滅亡の完遂である（第一七、一八章）。

天上の礼拝のあいだには大きなざわめきが聞こえ、そのざわめきをアレルヤ――「神を賛美せよ」――とアーメン――「そう、そのとおり」――という声が区切っている。これらの言葉は、キリスト教の祭式の中に入った。そこへ白馬に乗った審判者キリストが現れる。二匹の獣は硫黄の燃えている火の池に投げ込まれた（第一九章）。サタンは底なしの淵に投げ入れられ、聖人たちが主とともに一〇〇〇年間、統治することになる。この一〇〇〇年が終わると、サタンは再び頭を持ち上げるが、結局、永久に火の池に飲み込まれる（第二〇章）。そして、黙示録は天上のエルサレムの輝く光景で閉じられる（第二一、二二章）。

対照的なイメージが目まぐるしく次々と移り変わるが、そのメッセージは単純で、イスラエルが待っていたメシアは今や来られた、というものである。御子となって、神は人間の歴史全体を照らし、支配する。選ぶのは各自だ！　この黙示録は二つの国の違いを描き出し、聖アウグスティヌスはそれを『神の国』でさらに敷衍した。真のキリスト教徒の国とみずからを偶像崇拝する者たちの国は、この世で共存している。しかし、悪の国は滅亡に向かって、さすらっていく。聖人たちのほうは『ヨハネによる福音書』が「永遠の命」と呼ぶものをすぐさま生きるのである。

教会のイメージの書

黙示録の中の多数のシーンは、やってみたらとばかりに芸術家たちを挑発し、結局、タペストリーやステンドグラスはもちろんのこと、画家や彫刻家、版画家たちの多くの作品に描かれた。その数は福音書に次ぐものである。五世紀には、早くもローマとラヴェンナのモザイクに現れた。一〇〜一一世紀に、スペインでは細密画の流行を招いた。中世のフランスにおける最も堂々たる作品は《アンジェの黙示録》（一三七五年頃）である。このタペストリーは、毀損を受けたにもかかわらず、今日なお長さ一一六メートル、縦四メートルに七一のシーンを表している。

一四九八年には、アルブレヒト・デューラーが、一四の大きな木版から成る《人物像付き黙示録》を発表する。この作品は大きな影響を及ぼした。とりわけルーカス・クラーナハと小ホルバインに影響を与えたが、のみならずその影響はアトス山の修道院やロシアのいくつかの教会で一七世紀に描かれたフレスコ画にまで及んだ。

一七世紀末から一九世紀末まで黙示録が芸術家を魅了することは減ったが、オディロン・ルドンのリトグラフ（一八九九年）以降、次第に魅力を増していった。二〇世紀に引き起こされた恐るべき出来事を思えば、版画、フレスコ画、ステンドグラス、絵画、タペストリーを問わず、『ヨハネの黙示録』への回帰もうなずける。ジョゼフ・フォレの途方もない《黙示録》（一九六一年）は、ベルナール・ビュッフェ、サルヴァドール・ダリ、レオノール・フィニ、フジタ〔藤田嗣治〕、マチュー、ザッキンらの心も動かした。

文筆家として黙示録を作品化した最も強力な作者は、プロテスタントの詩人アグリッパ・ドービニエで、宗教戦争に霊感を得た『悲愴曲』（一六一七年）は、タイトルからして、しばしば黙示録風の七つの詩編「火」、「鉄」、「復讐」、「最後の審判」などから成り、地上のシーンと天上のシーンが交互に描かれる。使われる動詞も黙示録の典型的なもので、「わたしは夢中になった……。そして、わたしは見た……。そして、聞いた……」。最後の勝利と天上の礼拝が祝われる（第七章第七一九—七二〇行）。

新しい天に称讃の音が響きわたる。
大気はもはや光線にすぎない。それほど天使が振り撒かれている。

ヴィクトル・ユゴーとロートレアモン（『マルドロールの歌』一八七〇年）も、黙示録の光と甲高い音や声の中で夢想した。たとえば、ユゴーは『静観詩集』（一八五六年）において、以下のように書いている。

お聞きなさい、わたしはヨハネだ。わたしは不吉なものを見た。

二〇世紀には、数多くの音楽家たちが『ヨハネの黙示録』に作品のアイデアを求めている。一九三七年にフランツ・シュミットは《七つの封印の書》を作曲する。四年後、シレジアの捕虜収容所に囚われていた時に黙示録について黙想したオリヴィエ・メシアンが《世の終わりのための四重奏曲》を入念に作曲し、二台のピアノのための《アーメンの幻想》を一九四三年に、《天国の色彩》を一九六三年に作曲した。一九七四年には、ピエール・アンリが《ヨハネ黙示録》を作曲。

映画も負けていない。牧師の息子イングマール・ベルイマンは、一九五七年に『第七の封印』を撮る。『黙示録の四騎士』（一九六一年）では、ヴィンセント・ミネリが第二次世界大戦のおぞましさを告発する。不吉な騎馬行列が爆撃に重ね写しにされるが、一〇世紀以来、西洋はそれらの戦争、飢饉、ペストの災禍をこうむってきたのである。

聖書の最後の書である『ヨハネの黙示録』は、そのディテールの一つ一つが作品となって反復されてきた。したがって、すべてをここに網羅することはできない。芸術家たちは、大災害の一つ一つと同様、二人の証人のシーン（一一・三〜一三）、鎌で世を刈り取るキリスト（一四・一四〜二〇）、大淫婦の姿（第一七章）、白馬に乗ったキリスト（一九・一一～一六）に霊感を与えられてきたのである。

「わたしはアルファであり、オメガである」（一・八、二二・一三）

黙示録のはじめと終わりで、栄光に輝くキリストは「わたしはアルファであり、オメガである。はじめであり、終わりである」と言う。

アルファとオメガは、それぞれギリシア語のアルファベットの最初と最後の文字である。この表現はフランス語に入って、ある人について、その人は自分をアルファであり、オメガであると思っていると言えば、その人が自分はすべてを知り、すべてを支配していると自負していることを嘲笑しているのである。

テイヤール・ド・シャルダンが、キリストを進化理論の中心におこうとしたとき、彼は神の子が宇宙の始原に現存し、受肉によって物質の中に身を投じて、宇宙のあらゆる運動を彼の目標、すなわち「オメガ点」に向かって一緒に連れていくようなものだと考えた。すなわち、人間の歴史の中で、思考と愛のエネルギーのあらゆる高まりは、神の充足の中での一致に不可避的に向かう、と考えたのである。

パトモスにおけるヨハネとはじめの三顕現

黙示録の著者ヨハネは、いろいろな幻視があったのはスポラデス諸島に属する小さな島パトモスだとしている。ヨハネは、その信仰ゆえに、そこに追放されていたのである。大災害が起こる前に、ヨハネは三回のテオファニー「神の顕現」に出会った。七つの燭台の真ん中に立つ照り輝く人の子を見

デューラー《ヨハネの黙示録》口絵（カールスルーエ国立美術館）

たのである（一・九〜一六）。たくさんの宝石のように輝く玉座の上に座っている方がおられ、四匹の生き物と二四人の長老たちに讃えられていた（第四章）。玉座の中央には、屠《ほふ》られたような子羊が現れた（第五章）。

いちばんはじめにテルトゥリアヌスが伝えた伝説によると、聖ヨハネはローマで裁かれて、ローマのラテン門という名の門の前で煮え立つ油の釜の中に投げ込まれる、という刑を言い渡されたらしい。しかし、ヨハネは無傷で釜から出られて、パトモス島に追放されたようである。この苦難のシーンは、デューラーの黙示録に関する版画作品群の口絵になっていて、繰り返し描かれた。パトモス島での幻視家ヨハネの姿は、メムリンク（一四七九年）、ヒエロニムス・ボス、プッサンによって描かれた。ヨハネはエフェソに戻ってから、さまざまな奇跡を行ったようで、それが一七世紀まで、たくさんの図像の元となった。

威厳のあるキリストが四匹の生き物と二四人の長老のあいだに立つ光景は、中世の造形芸術で重視されたシーンの一つだった。まず教会の後陣の貝殻状のヴォールトを占めていたが、一二世紀以降、シャルトルやサンティアゴ・デ・コンポステラ、パリのノートルダムなどのように正面大扉のタンパンを占拠するようになった。しかし、程なくこのモティーフは最後の審判に取って代わられる。

四匹の生き物は四人の福音記者のシンボルとされてきた。二四人の長老は誰だろう？　旧約の各書の著者だろうか？　それとも、原始キリスト教共同体の責任者たちだろうか？

太陽をまとった女（第一二章）

「天に大きなしるしが現れた。一人の女が身に太陽をまとい、月を足の下にして、頭には一二の星の冠をかぶっていた。女は身ごもっていたが、子を産む苦しみのため叫んでいた」。

次にまた別の驚くべきものが現れた。赤い大きな竜である。七つの頭と一〇本の角《つの》をもっていて、七つの頭の上には七つの冠があった。竜は尾で天の三分の一の星を掃き寄せ、女の前に立ちはだかって、子が生まれるや食べてしまおうとしていた。女は男の子を産んだ。その子はすべての国民を治めることになっていて、神のもとへ引き上げられた。女は荒野に逃げ込んだ。天で戦いが起こった。ミカエルとその天使たちが、竜とその軍隊と戦ったのである。竜は負けた。「年を経た蛇、悪魔とかサタンと呼ばれるもの、人類を惑わす者」は敗れた。

太陽をまとったこの女は、正しい者たちの共同体を表す。女はメシアを産み、悪の力に打ち勝つ。九世紀以降の数多くのキリスト教作家や、次いでカトリックの典礼では、この詩的な暗示は聖母マリアを指しているとして、黙示録のこの一節は八月一五日の聖母被昇天の祝日の聖書朗読に使われる。

造形芸術では、このシーンははなはだ多くの作品の主題となった。ヴァランシエンヌ図書館にある九世紀の細密画には、三日月の上に立っている聖母が描かれ、その下に七つの頭の赤い蛇がいる。画家たちは、マリアの頭に星の冠をかぶせ、その冠の上に聖霊の鳩を描くことが多い。ルドヴィコ・カラッチ（一五九〇年）、グエルチーノ（一六二二年）、リベラ（一六三七年）らである。一九六六年に

ラファエロ《大天使ミカエルと竜》（ルーヴル美術館）

は、ジャン・リュルサのタペストリーに女と竜が描かれた。オート・サヴォワのアッシ台地の教会にある。

竜と大天使ミカエルの闘いは、デューラーに黙示録に関する連作のうち最も美しい版画の一つの想を与えたし、ラファエロにもルーヴル美術館にある一枚の絵（一五〇五年）を描かしめた。

天使たち

天使たちは、天上の世界の秘密の一部が明かされる黙示文学書にはつきものだが、『ヨハネの黙示録』にもあらゆるところに出てくる。のみならず、天使の活動は聖書全体を通じて現れる。聖書に出てくる天使は、一徹な一神教にふさわしく純粋に霊的な存在で、天使という名前自体がその役割を意味している。すなわち、「使い」であって、神に仕える者なのである。その中の「ケルビム」は聖なる場所を守り（『創世記』三・二四、『列王記』上、六・二三〜二九）、「セラフィム」——「燃えている者」——は預言者イザヤの召命の時に唇を清める（『イザヤ書』六・七）。聖書には、通常目には見えないこれらの存在の名前が、いくつか明かされている。『トビト記』の中のラファエル（「神は癒やす」）、『ダニエル書』とマリアへのお告げの時のガブリエル（「神の勇士」）、『ダニエル書』および『ヨハネの黙示録』の中のミカエル（「誰が神のごとき？」）などである。こうして、やさしい存在が人間を取り巻き、荘厳な典礼において神の栄光を誉め讃える。その典礼には、地上の教会も祈りによって、とりわけカトリック教会のミサの「叙唱」と呼ばれる箇所で「天のいと高きところには神に栄光あれ〔Gloria in excelsis Deo〕」と栄光の賛歌を歌うことによって加わる。

どちらかと言えば控えめなこの材料の周囲に、豊かなレトリックが展開された。六世紀の修道者である擬ディオニュシオス・アレオパギテースが見事な天使概論『天上位階論』を書き、一七世紀まで前代未聞の成功を収めた。天使たちを九つの「階級」に分けたのは、この修道者である。ダンテは『神曲』の中で天使たちと祝福された人々を紹介する際、九階級を出現させている（「天国篇」第二八〜三二歌）。なお、天使崇拝が盛んになったのは、一六世紀である。一六七〇年には、教皇クレメンス一〇世が一人一人の人間を見守る守護天使の祝日を一〇月二日と定めた。

コレッジョ《聖母被昇天》部分
（パルマ大聖堂）

天使たちは造形芸術の中でおびただしい数の表象の対象となり、実にさまざまな形で表現された。というのも、天使は目に見えない存在なので、創造する側はかなり自由だからである。最初の頃は頭の上にある後光だけで人間と区別されていた。羽根をもつものも見られるようになるのは、四世紀以降である。当初は青年に似ていたが、一五世紀には女性化し始める。それよりも少し前、一二〇〇年頃に子供の姿の天使が現れ、ローマ美術とその「天才たち」、すなわちジョットやラファエロ、コレッジョらの影響下で、イタリアにおいて急増する。音楽家の天使が現れ始めるのは、一二世紀以降である。天使のコーラスがイエスの生誕、多くは聖家族、聖母の被昇天、黙示録のシーンを取り巻き、そして最後の審判では「審判のラッパ」を鳴らす。良い天使は多くの場合、赤いものを着ているが、これは彼らの慈愛が強いことを示すためであり、堕天使の色は青である。

文学では、ロマン主義が驚くほど天使に関心をもった。ヴィニーは一八二四年に『エロア、あるいは天使たちの姉妹』を発表した。死んだラザロを見てキリストが流した涙から生まれたエロアはサタンに恋して救済しようとしたが、この恋は彼女の失墜を招く。一八三八年には、ラマルティーヌの『ある天使の転落』が出る。そして、一八八六年にはユゴーの『サタンの終わり』で、サタンの翼から落ちた一枚の羽根から生まれた天使〈自由〉が創り出された。

ドイツの映画監督ヴィム・ヴェンダースは、ロマン主義を受け継いで、官能的で感動や興奮に富んだ人間の経験とは対照的な、天使の冷たく平静な状態を描いた。彼の作品『ベルリン・天使の詩』(一九八七年)では、天使が人間になって、この世のおもしろさを発見する。

また、とりわけ言語には天使がいろいろな形で入っている。「天使」という語は完全な人格を指す。そこから、「君は天使だ」あるいは「わたしは天使ではない」と言ったり、「わたしの天使」と愛情深く呼びかけたりする。自分のことを守ってくれる人は「わたしの良い天使」または「わたしの守護の天使」と考えられる。重要人物の守護の天使とは、ボディーガードのことである。「天使のところにいる」は、幸せで何かにうっとりしていることを言う。「天使に笑いかける」は、明らかな理由もなく、にやにや笑うこと。「天使が通る」は、会話中に気づまりな沈黙が長引いた時に。「天使は女性か男性か議論する」は、益もない、あるいは空疎な議論をすること。以上の表現以外にも、「天使を作る女」(堕胎を施す女)、「天使の髪」(非常に細いヴァーミセリ)もあり、「天使の跳躍」という両腕を広げて高く上げてする前飛び込みまである。人生や政治的行動の具体的な束縛を考慮に入れることができない人を「天使主義」〔純粋主義〕と言って非難する。そして、パスカルは「天使を作ろうとする人は獣を作る」という格言を広く知らしめた。

サタン

『ヨハネの黙示録』第一二～二〇章には、サタンの敗北、悪の力に対するキリストの勝利が見られる。ヘブライ語「サタン〔satan〕」は「敵対者」を意味する。同じ存在が、ギリシア語の《diabolos》から「悪魔」とも呼ばれる。その意味は「誹謗家」である。

旧約はこの登場人物についてあまり語っておらず、『知恵の書』はエデンの園の蛇と同一視している(二・二四)。キリストは、みずからの歩みをサタンの支配との闘いとしている。サタンはキリストの受難と復活によって敗北したが、人間に対して神からの呼びかけを拒めと誘う有害な力を保持している。

キリスト教思想は、いかなる二元論も拒否するというユダヤの原則を忘れてはいない。だから、古代ペルシアのような、一方は善、他方は悪、という二つの原理のあいだの戦いではまったくない。サタンは一つの存在にすぎず、堕天使である。もともとは光の存在だったルシフェル「光を運ぶもの」というこの天使は、みずからの造り主に対して、一群の他の天使と一緒に反抗した。爾来、これらの「デーモン」は、神の光を奪われ、神の支配に反対しようと試みることしかできない。したがって、彼らの行動は三つのタイプの現象に現れると推測される。まずエデンの園におけるような誘惑、二番目は被害者が心身を悩ます何か「他者」の存在にとりつかれたと感じるような憑きもの、そして最後に、これは前二者に比べてあまり知られていないが、「侵入して荒らす」という行動。サタンは正真正銘の攻撃によって聖人にその召命をあきらめさせようとする。たとえば、例の聖アントニオス（三―四世紀）について語られたこととか、アルスの司祭ジャン＝バティスト＝マリー・ヴィアンネ（一九世紀）の話に見られる。

一四世紀から一七世紀半ばにかけて、魔法めいた業をサタンによるものとする集団現象が起きる。悪魔との契約というものがある、と信じられ始めた。その際、悪魔は魔法使いに超人的な力を与え、「サバト」と呼ばれる夜の乱痴気騒ぎの時に誉め讃えられるが、女魔法使いの中には、その際デーモンとつるむものもある。ヨーロッパでは、激しい恐怖から容赦なき「魔女狩り」が盛んになった。そして、このような空気の中で、一六世紀末にファウスト神話が生まれた。すぐにマーロウによって舞台にかけられ（一五九〇年）、次いでゲーテの代表作（一八〇八年）、ベルリオーズの《ファウストの劫罰》（一八二八―四六年）とグノーのオペラ《ファウスト》（一八五九年）が現れる。

一七世紀にも、フランソワ・ド・ロッセの『悲惨な物語』（一六一四年）に見られるように、悪魔はまだ大変恐れられていたが、一八世紀には、ルサージュの『跛の悪魔』（一七〇七年）から、カゾットの『悪魔の恋』（一七七二年）に至るまで、ユーモラスに扱われるようになる。

しかし、ロマン主義の時代には、サタンはその重々しさを取り戻す。カインやプロメテウスのように、サタンは反抗のヒーローとして称讃されるか、犠牲者として復権する。ブレイク、バイロン、ボードレール、カルドゥッチ（『魔王賛歌』一八六三年）、ロートレアモン（一八七〇年）あるいはストリンドベリ（『ルシフェルと神』）などに現れる。ヴィクトル・ユゴーの『サタンの終わり』は一八八六年になってやっと発表されたが、その中の今日まで残っている壮大な断章の中では、大天使が最終的に許されると想像している。

サタンは死んだ。甦れ、おお、天のルシフェルよ。

ドストエフスキーの『悪霊』（一八七三年）とバルベ・ドールヴィィの素晴らしい中編小説集『レ・ディヤボリック』（一八七四年）に続いて、ベルナノスは悪魔の油断ならない行動について長く思考した。それを作品にしたのが『悪魔の陽のもとに』（一九二六年）と『ウィーヌ氏』（一九四六年）である。前者は一九八七年にモーリス・ピアラによって映画化された。同じ頃、ロシアの作家ミハイル・ブルガーコフが、一九三〇年代のモスクワに悪魔を侵入させ、ソビエト社会を風刺した代表作『巨匠とマルガリータ』を書き上げた。

今日では、「サタナス（サタン）」は漫画の登場人物になる一方、イスラム諸国の中にはアメリカ合衆国を「大サタン」と告発する国々もある。

サタンは、さまざまな図像を生み出した。というのも、嘘と幻想のかしらであるサタンは、動物や人間のあらゆる形をとりうるからである。動物の形としては、蛇（アダムとエバの失墜）、獅子、犬、熊、雄山羊、蝙蝠《こうもり》、そしてとりわけ黙示録に依拠して竜として描かれる。サタンが人間の姿になる時は、ギリシア神話のサテュロスの醜悪な姿を受け継いで描かれることが最も多い。毛むくじゃらの耳、しし鼻、猿の尾、雄山羊の蹄《ひづめ》、角《つの》をもった姿である。また、口が耳まで裂けていて牙が見え、髪が逆立っているようにも描かれる。悪魔の色は、黒、緑（蛇の）、火色（地獄の）である。誘惑というのはしばしばエロティックなものだから、西洋の家父長制文化においては、哀れな男たちを狂わせる

セザンヌ《聖アントニオスの誘惑》（オルセー美術館）

魅力的な女の姿かたちをした悪魔が出現することも稀ではなかった。

エジプトの砂漠に隠棲した隠修士の父である聖アントニオス（二五一—三五六年）の有名な誘惑も、それである。アントワーヌ（アントニオスのフランス語読み）は、淫欲の夢にとらわれて、ボードレールの詩にあるように、

岩を通してたくさんの幻が、
誘惑の赤紫色に染まった裸の乳房が

増殖するのを見たのである。

これらの誘惑は、悪魔によって出現したイメージによって、あるいは悪魔の誘惑そのものによって引き起こされる。たとえば、スペインの画家リベラは誘惑する女としてサタンを描き、おまけにこの女はアントニオスが祈るのを邪魔するために小さな鈴を振っている（一七世紀）。セザンヌ、ロダン、アンソールも、このエピソードを画題に取り上げた。フローベールは、一生の大部分の期間、このエピソードについて思いをめぐらし続けた（『聖アントワーヌの誘惑』一八六九—七四年）。

一九四〇年代には、当時の惨禍のせいか、二人の音楽家が揃って地獄をテーマに曲を作っている。非常に古くからある人間の苦しみをあたかも鑿《のみ》で彫琢するようにして表したイヴ・ナットの《地獄》

（一九四二年）およびクロード・デルヴァンクールの《ルシフェルあるいはカインの神秘》（一九四八年）である。

日常語では「真昼の悪魔」というのがある。四〇代から五〇代の頃の人間を色事で惑わすことを言う。この表現は『詩編』九一・六の、いと高き方により頼む者は「夜脅かすものをも、真昼に襲う病魔も恐れることはない」から来ている。もっと一般的には、悪魔は過誤や悪事を擬人化するのに使われる。「彼は賭博の悪魔にとりつかれている」などというように。ところで、以上の表現では悪魔＝《démon》であるが、フランス語では悪魔を指すのに《démon》より《diable》のほうがずっと一般受けするし、親しまれている。この《diable》を使った表現は、実にたくさんある。「身体に悪魔が宿っている」（非常に落ち着きがなく、おまけに何かにとりつかれているようだ）、「悪魔のしっぽをひっぱる」（月末の帳尻を合わせられない）、「悪魔風の髪を整える」（髪の毛がくしゃくしゃ）、「悪魔の住むところにいる」（とても遠くに住んでいる）、「悪魔のように」は強調句で、「悪魔的に」と同様、「非常に」の意味である。それ以外に、もちろん「哀れな悪魔」〔哀れな奴〕とか「女の悪魔」――これらがお世辞なのか罵《ののし》りなのか、もはや分からない！――、「小悪魔」などというのがある。最後に、大混乱を引き起こす時は「悪魔になる」と言う。

前キリスト（第一三章）

『ヨハネの黙示録』第一三章には、ぞっとするような二匹の獣が登場する。第二の獣はすべての者に刻印を捺すが、それは不吉な数字六六六で、これは完璧を表す数字七七七に対して根源的な悪の象徴である。この二匹はサタン（竜）から権威を与えられ、キリストのほうに向かった人々に対して怒りをぶちまける力を受けるが、それはこの世の終わりに彼らが敗北するまでのあいだだけである。このような悪の力の最後の噴出は、共観福音書（たとえば『マルコによる福音書』一三・一四）や聖パウロの手紙（『テサロニケの信徒への手紙』二、二・三〜一二）でも言及されていて、聖ヨハネの手紙（『ヨハネの手紙』一、二・一八）で名前を与えられた。それがアンチ・キリスト「反キリスト」で、次いでアンテ・キリスト「前キリスト」に変えられた。すなわち、キリストの栄光に包まれた再来に先行するはずのものとなった。

これらの象徴的な表象は、神の国とそれに敵対する者たちとのあいだの対立の激しさを物語っている。これらの表象に見られる擬人化志向はパウロにおいて明白で、絶えず名前をつけようとする動きになったが、これは教会の歴史と外延を同じくするプロセスなのである。

ニーチェによる最後の本のタイトルは『アンチクリスト』（一八八八年）で、ニーチェは原始教会がイエスのメッセージを歪曲したと告発し、キリスト教に反対する。

キリストによる一〇〇〇年の支配（第二〇章）

第二〇章では、二匹の獣（前キリスト）が完全に排除されてのち、サタンは一〇〇〇年間、鎖につながれる。そして、見者ヨハネは、殉教者と信仰を持ち続けた者たちが復活し、キリストとともに一〇〇〇年間支配するのを見る。この一〇〇〇年ののち、サタンは解放されて最後の闘いに敗れ、火の池に投げ込まれる。次いで、世の最後の裁きがやって来る。

これらの謎めいた数節は、字義どおりに解釈することはならじとエフェソの公会議（四三一年）で決められたにもかかわらず、人々のあいだで空前の人気を博した。千年王国待望あるいは千年至福説は、平等な社会を渇望する貧困者や故郷喪失者がしばしば抱くものである。その待望から生まれたいくつもの運動は、一二世紀には厳しく取り締まられたが、一三世紀にはシトー会司祭であるフィオーレのヨアキムの書いたものが広まって、再び力を得た。彼によれば、父の時代（旧約）と子の時代（新約）のあと、一二六〇年に聖霊の時代が確立するはずで、ローマ教会は消滅し、純粋な霊的共同体に席を譲ることになるだろう。一五二五年には、再洗礼派のトマス・ミュンツァーがウェストファリアのミュンスターに新しいエルサレムを創設したが、数ヵ月しかもたなかった。一七世紀のイギリスでは、「平等派」（レベラーズ）が千年王国と社会革新を同一のものとみなした。一九世紀から二〇世紀にも、散発的ながら、このユートピアの片鱗は勢いよく爆発し続けた。

天のエルサレム（第二一～二二章）

黙示録と新約を閉じるのは、輝かしい光景である。新しい天、新しい地、そして天から降りてくる聖人たちの町である新しいエルサレムが、花婿のために着飾った花嫁のように光り輝いている。〈見者ヨハネ〉は大きな声を聞く。「見よ、神が人とともに住む住まいがある。神は人の目の涙をことごとく拭い取ってくださり、もはや死はない。事は成就した。わたしはアルファであり、オメガである。はじめであり、終わりである。渇いている者には、命の水の泉から価なしで飲ませよう」。

霊に満たされて高い山の上に連れていかれたヨハネは、持続と美と輝きを象徴する真の宝石の天国の様相をした町を眼下に発見した。碧玉、サファイア、エメラルド、紫水晶……すべてが神の光で輝

デューラー《ヨハネの黙示録》永遠の鍵をもつ天使と新しいエルサレム（カールスルーエ国立美術館）

いていた。そこには義人だけが迎えられるのである。

そして、黙示録は、キリストが最終的に出現したところで、さらに決定的な来臨を願う呼びかけで終わる。

宝石の都の燦然たる輝きがモザイク（早くも四世紀には）とステンドグラス（パリのサント・シャペル）の作家たちを魅了したのはさもありなんであるが、フレスコ画の画家たちも同様である。このテーマは、黙示録に題材をとった全作品群の中で、特に重用されるものである。二〇世紀には、エドゥワール・ゴエルグが一人の天使に支えられる光り輝く新エルサレムを描いた。

黙示録の象徴体系の一部は奇妙なものであるにもかかわらず、黙示録がこれほど人を魅了するのは、黙示的なものの深い霊感は、この世の出来事のただなかで預言に没入することに対立するからである。預言者たちが歴史の中で行動するよう呼びかけるのに対して、黙示的なものは歴史から期待されるものはあまりなく、〈絶対〉の前では「神の似姿」である人間の人格を除いてあらゆるものが取るに足りない、と主張する。この弁証法的緊張は、ユダヤ・キリスト教の本質をなすものである。わたしたちは敢然と行動しなければならないこの世にあるが、同時に、この世のはかなくつまらない駆け引きには無縁であり、〈絶対〉に直接近いのである。わたしたちの存在の一秒一秒が永遠に隣接している。パスカルは、以下のように言い表している（『パンセ』断章一八五）。

わたしたちと地獄あるいは天とのあいだには、その二つのあいだの生しかない。その生は、この世で最ももろいものである。

本質的なものと向かい合うという点において、『ヨハネの黙示録』は『ヨブ記』に似ている。そして、これら二書が二〇世紀にキリスト教徒と無信仰者とを問わず、たくさんの人を惹きつけたのも驚くにあたらない。一世紀に神がキリストの受肉と復活において姿を示されたのは原始教会の目にはあまりにも決定的と思われたので、教会は歴史の消滅とこの世の審判が焦眉の急と信じた。そこから『ヨハネの黙示録』の最後の言葉「主イエスよ、来てください」が出てくる。

エピローグ

以上、『創世記』から『ヨハネの黙示録』までの一冊の本が広げられたところだが、この本は——世界と人類の起源に関する絢爛たる非歴史的たとえ話のあとで——読者を少しずつ歴史の中に入らせていく。はじめはアブラハムと族長たちの一族の系譜物語があいまいに語られるが、そのあとモーセおよび紀元前一三世紀以降は次第に正確な語りになっていく。

人類は何千年も昔のことは知らなかったので、聖書が人間に起きたこと全体の年代的な枠になると長いあいだ考えられていた。天地の創造はたかだか紀元前四〇〇〇年あるいは六〇〇〇年くらいのこととされた。モーセの時代は紀元前一五世紀とされたので、彼の「律法」——モーセ五書——は世界で最古の書物と考えられ、十戒にはいとも賢明なる異教徒の立法者たちも模範として倣ったと考えられた。同様に、ダビデの『詩編』は最初の抒情詩集で、ギリシアのそれよりもずっと古い（インドはあまり知られていなかった）とされた。このような見方に立ったからこそ、パスカルはユダヤ人を「彼らの歴史は、われわれのすべての歴史の長さをその長さの中に取り込んでいる」（『パンセ』断章六九一）と見事に描くことができた。また、ボシュエは『世界史論』（一六八一年）の中で歴史全体を見晴らすことになる。

このような理解は、現在のわたしたちにはまったく無縁のものとなった。わたしたちの起源には一五〇億年前にビッグバンがあったかもしれず、生命が現れたのは二五億年前であり、六万年前あるいは八万年前にはすでに人類は死者を埋葬していたことが発見されたからである。しかし、このようにわたしたちの知見に革命が起きたのは、つい最近のことである。ブシェ・ド・ペルト（『ケルトとノアの洪水以前の古代文明』一八四七年）によって先史時代が生まれたのは、たかだか一八三〇年から四〇年のことである。それも一八五九年にイギリスの学者たちによって鑑定が行われるまで、彼は無視されることになる。この一八五九年というのは、ダーウィンが『種の起源』を発表して、生物が時間をかけてゆっくりと進化する、という思想を打ち出した年でもある。

したがって、聖書は人類の歴史の枠としては読まれなくなり、アメリカ人パオロ・ロッシが『暗い悠久の時間』（一九八四年）と呼ぶものを支配して照らす中心、炉、灯台として現れることになる。キリスト教徒の目には、聖書は出来事や歴史の動きを解釈する鍵である。

現代人と聖書の関係には、さらに二つの決定的な変化が起きつつある。第一の変化は、旧約に比べて福音書のメッセージの根本的な新しさをはっきり認識するようになったことである。旧約は断然「古い」し、一部は時代錯誤的であって、キリストによって超えられたものだと考えねばならない。旧約は——二世紀にマルキオンが提案したように——捨て去られるわけではなく、福音書によって「客観的に詳しく分析される」のである。福音書は、旧約の中で、キリスト教の存在を構成するものとして残るものと、原始的で時には野蛮な民族の中で神の啓示が時代錯誤的に曲げられてしまったものとして廃絶されるものとをはっきりさせる。そうして、一夫多妻や一妻多夫とか、姦通者の死刑、食べ物の禁忌、「聖戦」は決定的に排除された。イエスの言葉には、どんなに小さい暴力すら認めるものは一つもなく、暴力を断罪する言葉が数多くある。しかも、暴力をふるう者に逆らうな、自分一人のことなら叩かれたのではない他方の頬をも出せ、というように、その命令はぞっとさせるほど徹底的なものである。しかるに、歴代の大勢のキリスト教徒が彼ら自身の信仰の始祖のテクストに忠実であることがいかに難しいかを経験したことを、残念ながら認めなければならない。そういうわけで、法的あるいは政治的な束縛がかくもたくさん作られたし、十字軍や異端審問、宗教戦争の恐ろしさがあった。しかし、同時に大勢のキリスト教徒がヨーロッパを文明化し、病人や捨て子のためのあらゆる種類の援助制度を設け、大学を創設し、一七世紀以降は教育のすみやかな大発展を促したことも確かである。これらの同じキリスト教徒たちが、西洋を、次いで世界を、歴史の歩みを前に進めるような方向に、「希望の原理」(エルンスト・ブロッホの著作のタイトルのごとく)に従って少しずつ文化変容させていった。山上の説教の至福に養われ、キリストの受難‐復活を熟視する者であるキリスト教徒は、不正や暴力などの犠牲者への配慮を、強者の無関心や無慈悲にますます対立させるようになっていく。この点において、ニーチェが――憤慨して――まさに見て取ったように、社会闘争、真の社会主義はキリスト教の熱情から直接出てきたものである。しかしながら、そのことが反福音的な行為を「正当化する」のを助長し、時には役立った。それは、悲惨にも旧約と新約を同じ面においてしまうということである。この混同の典型例の一つが、ボシュエの『聖書に基づく政治学』(一七〇九年)にある。この作品は、ユダヤ教の聖書(旧約)の章句を大量に参照し、それによってフランスには絶対王権と――もっと重大なことに――他の宗教を乱暴に破壊することを認めることができる、と思い込んだ(第七章第九―一〇節)。しかしながら、一九世紀以降、聖書解釈学が長足の進歩を遂げたおかげで、旧約の時代錯誤と〈啓示〉の進行が鋭敏に知覚されるようになった。

三番目の重大な意識の目覚めは、聖書読解において「原理主義」と縁を切る必要である。聖書のテクストを近視眼的に読むことによって信仰の土台を守っていると信じる宗教的態度を「原理主義」と呼ぶ。このような読解は、読んでいる節を聖書全体やそのねらいから切り離し、聖書の著者がメッセージを発している文学的ジャンルが何かということを考慮に入れることを知らない。かくして、とりわけアメリカ合衆国では、『創世記』冒頭の三章を世界と人類の起源の「歴史的」物語として読み続けている共同体がいくつもある。そのような共同体は、これらの物語はたとえ話であって、大事な宗教的真理を比喩的なやり方で主張することを目指している、ということを明示しているシュメール・アッカド文書の発見を考慮に入れることを拒否しているのである。おまけに古生物学や物理学など、他の科学の進歩にも対立している。このような頑固な態度は、ヘブライの宇宙開闢説の中に宇宙の誕生の年譜を見ようとする「創造説」に関する論争――時代遅れになった人間の知識の状態にまるで縛られているような――を引き起こした。

聖書と科学は、そもそも対立することができない。それぞれが正当性をもつ領域がある。対立するどころか、聖書はコペルニクス（教会人だった）以降、特に一七世紀以降の近代科学がまっすぐに離陸するのを助けたのである。この素早い飛躍がキリスト教文化の中で行われ、まずはケプラー、ガリレオ、デカルトといったキリスト教徒たち、それにパスカルやニュートン、ライプニッツといった神学者たちの業だったことは少しも偶然ではない。この大規模な現象に比べて、ガリレオ事件は保守主義の頑固さとしてほとんど予見しえたもので、パストゥールやフロイトが医療界の頑固さに立ち向かわなければならなかったのと軌を一にしている。離陸は長い準備期間なしに行われるものではなく、大学の創設、次いで学者の集まりの増殖といった前ぶれがあって初めて行われる。数々の大発見は『創世記』の中の神の呼びかけを輝かしく実現したものである。「地に満ちて地を従わせよ」（一・二八）というその呼びかけは、デカルトが『方法叙説』（一六三七年）で繰り返し、人々に「自然の主人かつ所有者」となるよう促している。『知恵の書』は、神が宇宙を「長さや、数や、重さにおいて」均衡がとれるように計らった（一一・二〇）ことを称讃している。この言葉は、ガリレオの有名な警句「自然は数学の言葉で語る」に敷衍されている。もっと深いことに、聖書は神ではないものすべてと人間を非神聖化した。かくして物質界は解放され、科学研究に供されたのである。以上もまた、聖書と西洋のあいだのきずなの一つ——しかも何というきずなだろうか！——である。

聖書が、啓蒙の世紀以後に花開いた変化を問題にすることは、なおさらできまい。人間は「神の似姿」であり、わたしの「隣人」とはわたしが近づくかもしれないあらゆる人である、という聖書の断言は、人権の活水源である。しかしながら、ここでキリストのパン種のたとえ話（『マタイによる福音書』一三・三三）を参照しなければならない。福音書は西洋文化のただなかで、パン種として、しっかり働いた。福音書は、重い、とても重い人間という生地を少しずつふくらませたが、この人間という生地はしばしばまたしぼんでしまった。キリストは、神とカエサルを、すなわちキリスト教の領域と国家を混同しないように、と呼びかけた。聖パウロは、これからは奴隷と自由人、男と女という区別はなくなる、という火矢を放った。しかし、嚆矢である彼自身が、この直感のレベルにとどまることができなかった。キリスト教世界自体が政治と宗教という古くからの混同を抜け出すには、いったい何世紀かかることだろうか。イスラム教諸国では、いっそうこの混同が脅威である。奴隷制廃止には、何世紀かかることだろうか。そして、男と女の対話が事実上の平等の上で行われるには、どのくらいかかるだろうか。パン種はまだ長いあいだ働き続ける必要がある。

また、福音が根本的な改革を目指したのに比べて、聖職者たちの裏切りがあまりにしばしば起きることに驚かされる。教会の高位聖職者たちが富める者の側に立つことがあまりに多く、権力者に屈することがあまりに頻繁であることを何と説明したらよいだろうか。西洋では、往々にしてキリスト教のパン種がその最も活発な酵母となるべき聖職者たちに対立して働かねばならなかった。幸いなことに、パン種の力が最後には勝つのである。今日、聖書に基づく信仰は、さまざまな議論が行われる社会の中で、高い倫理的・普遍的（「カトリック」）要求を保ちつつ、現代社会の政教分離および多元主義という特徴や、個人の自由という原則と一致するかぎりにおいて、昔風の「宗教的なものから抜け出た宗教」として、また未来の宗教として描き出される。

聖書は、過去わたしたちの世界にとって甚大な役割を果たしてきた。まさに洪水のように、多くの芸術作品や哲学と文学の著作のきっかけとなり、思考と生活の枠を作り出し、習慣を生み、西洋の言語の中に痕跡を残してきた。聖書は、わたしたちの眼前で活動し続けている。愛をこの世界およびわたしたち一人一人の存在の秘密の源とした聖書の革命に比肩するような精神的バイタリティが、いったいどこにあるだろうか。

聖書と文学の重要な交差点

＊聖書の中で文学的評価の高い大テーマを選んで以下に紹介する。

- 『創世記』第一～一一章（創世の反神話）、第二二章（イサクを捧げる）
- 『出エジプト記』第三章（燃える柴）、第一二章（過越祭）、第一九～二〇章（十戒）
- 『申命記』第六章（聞け、イスラエルよ）
- 『列王記』上、第一九章（エリヤに神が顕れる）
- 『列王記』下、第九、一一章（イゼベルとアタルヤ）
- 『ユディト記』
- 『エステル記』
- 『ヨブ記』
- 『詩編』第二、一九、四四、五一、一〇四、一三〇、一三八、一三九章
- 『箴言』第八章
- 『コヘレトの言葉』
- 『雅歌』
- 『イザヤ書』（預言系統の典型として）

―『エゼキエル書』第一章（戦車）、第一六章（婚姻のイメージ）、第二八章（ティルスの王の失墜）、第三七章（枯れた骨）
―『ダニエル書』第七章（人の子）
―『ルカによる福音書』、『ヨハネによる福音書』〔『マタイによる福音書』第二章（占星術の学者たち、エジプトへの避難、幼子の虐殺）、第五～七章（山上の説教）に加えて第二五章（最後の審判）〕
―『黙示録』（教会のイメージの書）

聖書を源とする文学的神話

―天地創造、カイン、モーセ、ユディト、ヨブ、サロメ、キリスト、マグダラのマリア、黙示録的シナリオ（サタンや呪われた都、その他）

聖書の「表象」（シーン）

―洪水、ソドムに降る火の雨、ダビデ対ゴリアト（『サムエル記』上、第一七章）、バト・シェバ（『サムエル記』下、第一一～一二章）、その他。神話の数は少ないが、表象はわたしたちの文化の中に溢れている。

「格言」（「慣用句」というエラスムスの意味で）

―ソドムとゴモラ（『創世記』第一九章）、天使との闘い（『創世記』第三二章）、荒野の横断（『民数記』第一一～一四章、第二〇～二五章）、ソロモンの裁き（『列王記』上、第三章）、腕を下げる〔七八頁参照〕、その他

参考文献

旧約・新約聖書

La Bible, traduction œcuménique de la Bible (T.O.B.), Paris: Cerf / Société biblique française, 1995.

La Bible de Jérusalem, traduite en français sous la direction de l'Ecole biblique de Jérusalem, Paris: Cerf, 2000.

La Bible, traduction française sur les textes originaux par Emile Osty, Paris: Seuil, 2003.

La Nouvelle Bible Segond (N.B.S.), Paris: Alliance biblique universelle, 2002. ＊このプロテスタント聖書には、旧約聖書続編は入っていない。

La Bible en francais courant, Paris: Alliance biblique universelle, 1997. ＊この聖書には、旧約聖書続編が入っている版と入っていない版がある。

聖書研究のための書籍

Concordance de la traduction œcuménique de la Bible, Paris: Cerf / Société biblique française, 2002.

Synopse des quatre Evangiles en francais, par Paul Benoît et M.-E. Boismard, 3 vol., Paris: Cerf, 1972-97. ＊この第一巻は、研究者にとっては貴重なものである。

Dictionnaire encyclopédique de la Bible, publié sous la direction du Centre Informatique et Bible, Abbaye de Maredsous, Turnhout: Brepols, 1987.

Vocabulaire de théologie biblique, publié sous la direction de Xavier Léon-Dufour, Paris: Cerf, 1995.〔『聖書思想事典』（新版）、小平卓保・河井田研朗訳、三省堂、一九九九年〕

Bagot, Jean-Pierre et Jean-Claude Dubs, *Pour lire la Bible*, Paris: Société biblique française, 2005.　＊分かりやすく簡潔である。

Bowker, John, *Le grand livre de la Bible*, traduction et adaptation de Claude-Bernard Costecalde, Paris: Larousse / Cerf, 1999.

Harrington, Wilfrid, *Nouvelle introduction à la Bible*, Paris: Seuil, 1971.

Cahiers Evangile, Paris: Cerf.　＊注目すべき本コレクションの第一二四号（二〇〇三年）は、聖書についての本を一〇〇〇点紹介している。このコレクションは、聖書の各巻について、あるいはさまざまなテーマや問題について、分かりやすい小モノグラフを提供している。

聖書と西洋

Arcabas, *Passion Résurrection*, textes de Fabrice Hadjadj, Paris: Cerf, 2004.

Bénézit, Emmanuel, *Dictionnaire critique et documentaire des peintres, sculpteurs, dessinateurs et graveurs: de tous les temps et de tous les pays par un groupe d'écrivains spécialistes français et étrangers*, 10 vol., Paris: Gründ, 1976.

La Bible: 2000 ans de lectures, sous la direction de Jean-Claude Eslin et Catherine Cornu, Paris: Desclée de Brouwer, 2003.

Bible de tous les temps, 8 vol., Paris: Beauchesne, 1984-89.

La Bible: en vitraux, photographies de Sonia Halliday et Laura Lushington, légendes de Laura Lushington, textes du Tim Dowley, Bâle: Brunnen Verlag, 1991.

Les Bibles en français: histoire illustrée du moyen âge à nos jours, sous la direction de Pierre-Maurice Bogaert, Turnhout: Brepols, 1991.

Bologne, Jean-Claude, *Les Allusions bibliques: dictionnaire commenté des expressions d'origine biblique*, Paris: Larousse, 1991.

Catholicisme: hier, aujourd'hui, demain (encyclopédie), 15 vol., dirigée par Gabriel Jacquemet, Paris: Letouzey et Ané, 1948-2000.

Dictionnaire des mots de la foi chrétienne, publié sous la direction de Olivier de La Brosse, Antonin-Marie Henry et Philippe Rouillard, Paris: Cerf, 1992.

Dictionnaire des mythes littéraires, sous la direction du Pierre Brunel, Monaco: Rocher, 1988. ＊アブラハム、黙示録、カイン、ダビデ、洪水、エデン、ゴーレム、聖杯、ヤコブ、イエス・キリスト、ヨブ、ユディト、リリト、モーセ、サロメ、サタン

Dictionnaire des œuvres (1954), 7 vol., sous la direction de Robert Laffont et Valentino Bompiani, Paris: Robert Laffont (« Bouquins »), 1980.

Dictionnaire des personnages (1960), sous la direction de Robert Laffont et Valentino Bompiani, Paris: Robert Laffont (« Bouquins »), 1982.

Duchet-Suchaux, Gaston et Michel Pastoureau, *La Bible et les Saints: guide iconographique*, Paris: Flammarion, 1990.

Encyclopédie des musiques sacrées, 3 vol., publiée sous la direction de Jacques Porte, Paris: Labergerie, 1968-

70.
Encyclopædia Universalis, 28 vol., Paris: Encyclopædia Universalis / Albin Michel, 2000.
Frye, Northrop, *Le Grand Code: la Bible et la littérature*, traduit de l'anglais par Catherine Malamoud, Paris: Seuil, 1984.〔ノースロップ・フライ『大いなる体系――聖書と文学』伊藤誓訳、法政大学出版局、一九九五年〕
——, *La Parole souveraine: la Bible et la littérature II*, traduit de l'anglais par Catherine Malamoud, Paris: Seuil, 1994.〔ノースロップ・フライ『力に満ちた言葉――隠喩としての文学と聖書』山形和美訳、法政大学出版局、二〇〇一年〕
Girard, René, *Des choses cachées depuis la fondation du monde*, recherches avec Jean-Michel Oughourlian et Guy Lefort, Paris: Grasset, 1978.〔ルネ・ジラール『世の初めから隠されていること』小池健男訳、法政大学出版局、一九八四年〕
Grove's Dictionary of Music and Musicians, 5th ed., 10 vols., London / New York: St. Martin's Press, 1954-61.〔『ニューグローヴ世界音楽大事典』柴田南雄・遠山一行総監修、講談社、一九九五年〕
Guillebaud, Jean-Claude, *La refondation du monde*, Paris: Seuil, 1999.
——, *Comment je suis redevenu chrétien*, Paris: Albin Michel, 2007.
Hammel, Jean-Pierre et Muriel Landrière, *Héritages: la culture occidentale dans ses racines religieuses*, Paris: Hatier, 1991.
Kiner, Aline, *La Cathédrale: livre de pierre*, Paris: Presses de la Renaissance, 2004.
Labre, Chantal, *Dictionnaire biblique, culturel et littéraire*, Paris: Armand Colin, 2002.
Larousse, Pierre, *Grand dictionnaire universel du XIXe siècle*, 15 vol., Paris: Librairie classique Larousse et Boyer, 1866-90; suivi de Supplément, rééd., 24 vol. et 5 vol. de supplément, Nîmes: Lacour, 1990-92.

Lemaître, Nicole, Marie-Thérèse Quinson et Véronique Sot, *Dictionnaire culturel du christianisme*, Paris: Cerf / Nathan, 1994.〔ニコル・ルメートル&マリー＝テレーズ・カンソン&ヴェロニク・ソ『図説 キリスト教文化事典』蔵持不三也訳、原書房、一九九八年〕
Lenoir, Frédéric, *Le Christ philosophe*, Paris: Plon, 2007.〔フレデリック・ルノワール『哲学者キリスト』田島葉子訳、トランスビュー、二〇一二年〕
Léonard-Roques, Véronique, *Caïn, figure de la modernité: Conrad, Unamuno, Hesse, Steinbeck, Butor, Tournier*, Paris: Champion, 2003. ＊コンラッド、ウナムノ、ヘッセ、スタインベック、ビュートル、トゥルニエ
Lexikon der christlichen Ikonographie, herausgegeben von Engelbert Kirschbaum, Rom: Herder, 1968-76.
Lumières contemporaines: vitraux du XXIe siècle et architecture sacrée, Chartres: Gaud, 2005.
Millet, Olivier et Philippe de Robert, *Culture biblique*, Paris: Presses Universitaires de France, 2001.
Pascal, Blaise, *Pensées*, texte établi, annoté et présenté par Philippe Sellier, Paris: Garnier, 1999.
Pelletier, Anne-Marie, *Lectures bibliques: aux sources de la culture occidentale*, Paris: Nathan / Cerf, 1996.
Poirier, Jacques, *Judith. Echos d'un mythe biblique dans la littérature française*, Rennes: Presses Universitaires de Rennes, 2005.
Ravenne, les splendeurs d'un empire, sous la direction de Paolo Cesaretti, Bologna: Franco Maria Ricci, 2006.
Réau, Louis, *Iconographie de l'art chrétien*, 6 vol., Paris: Presses Universitaires de France, 1955-59.
Rembrandt et la Bible, 2 vol., Paris: Desclée de Brouwer, 1979.
Sendler, Egon, *Les Mystères du Christ: les icônes de la liturgie*, Paris: Desclée de Brouwer, 2001.
Taylor, Charles, *Les sources du moi: la formation de l'identité moderne*, traduit de l'anglais par Charlotte Melançon, Paris: Seuil, 1998.〔チャールズ・テイラー『自我の源泉——近代的アイデンティティの形成』下川

潔・桜井徹・田中智彦訳、名古屋大学出版会、二〇一〇年）
Van der Meer, Frédéric, *L'Apocalypse dans l'art*, Anvers: Fonds Mercator, 1978.　＊A・デューラーの比類のない版画一四点がそっくり複製されている素晴らしい絵入り本。
Wilson-Dickson, Andrew, *Histoire de la musique chrétienne: du chant grégorien au gospel noir*, Turnhout: Brepols, 1994.

訳者あとがき

本訳書は、二〇〇七年一〇月にフランスのスイユ書店（Editions du Seuil）から刊行されたフィリップ・セリエ（Philippe Sellier）著 *La Bible expliquée à ceux qui ne l'ont pas encore lue* の索引を除く全訳である。冒頭の「日本の読者への序文」は原書にはなく、訳者の要望に応えて著者が本訳書のために書き下ろしたものである。

書名を直訳すると『まだ読んだことがない人に説明する聖書』となる。著者から直接うかがったところによると、著者の意向や書かれた内容に反して、スイユ書店がつけた書名である。スイユでは、当初似たタイトルをもつ叢書を企画していたが、人文書編集責任者の退社もあって、この叢書のプランは立ち消えとなり、本書が刊行されただけで、あとが続かなかった。二〇一三年に本書がポケット版の《Points》シリーズで再版されるのに際して、著者は本書の内容に即した書名 *LA BIBLE: aux sources de la culture occidentale* に変更した。『聖書——西洋文化の源泉として』となる。新旧二つの版の内容はまったく同じと言ってよく、ポケット版では表紙に絵が使われる（当初シャガール、次いでカラヴァッジョ）ようになったことと二箇所単語の綴りの誤りが訂正されたくらいで、あとは誤植なども訂正されないままになっている。

本書は、刊行直後の二〇〇八年にカトリック文学大賞（Grand Prix catholique de littérature）を受賞している。この賞は、必ずしも狭い意味でのカトリック関係の文学書に限らず、人類に裨益するフランス語の書物の著者に与えられる。過去の受賞者も、神学者アンリ・ド・リュバック（一九六八年）、外交官ジャック・ド・ブルボン・ビュッセ（一九七六年）、歴史家ジャン・ドリュモー（一九七七年）、政治家モーリス・シューマン（一九七八年）というように幅広い。

　また、本書はすでにスペイン語（二〇一〇年）、ポルトガル語（二〇一一年）、ポーランド語（二〇一二年）に翻訳されている。

　著者は一九三一年生まれ。著名な研究者を輩出しているティエール財団の給費生を経て、ＣＮＲＳ（国立科学研究センター）研究員、次いでパリ第五大学教授、最後にジャン・メナール教授の後継者としてパリ第四大学（ソルボンヌ）に移り、現在は同大学名誉教授である。パスカルやジャンセニスムの研究者を擁するポール＝ロワイヤル学会（Société des Amis de Port-Royal）でも、ジャン・メナール会長の後任として一九九一年から二〇〇一年まで会長を務め、現在ではメナール教授と同様、名誉会長である。

　原書の主要著作リストは、ポケット版によれば次のとおりである。

Pascal et la liturgie, Presses universitaires de France, 1966; Slatkine Reprints, 1998.
Pascal et Saint Augustin, Armand Colin, 1970; Albin Michel, 1995.
Le mythe du héros: ou le désir d'être dieu, Bordas, 1970; 1990.
L'Evasion, Bordas, 1971; 1985; 1989.
Histoire de la littérature française, Bordas, 1973. [ouvrage collectif]

Blaise Pascal, *Pensées*, édition établie d'après l'« ordre » pascalien de la Copie personnelle de Gilberte Pascal par Philippe Sellier, Mercure de France, 1976; Livre de poche, 2000; 2004; Classiques Garnier, 2011.

Jésus-Christ dans la littérature française: textes du Moyen Age au XXème *siècle*, Desclée, 1987. [ouvrage collectif]

La Bible de Port-Royal, Robert Laffont, 1990.

Les Moralistes français du XVIIe *siècle*, sous la direction de Jean Lafond, en collaboration avec Patrice Soler, Jacques Chupeau et André-Alain Morello, Robert Laffont, 1992.

Port-Royal et la littérature I: Pascal, Honoré Champion, 1999; 2010.

Port-Royal et la littérature II: Le siècle de saint Augustin, La Rochefoucauld, Mme *de Lafayette, Sacy, Racine*, Honoré Champion, 2001; 2012.

Essais sur l'imaginaire classique: Pascal, Racine, précieuses et moralistes, Fénelon, Honoré Champion, 2003; 2005.

Port-Royal, livres I à V, 8, présentation de Philippe Seillier, Robert Laffont, 2004.

La Bible, textes choisis et présentés par Philippe Sellier, Points, 2008.

Pascal, textes choisis et présentés par Philippe Sellier, Points, 2009.

ここに見られるように、著者の主な研究対象は、パスカル、ポール＝ロワイヤル、ジャンセニスムと、その周辺のフランス一七世紀の文学や宗教思想である。中でも、博士論文の『パスカルと聖アウグスティヌス』（一九七〇年）は記念碑的研究で、二〇世紀中葉から唱え始められた「一七世紀は聖アウグスティヌスの世紀である」という説と、パスカルは神学者でもあるという認識が、この労作によって確立したと言ってよい。

本訳書との関連では、二種類の聖書が著作リストに見出せる。

一つは、サシ訳『ポール＝ロワイヤルの聖書』の新版（一九九〇年）である。パスカルも協力したと思われるこのフランス語訳聖書は、一九世紀末までの二世紀以上にわたってフランスで最も普及した聖書で、ルターのドイツ語訳聖書やイギリスのジェイムズ一世による欽定訳聖書に比肩する。ヴィクトル・ユゴーやアルテュール・ランボーが愛読した聖書でもあった。長く絶版だったこの聖書も、この新版によって手近なものになった。セリエ教授は、聖書全体と、新・旧約を構成する各書に序文を書いている。

もう一つは、本原書のポケット版と同じ《Points》シリーズに収録された聖書の要約本（二〇〇八年）である。

著作リストには、一九七六年以降たびたび版を重ねているパスカルの主著『パンセ』のいわゆる「セリエ版」も挙げられているが、セリエ版は現在のところ最も標準的な『パンセ』の版であり、学術論文ほかで広く用いられている。本書中にたびたび引用されているパスカルの『パンセ』の断章番号もセリエ版によっている。

セリエ教授の著作には、いくつもの賞が授けられている。前掲リスト冒頭のＣＮＲＳ研究員時代の処女作『パスカルと典礼』（一九六六年）には、フランス学士院を構成する五つのアカデミーの一つである人文・社会科学アカデミーの賞が授けられた。八年を費やした成果『パスカルと聖アウグスティヌス』にもアカデミー・フランセーズの賞が報いている。二〇〇七年には、こうした著作の全体に対して、人文・社会科学アカデミーのピエール＝ジョルジュ・カステックス賞が授けられた。

フランスの文学関係の学術書出版で最も権威あるオノレ・シャンピオン書店から刊行された著書もこのリストに複数含まれているが、セリエ教授はこの書店の一七世紀フランス文学に関わる四つのコレクションの責任者だった。中でも重要なのは « Sources classiques » と « Lumière classique » の二つのコレクションで、両コレクション併せて、すでに二〇〇点以上が刊行されている。数年前からは、クレルモン＝フェラン大学教授でブレーズ・パスカル国際センターを率いてきたドミニック・デコット教授の名が併記されているが、コレクションの創始者はセリエ教授で、長年単独の責任者であった。

セリエ教授は映画に出演してジャンセニスムを語ったこともある。ヴァンサン・デュートルという映画監督が *Fragments sur la grâce* という一種のドキュメンタリー映画を作成し、二〇〇六年一二月に公開した。スイスのロカルノ映画祭で評判になったが、日本では公開されていないので邦題は不明だが、『恩寵についての諸断章』とでも訳せる。訳者両名は、それぞれ別の機会にパリで見ることができた。

この映画の中では、パスカル、ラシーヌを含むポール＝ロワイヤルやジャンセニスム関係のテクストがマチュー・アマルリックほかの俳優によって朗読されたり、寸劇が行われたりするが、監督や俳優の質問に教授が時間をかけて答える場面が何度も出てくる。主演とされているアマルリックよりセリエ教授のほうが一時間四一分のこの映画に長く出演していると思えるほどである。

地名としてのポール＝ロワイヤルには、田舎（champs）とパリの二つがあり、どちらにも一七世紀フランスのジャンセニスムと深い関係の修道院が存在していた。パリのポール＝ロワイヤルは、現在は産院主体の病院となっている。修道院当時の内庭回廊を残した建物ではポール＝ロワイヤル学会が年次総会やシンポジウムなど、ゆかりの行事を行ったりしているが、ふだんは人気のない建物である。しかし、この建物の一部でフィリップ・ド・シャンパーニュやモーリス・ドニの絵がかかっているチャペルでは、夏休み中を除いて毎日曜日一〇時半にミサが行われている。メナール、セリエ両教授は、パリにおられるかぎり、また健康が許すかぎり、このミサに与り、ミサ後に情報交換をされたりすることを何十年と続けてこられた。ミサ中、両教授は聖書朗読を担当し、メナール教授はミサのクライマックスの奉献の際、鐘を鳴らしておられた（メナール教授は本年八月九日、九五歳で急逝された）。数年前までセリエ教授はこのミサの管理もされていて、早めに来て建物とチャペルの鍵を開け、香部屋係のように祭壇の準備などをされる。さらにはミサの司式をする司祭をそのつど探してくることも担当されていた。

セリエ教授が会長になられたばかりの一九九一年度のポール＝ロワイヤル学会の年次シンポジウムは、ポール＝ロワイヤル修道院の改革者アンジェリック・アルノー院長の生誕四〇〇年を記念して、一九九一年九月七日と彼女の誕生日の翌八日の二日間行われ、二日目はパリのポール＝ロワイヤルのこのチャペルで、当時のパリ大司教ジャン＝マリ・リュスティジェ枢機卿司式のミサで始まった。一七世紀においてポール＝ロワイヤル修道院とパリ大司教区とは激しい対立関係にあったので、何世紀ぶりかの和解のミサであった。シンポジウム参加者は、訳者両名も含めて、このミサに参列することができた。

著者は二度来日している。

最初は一九八八年九月二五日から一〇月八日までである。ポール＝ロワイヤル学会は毎年秋に一つのテーマを選んで、テーマにふさわしい場所でシンポジウムを行っているが、この年はヨーロッパを初めて離れて日本で「パスカル、ポール＝ロワイヤル、東洋、西洋」のタイトルのシンポジウムを行った。これが実現したのは、東京大学学術研究奨励資金による東京大学シンポジウムという形での国際シンポジウムの開催が可能になったからである。九月二七日から二九日の三日間、東京大学で行われたこのシンポジウムには、日本（五一人）およびフランスほかの六ヵ国（五二人）の計七ヵ国から一〇三人が参加した。ちなみに、このシンポジウムは、通訳抜きでフランス語のみを用いて日本で行われた最初の国際研究集会だったと思われる。セリエ教授は、このシンポジウムの日本人一一人、フランス人三人から成る組織委員会の委員で、シンポジウムでは発表を行うとともに、冒頭のセッションでは司会役を務めた。外国からの参加者は、滞在の後半は伊勢、天理を経て関西へ移動し、最後は関西学院大学で行われたパスカルを媒介とするセミナーに参加した。セリエ教授は、このセミナーの三人の講演者の一人となった。

教授の二度目の来日は一九九五年九月二六日から一〇月二二日までで、この時は東京大学学術研究奨励資金によって個人として招聘されたものである。東京大学で講演やセミネール主宰のほか、上智大学、日仏会館、パスカル研究会、九州大学、京都大学で講演を行った。

訳者両名がセリエ教授の名前や存在を知るに至ったのは、パリ・ソルボンヌ大学に留学した半世紀前の一九六〇年代半ばに遡る。前田陽一先生の指導のもと、学部卒論でブレーズ・パスカルを扱った崇晴は、留学中に書き上げる予定の修士論文でも、結局パスカルをテーマとすることになった。パスカル研究の泰斗で、のちにソルボンヌに移られるジャン・メナール教授は当時はボルドー大学に属しておられたので、指導はパリ大学所属の高等研究実習学院の教授だったジャンセニスムの歴史家ジャン・オルシバル先生にしていただくことになった。アウグスティヌスのパスカルへの影響に関心がある、という盲蛇に怖じずの誇大妄想を申し上げると、オルシバル先生は、そのテーマではオルシバル・ゼミの先輩とも言うべきフィリップ・セリエという人が南仏のカンヌで目下博士論文を執筆中だから、ぜひ会いに行きなさい、と勧めてくださった。しかし、妻子を抱えた貧乏留学生にとって映画祭で有名なカンヌはパリからあまりに遠く、フランス政府の給費とアルバイトに頼るこの最初の留学中にお会いする機会はなかった。オルシバル先生も審査員の一人になられたセリエ氏の博士論文が一九七〇年に出版されると、すでに日本に帰国していたので、パリ在住の留学生を介してすぐ取り寄せたものである。

一九七〇年代は渡仏する機会もまだ少なくてお目にかかれず、初対面の挨拶がやっとできたのは一九八一年一〇月八日、パスカルの生地クレルモン゠フェランで行われたパスカルに関するシンポジウムにおいてであった。その後は毎年のようにお目にかかることができ、文字どおりの深交を結ぶ光栄に浴し、今日に至っている。お会いするのは、氏のソルボンヌのセミネールや講義への出席、ポール゠ロワイヤル学会が毎年催す国際シンポジウムなどの研究集会、論文審査への同席などの公的な場だけでなく、相互の家族も交えた私的な交流にまで及んでいる。崇晴が一九八九〜九〇年に文部省在外研究員として一〇ヵ月滞仏した際や、寿子が一九九一〜九二年にかけて一年あまりの研究休暇をフランスで送った際も、手続き上必要な招聘状を送ってくださったのは、当時ソルボンヌの現役教授だった氏である。

こうした個人的交遊だけでも感謝の思いでいっぱいになるところだが、それ以上にありがたく思わざるをえないのは、氏のもとへ送った日本人の留学生の何人かを、その指導を通じて立派な研究者に育て上げてくださったことである。氏の薫陶を受けた彼らは、日本の大学で重要な地位を占め、教師として、また研究者として、それぞれ活躍している。それに加えて、若い研究者たちの業績出版のためにさまざまな尽力をしていただいたのもありがたいことである。

教授の日本滞在に際しては、その受け入れ責任者として、崇晴は教授と多くの時間を共有することができ、その高潔な人格や心遣いの数々に触れては感動したものである。一方、フランスにおいて、教授夫妻と訳者両名とが共有した時間には、楽しい思い出となっているものが多い。

セリエ教授の著作で邦訳されたものはまだ存在しない。その大部分は高度な学術書で、現在の日本の厳しい出版事情からして、残念ながら翻訳される可能性は少ないと言わざるをえない。したがって、一般向けの本書が出現したとき、これだ、という気がした。そこで浅学菲才の身を顧みず、訳者両名のほうから著者に翻訳したいと希望を述べた。著者が即座に同意されたので、西洋文化と聖書の切っても切れない関係を深い学殖や知識に基づいて詳説したこの優れた聖書入門書を日本の読者に提供できることになった。著者の信頼に十分応える翻訳になったかどうか、いささか心もとないが、著者の永年にわたる好誼にわずかなりとも報いることができたとすれば、訳者両名にとって大きな喜びである。

翻訳にあたっては、まず寿子が全体を訳し、続いて崇晴が原文と一字一句突き合わせて訳語および内容の再検討を行い、さらに訳文の推敲を二人で行った。人名、地名などの固有名詞の表記は、新共同訳聖書に従い、聖書にないものに関しては、術語の表記も含めて、原則として『新カトリック大事典』（研究社）に従った。絵画と音楽の作品名に関しては、三省堂の『西洋絵画作品名辞典』と『クラシック音楽作品名辞典』の表記にほとんど従った。原書中の聖書の章や節の数の誤記、誤植は正しい数にして示した。パスカル『パンセ』の断章の数の誤記一箇所も正しい数で示した。『マタイによる福音書』の名前が脱落していた一〇箇所には福音書名を補った。本書中の疑義に関しては、著者にお目にかかった際に質すことができたし、誤記などの修正も著者の同意の下に行った。

訳者両名は、それぞれ教師生活の中で数多くの優れた学生さんたちに出会えたことを大きな喜びとし、感謝してもしきれない思いである。本訳書が、そうした中でもとりわけ目立った存在であった崇晴の教え子の一人、互盛央君によって世に送り出されることは、この上なくうれしいことである。互君は優れた編集者であると同時に、一流の思想史研究者でもある。本書が世に出るまでは、終始互君のお世話になった。同君の労に対して訳者二人の深甚なる謝意を表する次第である。

二〇一六年八月

文倉崇晴

30-35年

イエスの復活および原始教会——『マタイによる福音書』第28章、『マルコによる福音書』第16章、『ルカによる福音書』第24章、『ヨハネによる福音書』第20〜21章、『使徒言行録』第1〜8章

35-65年

福音を広める：聖パウロ——『使徒言行録』第9章〜末尾、パウロの諸書簡

50-110年

新約聖書を構成するさまざまな文書の編集

－初期迫害
－ネロ（54-68年）
－ドミティアヌス（81-96年）

『列王記』下、第1〜21章
- 大預言者たちの出現：エリヤ、エリシャ、アモス、ホセア、イザヤ（第1〜39章）、ミカ
- アッシリアによるイスラエル破壊（前722年）

前722-587年
ユダ王国生き延びる——『列王記』下、第22〜25章
- 預言者たちの活動：ナホム、ゼファニヤ、ハバクク、エレミヤ、エゼキエル、イザヤの弟子たち
- バビロニアによるイスラエル占領（前587年）

前587-538年
バビロニア捕囚——エレミヤの『哀歌』、『詩編』第137章
- キュロスによるバビロニア占領（前539年）

前538-333年
エルサレムへの帰還およびペルシア帝国への四散——『エズラ記』、『ネヘミヤ記』
- ハガイ、ザカリヤ、ヨエル、マラキ、イザヤの最後の弟子たち（『イザヤ書』第56〜66章）の預言
- 『箴言』、『ヨブ記』、『雅歌』、『ルツ記』、『ヨナ書』の編集

前333-63年
ギリシア帝国の期間——『マカバイ記』一、二
ユダヤ人の地中海世界への四散（ディアスポラ）
- アレクサンドロス大王の治世（前336-323年）
- 『コヘレトの言葉』、『ダニエル書』、『ゼカリヤ書』（第9〜14章）の編集

前63-5年
ローマによる征服からイエスの誕生に至るまで——『マタイによる福音書』第1〜2章、『ルカによる福音書』第1〜2章
- カエサルの暗殺（前44年）

前5-紀元30年
イエスの隠れた生活、顕現および死——『マタイによる福音書』、『マルコによる福音書』、『ルカによる福音書』、『ヨハネによる福音書』
- アウグストゥス帝の治世（前30-紀元14年）

聖書に書かれた出来事一覧

不明
　世界の曙——『創世記』第1〜12章

前1850年頃
　族長物語——『創世記』第12〜50章
　－アブラハム
　－イサク
　－ヤコブ
　－ヨセフ（エジプトのヘブライ人たち）

前1250-1210年頃
　出エジプトおよび荒野：モーセ（ファラオであるラムセス2世およびその後継者たち）——『出エジプト記』、『レビ記』、『民数記』、『申命記』

前1210年以降
　約束された土地への入植——『ヨシュア記』、『士師記』第1、2章

前12-11世紀
　士師時代（または子孫に権力を伝えない軍事指導者たち）——『士師記』第3章〜末尾

前1030頃-1010年
　初期の王たち
　－サウル——『サムエル記』上

前1010-972年
　－ダビデ——『サムエル記』下、『歴代誌』上

前972-933年
　－ソロモン——『列王記』上、第1〜11章、『歴代誌』下、第1〜9章

前933-722年
　二王国に分裂（北のイスラエル、南のユダ）——『列王記』上、第12〜17章、『列王記』下、第1〜21章

聖パウロの最後の宣教旅行

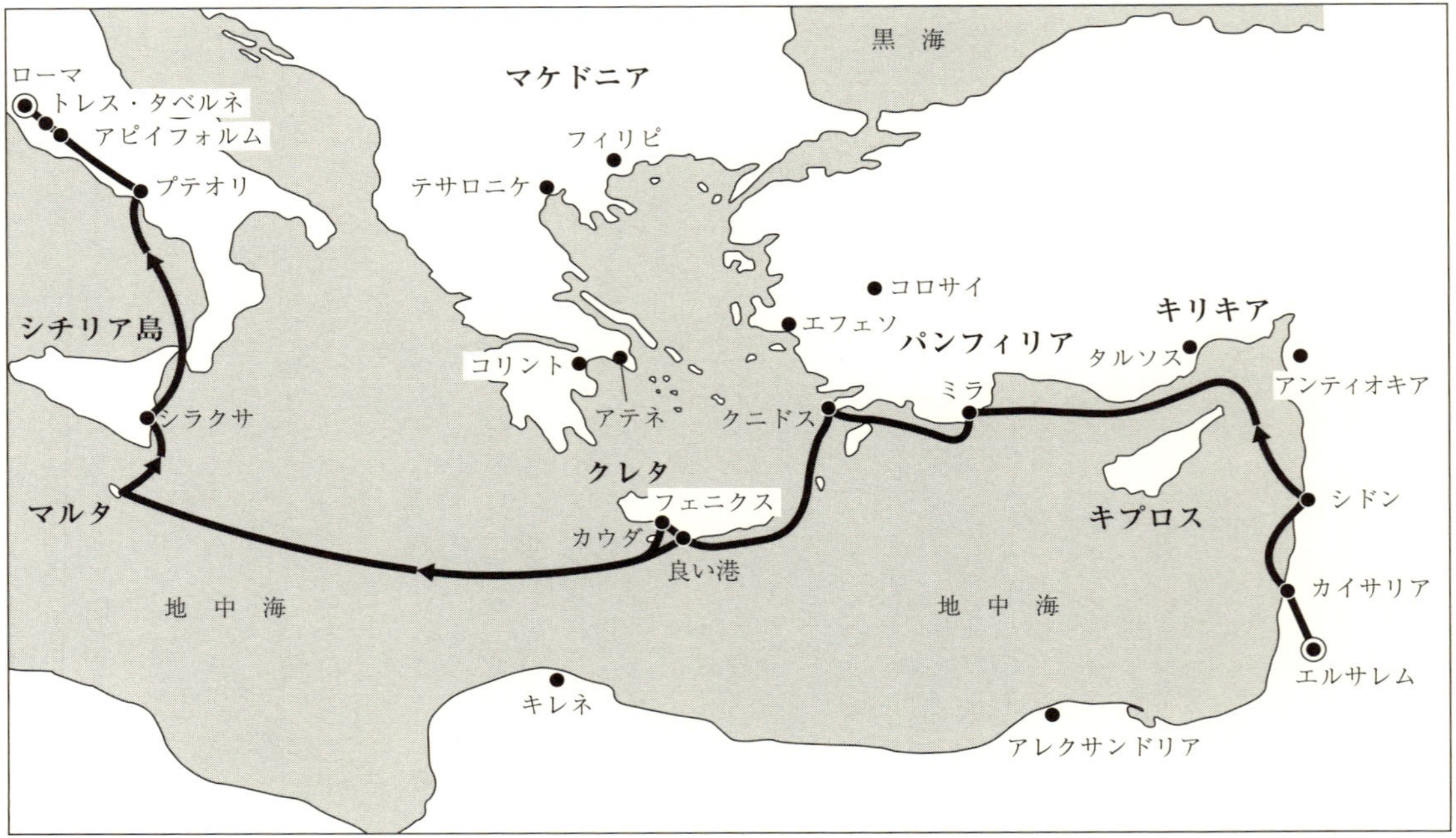

イエスの時代のパレスチナ

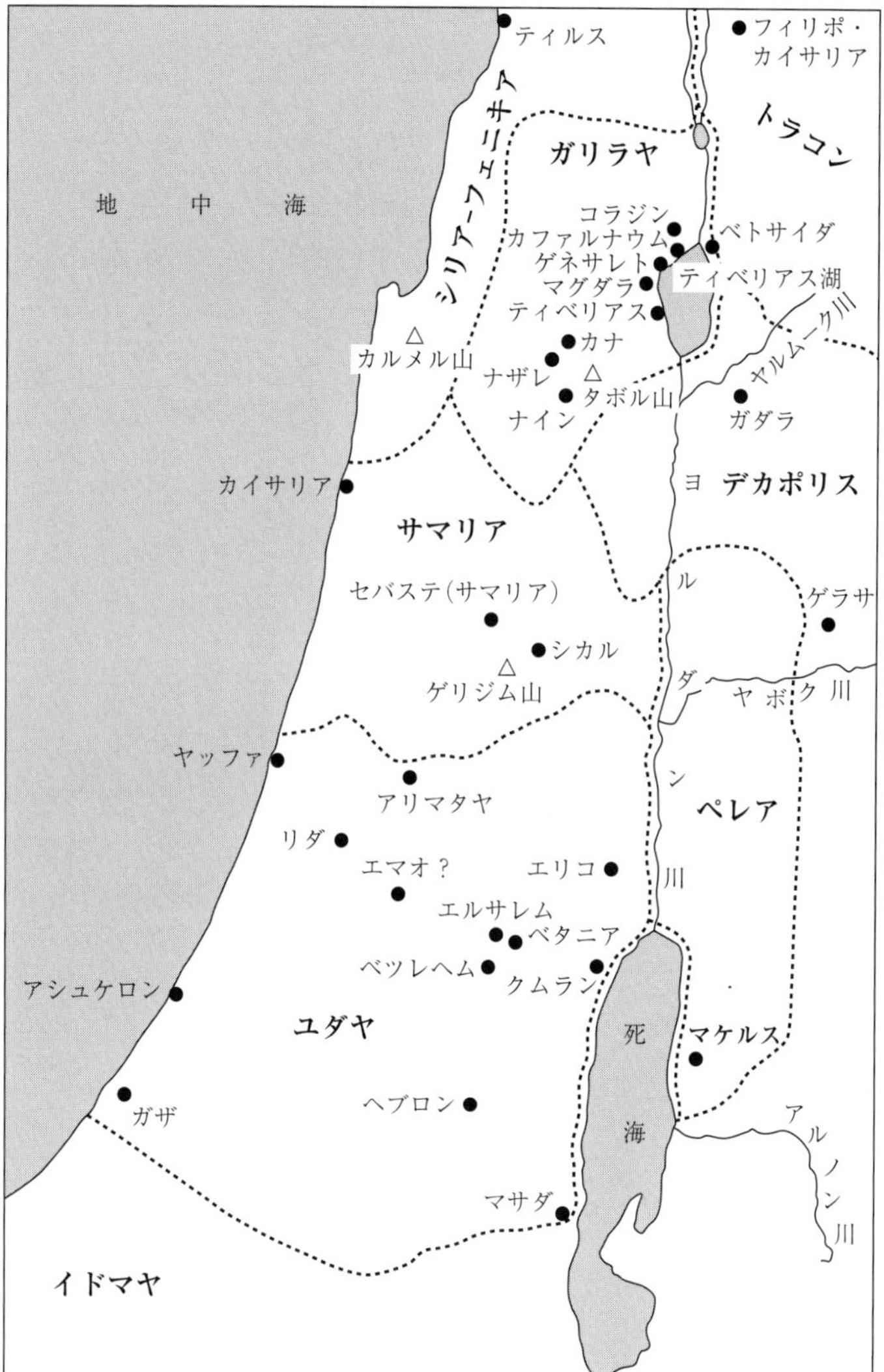

ティルス
フィリポ・カイサリア
シリア−フェニキア
ガリラヤ
トラコン
地中海
コラジン
カファルナウム
ベトサイダ
ゲネサレト
マグダラ
ティベリアス湖
ティベリアス
ヤルムーク川
カナ
カルメル山
ナザレ
タボル山
ナイン
ガダラ
カイサリア
ヨルダン川
デカポリス
サマリア
セバステ(サマリア)
ゲラサ
シカル
ゲリジム山
ヤボク川
ヤッファ
アリマタヤ
ペレア
リダ
エマオ？
エリコ
エルサレム
ベタニア
ベツレヘム
クムラン
アシュケロン
ユダヤ
死海
マケルス
ガザ
ヘブロン
アルノン川
マサダ
イドマヤ

南北王国時代
（前 933－587 年）

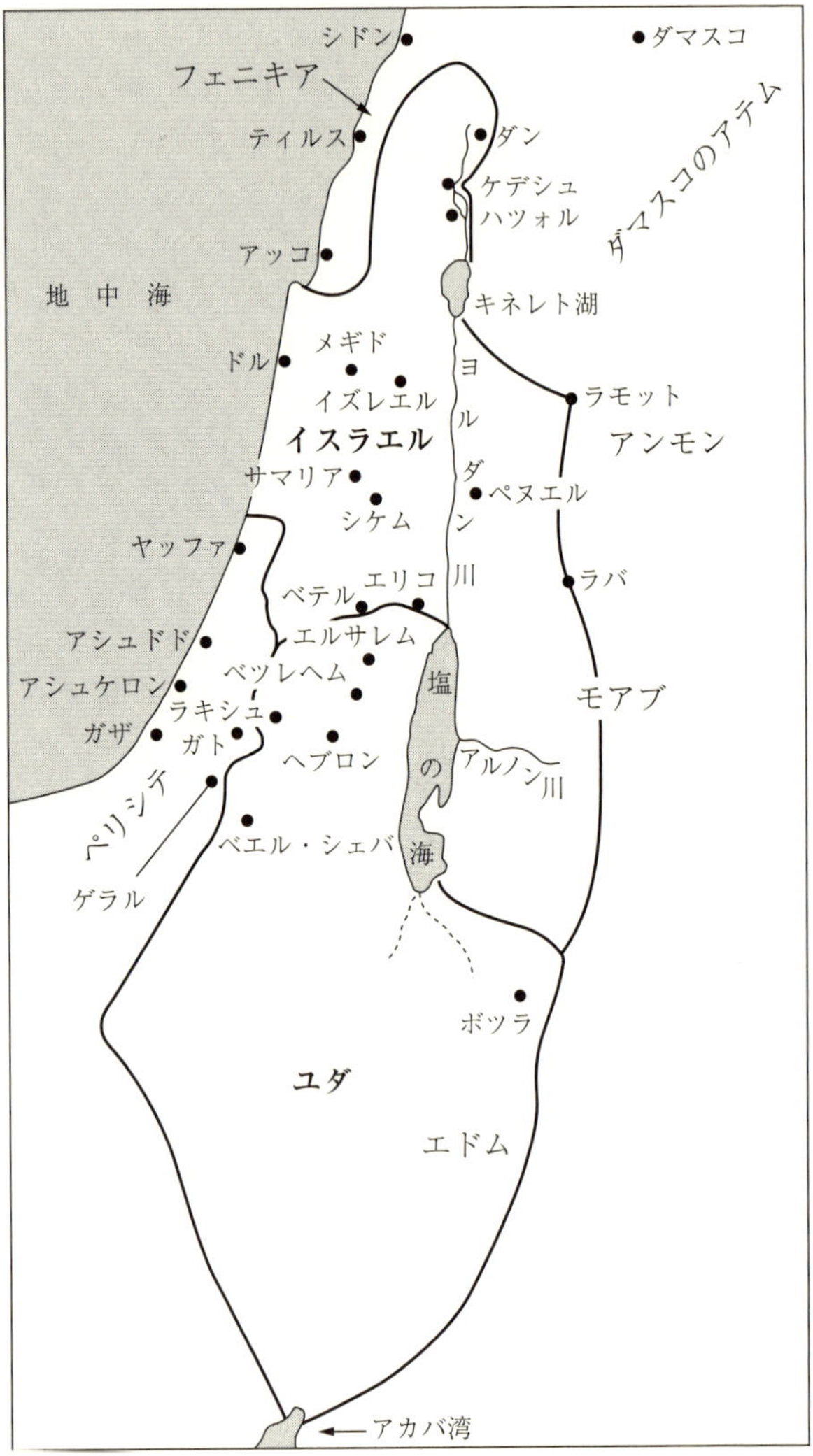
シドン
ダマスコ
フェニキア
ティルス
ダン
ケデシュ
ハツォル
ダマスコのアテム
アッコ
地 中 海
キネレト湖
メギド
ドル
イズレエル
ラモット
ヨルダン川
イスラエル
アンモン
サマリア
ペヌエル
シケム
ヤッファ
エリコ
ベテル
ラバ
エルサレム
アシュドド
ベツレヘム
アシュケロン
塩の海
モアブ
ラキシュ
ガザ
ガト
ヘブロン
アルノン川
ペリシテ
ベエル・シェバ
ゲラル
ボツラ
ユダ
エドム
アカバ湾

出エジプトおよび荒野の横断

→ エジプトからカナンまで　イスラエルの民がたどったルート

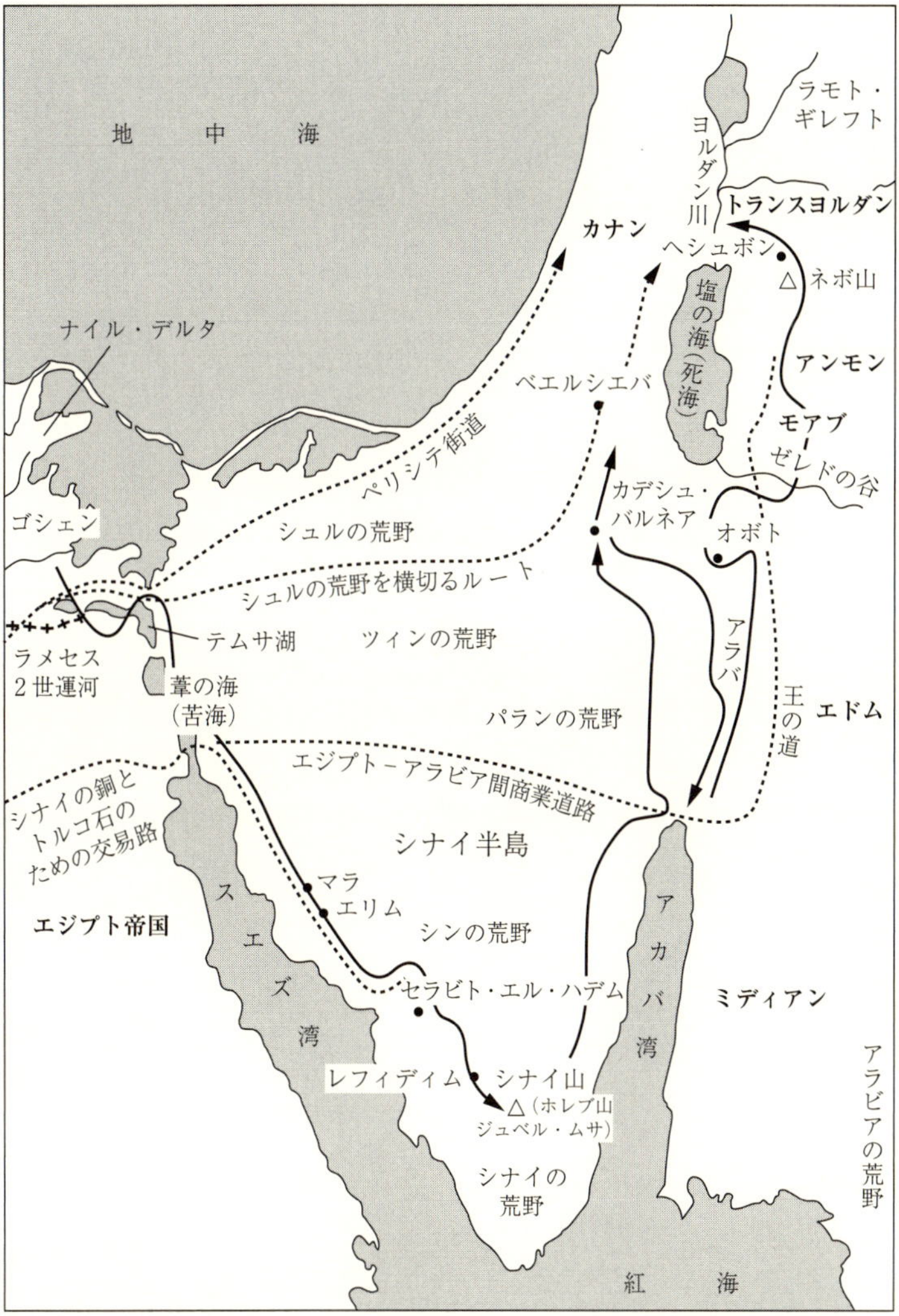

黒海
アララト山
ヴァン湖
ウルミア湖
カスピ海
ティグリス川
アッシリア
ハラン
メソポタミア
ニネベ
ユーフラテス川
アシュル
パルミラ
マリ
バベル
バビロン
バビロニア
シュメール
スサ
エラム
ウル
ペルシア湾
古代中近東

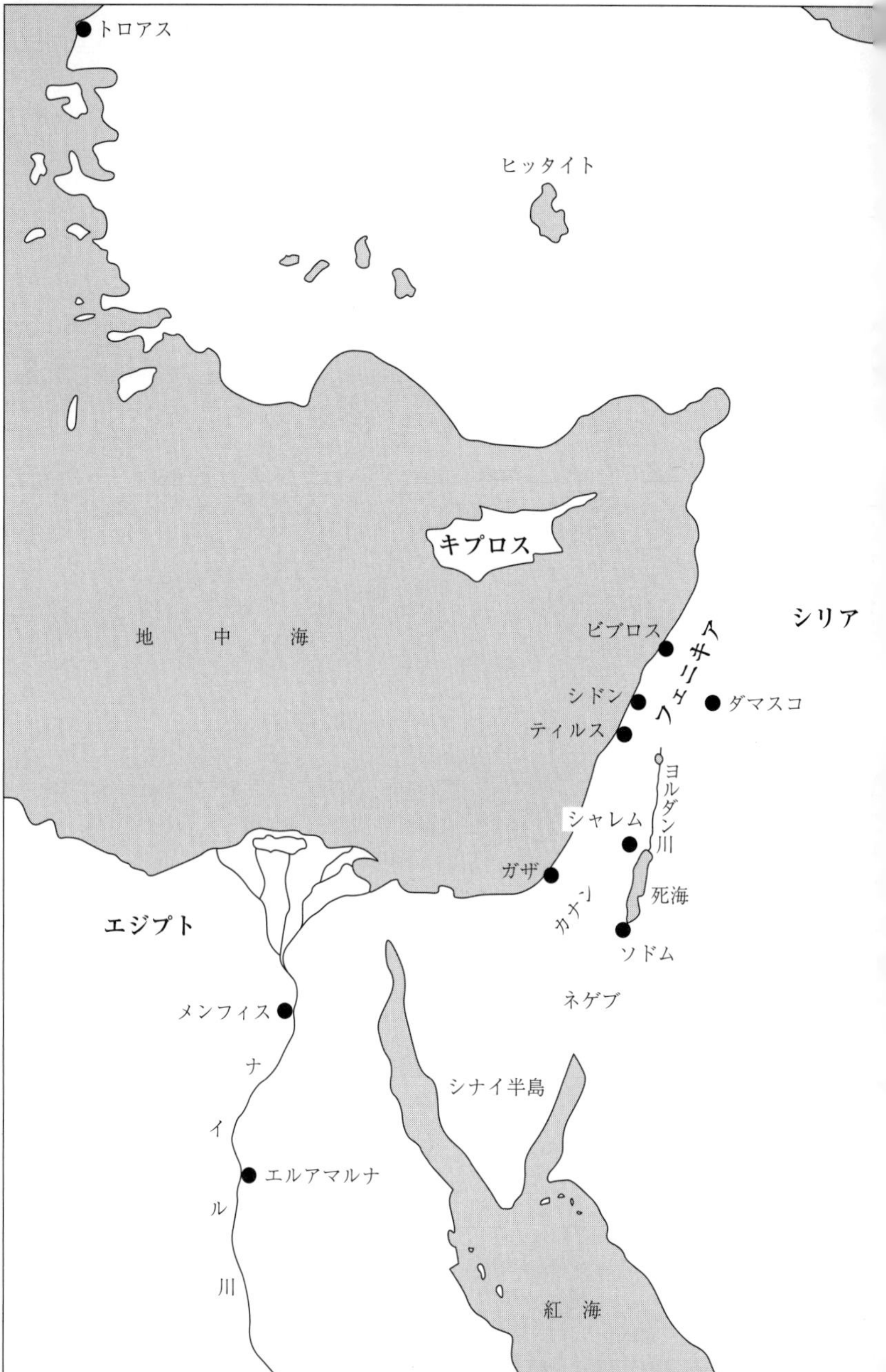
トロアス
ヒッタイト
キプロス
地　中　海
シリア
ビブロス
フェニキア
シドン
ダマスコ
ティルス
ヨルダン川
シャレム
ガザ
死海
カナン
ソドム
エジプト
ネゲブ
メンフィス
シナイ半島
ナイル川
エルアマルナ
紅　海

聖《せい》書《しょ》入《にゅう》門《もん》

二〇一六年一二月　九日　第一刷発行
二〇二二年一〇月　四日　第五刷発行

著　者　フィリップ・セリエ

訳　者　支《はせ》倉《くら》崇《たか》晴《はる》・支《はせ》倉《くら》寿《ひさ》子《こ》

発行者　鈴木章一

発行所　株式会社講談社
東京都文京区音羽二丁目一二―二一　〒一一二―八〇〇一
電話（編集）〇三―三九四五―四九六三
（販売）〇三―五三九五―四四一五
（業務）〇三―五三九五―三六一五

装幀者　奥定泰之

本文データ制作　講談社デジタル製作

本文印刷　株式会社新藤慶昌堂

カバー・表紙印刷　半七写真印刷工業株式会社

製本所　大口製本印刷株式会社

KODANSHA

ISBN978-4-06-258642-9　Printed in Japan　N.D.C.193　421p　19cm

講談社選書メチエ　刊行の辞

書物からまったく離れて生きるのはむずかしいことです。百年ばかり昔、アンドレ・ジッドは自分にむかって「すべての書物を捨てるべし」と命じながら、パリからアフリカへ旅立ちました。旅の荷は軽くなかったようです。ひそかに書物をたずさえていたからでした。ジッドのように意地を張らず、書物とともに世界を旅して、いらなくなったら捨てていけばいいのではないでしょうか。

現代は、星の数ほどにも本の書き手が見あたります。読み手と書き手がこれほど近づきあっている時代はありません。きのうの読者が、一夜あければ著者となって、あらたな読者にめぐりあう。その読者のなかから、またあらたな著者が生まれるのです。この循環の過程で読書の質も変わっていきます。人は書き手になることで熟練の読み手になるものです。

選書メチエはこのような時代にふさわしい書物の刊行をめざしています。

フランス語でメチエは、経験によって身につく技術のことをいいます。道具を駆使しておこなう仕事のことでもあります。また、生活と直接に結びついた専門的な技能を指すこともあります。

いま地球の環境はますます複雑な変化を見せ、予測困難な状況が刻々あらわれています。

そのなかで、読者それぞれの「メチエ」を活かす一助として、本選書が役立つことを願っています。

一九九四年二月　　野間佐和子